诸葛亮的心理策略

智　穷◎编著

中国纺织出版社

内 容 提 要

“一代诸葛武侯，其情，苍天可表；其义，大地为之动容；其智慧，千古流传！”后人对诸葛亮的几多赞许，可窥出其卓越的智慧，如果将这些非凡的才智应用到现实生活中，将成为人们幸福生活的引航灯。

本书从古为今用的角度出发，全新展示诸葛亮的智慧，用现代人的眼光及思维加以诠释，从中获得有益的启示，寻找属于自己的精彩人生！

图书在版编目（CIP）数据

诸葛亮的心理策略／智穷编著. —北京：中国纺织出版社，2017.5（2022.8 重印）
ISBN 978-7-5180-3344-7

Ⅰ.①诸… Ⅱ.①智… Ⅲ.①诸葛亮（181-234）—人物研究②心理学—通俗读物 Ⅳ.①K827=362②B84-49

中国版本图书馆CIP数据核字（2017）第035693号

责任编辑：闫 星　　责任印制：储志伟

中国纺织出版社出版发行
地址：北京市朝阳区百子湾东里A407号楼　邮政编码：100124
销售电话：010—67004422　传真：010—87155801
http：//www.c-textilep.com
E-mail：faxing@c-textilep.com
中国纺织出版社天猫旗舰店
官方微博http://weibo.com/2119887771
佳兴达印刷（天津）有限公司印刷　各地新华书店经销
2017年5月第1版　2022 年 8 月第 3 次印刷
开本：710×1000　1/16　印张：19
字数：251千字　定价：46.00 元

序言

“三顾频烦天下计，两朝开济老臣心。”这是后人对于诸葛亮的赞诗，诸葛亮以其不可测度的智慧、鞠躬尽瘁的精神，知其不可为而为之的意志，虽大志未酬，却成为中国传统文化中忠臣与智者的代表人物。时至今日，依然被人们千古传颂。

众所周知，诸葛亮在中国古代许多杰出的历史人物中最为声名煊赫，他是一个超越历史、国界，突破了阶级界限，众口皆碑、妇孺皆知的人物。他不仅仅是一代贤臣名相，更是杰出的政治家、军事家。

诸葛亮忠贞、济世、敬业、至公、廉洁等品格，无不成为后人学习的榜样；他对国家、对事业“鞠躬尽瘁，死而后已”的精神以及“淡泊明志，宁静致远”的处世格言，又间接或直接地影响了很多人……

诸葛亮的智慧既体现在做人，又体现在用人之处。虽躬耕南阳，却胸怀大志，于茅庐之中勾画出三国蓝图；在辅佐刘备期间，鞠躬尽瘁，尽职尽责，乃一贤臣；在《诫子书》里，阐述修身养性、治学做人的深刻道理，令人深省；统领三军将士，不仅以德服人七擒孟获，更是赏罚分明，公正无私，挥泪斩马谡。

此外，他的智慧更体现在军事谋略上，认为他神机妙算，能出奇计、献

奇谋，运筹帷幄之中，决胜千里之外；舌战群儒、智算华容道、借东风、草船借箭、三气周瑜、七擒孟获、巧布八阵图、空城计等，可谓是用兵如神、足智多谋。

事实上，诸葛亮的处世、做人、用人谋略，也同样适用于现代社会。对于做人，应该学习诸葛亮的谦谦君子、厚德载物；对于用人，也应该借鉴诸葛亮的恩威并用、赏罚分明；对于职场，更应该学习诸葛亮作为一个贤臣的克己本分、兢兢业业；对于做事，应该学习诸葛亮出其不意、虚实难辨的计策。

本书从古为今用的角度出发，对历史故事和现代社会进行穿插叙述，解读诸葛亮三顾茅庐、舌战群儒、空城计、七擒孟获等著名史事赋予现代人的启示，从一个崭新的角度来解析其中蕴含的智慧，与现代人的处世、做人、做事相结合，古为今用，将诸葛亮的智慧应用到现实生活中。

编者著

2016年10月

目录

上篇　跟诸葛亮学修身

中篇 跟诸葛亮学识人

下篇 跟诸葛亮学谋略

上篇

跟诸葛亮学修身

诸葛亮一生可谓『鞠躬尽瘁、死而后已』，堪称中国传统文化中忠臣与智者的代表人物。且不论其才能，他首先以人格魅力服众，更流芳百世。关于修炼身心，诸葛亮身上值得当代人学习的地方很多。

第1章　卧龙出山——高瞻远瞩的智慧

诸葛亮曾说："苟全性命于乱世，不求闻达于诸侯。"这算是其一生的远大志向吧。在刘备三顾茅庐之前，诸葛亮躬耕南阳，却立下远大的志向，不求闻达于诸侯，只求苟全于乱世，以至于后来才有卧龙出山，从这里可以看出诸葛亮高瞻远瞩的智慧。

非志无以成学

夫学须静也，才须学也，非学无以广才，非志无以成学，淫漫则不能励精，险躁则不能治性，年与时驰，意与日去，遂成枯落，多不接世，悲守穷庐，将复何及！

——《诫子书》

在诸葛亮看来，学习必须静下心来，才干必须学习才能增长。不学习就不能有广博的才干，没有志向就不能成就学业。怠慢就不能振奋精神，冒险急躁就不能治理品性。年华随时间流逝，意志随岁月消磨，于是枝枯叶落，大多不能对社会有所作为。等到悲凉地守着贫穷的小屋时，后悔又怎么来得及呢？

对诸葛亮而言，立志当然摆在第一位，一个人若是有了远大的志向，就可以无事不成。而对于诸葛亮来说，他几乎用了一生的时间来立志，不仅立下大志，而且竭尽全力去实现自己的志向。他最终成为中国历史上忠臣与智者的代表人

物，在其成功的背后，不可忽视的是其远大志向带来的动力，正所谓“成大事者无不有大志”。一个人如果没有志向，必然会失去奋斗的力量，或许，这一辈子只能碌碌无为了。

在清代咸丰年间，武官张曜因战功卓越被提拔为河南布政使，不过遗憾的是他自幼因家境贫困失学，所以因没有文化常常受到朝中大臣的歧视。甚至当时的御史刘毓楠当即称其“目不识丁”，因此改任他为总兵。

因为没有文化得不到重用，于是张曜立志好好学习，使自己文武兼备。张曜想到自己的妻子很有文化，便回到家要求妻子教自己念书。妻子说：“教书是可以，但是有一个条件，毕竟我是你的老师，你需要对我行拜师之礼，然后恭敬地学习。”张曜满口应承，马上穿起朝服，让妻子坐在孔子牌位前，对她行三拜九叩之礼。

从此以后，只要有空余时间，都由妻子教他读史经。每当妻子摆出老师的架子，他都恭恭敬敬听训，不敢表现出不敬。与此同时，他还请人刻了一方“目不识丁”的印章，经常佩在身上自警。

几年以后，张曜终于成为一个很有学问的人。后来，他在山东做巡抚时，又有人参他“目不识丁”。他就上书请皇上面试。结果，面试成绩令皇上和诸位朝臣大为惊奇。张曜在山东任职期间，筑河堤，修道路，开厂局，精制造，做了很多利国利民的事情。由于他勤奋好学，死后被谥为“勤果”。

生活中，每个人都对“志向、理想”这样的字眼不陌生。毫不夸张地说，自懂事起，每个人所学习的第一课就是“你想成为一个什么样的人”，那时候对孩子而言，似乎不太懂这些远大的理想究竟意味着什么。不过，依然会从父母或老师那里获取一些新鲜的词汇：医生、老师、科学家……哪怕对这些职业一知半解，但一颗理想的种子已经种下了，以后的日子就会为之努力，直至一生。不过，又有谁能坚持下来呢？

小张和小王大学毕业后，同时被一家公司聘用，尽管两人学历相当，但是，两人的成长环境却是迴然不同。小张来自贫困的农村，因家境不好比同龄的孩子

早懂事，高考之后由于好心人的帮助如愿上了大学，所以凭借自己的勤奋和成绩在第一轮面试中轻松胜出。而小王从小生长在城市，尽管家里不是有权有势之人，不过家境殷实，也算是衣食无忧，毕业后和很多同龄人一样参加工作，顺利地进入这家公司。

小张因家境贫寒有些自卑，但是他更希望通过自己的努力闯出一片属于自己的天地，于是，他自己立下志向：在一年之内一定要晋升，至少是副经理的职位。小王跟大部分城里出生的同龄人一样，对职场生活充满新鲜感，他更多的是愿意享受这种感觉，所以工作能偷懒就偷懒，除了完成既定任务，之后，通常就是约朋友一起出去玩。

小张和小王的关系还不错，两人在喝酒时，小王忍不住问了小张一个问题："为什么主管偏偏不喜欢我呢？"小张说："哪个主管都不会喜欢混日子的人，他们喜欢有志向的人，因为有志向才有拼劲，你要懂得一个道理：在办公室里只有两种人，不是主角就是龙套，而志向将决定你的命运。"

是否有志向决定着这个人的未来能够走多远，或许，我们可以理解为向前走的野心，但凡有成就，干出一番事业的伟大人物，何尝不是充满野心地生活呢？当一个人对生活没有思考、没有上进心，只能证明这个人在不断地后退。你是生活的主角还是跑龙套的，一眼就可以看出来。

心理启示

一个坚定自己志向的人最终能成为主角，相反，一个平平庸庸，只想着偷懒耍滑的人只能成为配角。更多人总想着怎么轻松，觉得自己没必要那么累，但是如果你不努力，那别人努力之后就会远远地把你甩在后面。所以，立下志向，为了人生而努力拼搏！

非淡泊无以明志，非宁静无以致远

> 夫君子之行，静以修身，俭以养德，非淡泊无以明志，非宁静无以致远。
>
> ——《诫子书》

在这里，诸葛亮所说的淡泊，指的是不追求名利，能安贫乐道。只有不为名利所动，不被贫贱所移，才能表明一个人的志向高尚远大。当然，立志还须宁静，心境安宁，不焦躁、不浮躁。只有排除内心的各种内外干扰，始终保持内心安静，才能坚定崇高的志向，实现远大目标。诸葛亮认为，淡泊是立志的磨刀石，宁静乃实现远大志向的主要条件。

古人云："志不行，顾禄位如锱铢；道不同，视富贵如土芥。"名利不过如敝屣，人应弃之。诸葛亮于《诫子书》中写："非淡泊无以明志，非宁静无以致远。"由此可见越是追名逐利者愈发不能如愿以偿。把名利看淡些，不为名利而折腰，你离目标的距离就会越近，看淡名利的人往往会更容易实现梦想。

重耳继位后犒赏诸臣，朝中大臣纷纷着急上奏邀功，而介之推从来不邀功，所以他也没有受到重耳的奖赏。对此，介之推说："献公有九个儿子，最后只留下晋文公一人了。像惠公、怀公这样的人没人愿意亲近，内外均反对。上天没有亏待晋文公，必定要立下一个皇位。主持晋国祭祀的人，除了你还能有谁呢？这是天意，而身边随从一起跟随出生入死的人却说是他们的功劳，这难道不可笑吗？私下拿走别人的财产，还说是强盗，何况抢占别人的功劳作为自己的？身边一起出生入死的大臣将有罪的事当作正义，而君主则奖赏他们所做的坏事。上下互想蒙骗，不容易相处。"

母亲劝解说："何不也去邀功呢？得不到奖赏就死了，最后能怨谁呢？"介子推说："明明是有罪的事情，却去效仿它，这样的罪更大啊，就算有怨言，也

不会去邀功求俸禄。”母亲说：“但这些事情还是让他知道，难道不是吗？”介之推回答说：“语言是深深的文采，连身子都隐藏起来了，哪还用得着文采呢？去求别人知道啊。”

听了这样的话，母亲说：“如此的话，那我跟你一起隐居吧。”于是母子俩隐居起来直到死去。晋侯也找不到他们的去处，就用绵上的田作为介之推的祭田，说：“以此记下我的过错，并用来表扬有德之人。”

佛家说：“本来无一物，何处惹尘埃。”一个满身勋章，衣锦荣华，整日于名利间慨叹的人不是成功之人。而那些功成身退，摒弃虚浮之物而淡名泊利者才是一个真正超脱世俗，释然于浮名之外的大智者。

陶渊明伴着“庄生晓梦迷蝴蝶”中的翩翩起舞的蝴蝶，在东篱之下悠然采菊，面对南山，陶渊明选择忘记，忘记那些官场中的丑恶，与仕途的不达，清新淡雅，与世无争，为自己寻求了一方心灵的净土。超脱于名利之外，活得轻松愉快。

从古至今，官场上很多人的终极目标就是追名逐利，尤其是那些居于高位的人，很容易迷失在权力的欲望之中，最终失去终极。但是，曾国藩一生居于庙堂之上，却说：“为官应当只问耕耘，不问收获。”这句话中呈现出来的淡然，令人钦佩。当然，正是这样可以坦然抛下名利的人，最终得以保全自我。

淡泊名利，说起来容易做起来却很难。曾国藩自己是怎么做的呢？他说：“淡泊二字最好，淡，则是恬淡；泊，则是安泊。恬淡安泊，再也不要想其他的。这样一来，内心该是多么快乐啊。如果每天趋炎附势，为蝇头小利而头破血流，那内心则会越来越烦躁。”对名利，他看得很淡，在乱世之中始终保持清醒的头脑，他说：“乱世之名，以少取为贵。”生逢乱世，世态发展皆在混乱之中，什么是富呢，什么是福呢，这是不容易说清楚的，所以人生还是少取为好。曾国藩不但懂得摆正思想，而且还严格要求家人，在功成名就之后，同治六年五月，他在一封家书中写道：“居官只是偶然的事情，居家乃是长久之计，如果可以从勤俭耕读上做好，就算不做官了，也不能失去家中兴旺的气象。如果贪图为

官的热闹，不立家业，那不做官之后就会觉得家中萧条，所以凡盛必有衰，不可不预为之计。望夫人教训儿孙妇女，常常做家中五官之想，时时有谦恭省俭之意，则福泽悠长。”

冰心老人曾告诉我们：“人到无求，心自安宁。”在冰心老人家一辈子的经历中，我们不难看出，清心寡欲，淡泊宁静，看淡功名利禄，正是她精神健康的奥秘。在半个多世纪以来，冰心将全部的杂念全部抛到脑后，一心扑在为孩子们的写作、交流上，而孩子们也带给她无限的安慰和喜悦。或许，正因为她心静如水，永远保持着童心，才使得自己在古稀之年耳聪目明，思维敏捷。淡泊以明志，宁静以致远，是一种境界，也是一种超然洒脱的人生态度。

心理启示

尽管诸葛亮躬耕南阳十余载，但最终一举卧龙出山赢得生前身后名。正如孔子所说：“士志于道，而耻恶衣恶食者，未足与议也。”一个人想有什么样的作为，必先通过学习明志，树立远大的志向，待时机成熟就可以致远，实现自己的人生抱负。

描绘人生壮丽蓝图

> 亮躬耕陇亩，好为梁父吟。身长八尺，每自比于管仲、乐毅，时人莫之许也。惟博陵崔州平、颍川徐庶元直取亮友善，谓为信然。
>
> ——《三国志　蜀书　诸葛亮传》

公元197年到207年间，诸葛亮隐居隆中静心苦读，十年磨一剑。当时，他常常抱膝长啸，对石广元、徐元直、孟公威三论理学友说：“卿三人仕进可至刺

史、郡守也。”当这三人问他以后可做什么，诸葛亮却笑而不言。这时的诸葛亮已经被庞德公称为“卧龙”，但生于乱世，如果对未来没有正确的规划，那很有可能会淹没在历史的尘埃之中。

诸葛亮自幼胸怀大志，始终以春秋战国时期两位著名的最高参谋管仲、乐毅为个人楷模，立志要成为他所处时代杰出的“谋略大师”，为光复汉室贡献力量。当然，诸葛亮十分清楚，以自己积累十余载的才干，已经具备了实现长远人生规划的可能性。

说到“立志”，就不得不说一说曾国藩改号的故事：

进入弱冠之年，曾国藩在一次秀才考试中取得了第七名的好成绩，他感到十分高兴。于是，为自己取了“涤生”这个名号，当时，曾国藩在日记中这样写道：“涤者，取涤其旧染之污也；生者，取明袁了凡之言：‘以前种种，譬如昨日死；从后种种，譬如今日生。’”意思就是我今后做的事情，就仿佛我要重生一样。

后来，曾国藩被点为翰林之后，又一次改名以励志。这时，他将名字改为“国藩”，暗寓“为国藩篱”，他说：“第一要有志，第二要有识，第三要有恒。”同时，为了能使自己真正成为国家之藩篱，曾国藩抓住了机遇，努力读书。当他入了翰林院任侍郎后，还在拼命读书，曾经还自立课程十二条，尽力以赴。

曾国藩说：“何必择地？何必择时？但自问立志之真不真耳！”而对于曾国藩自己来说，他几乎用了一生的时间来立志，不仅立下了大志，而且，在他的每个人生阶段都会有规划，描绘出一幅壮丽的人生蓝图。当他走向科举之路的时候，就曾立下了无数个志向，诸如翰林、平定天平天国、两江总督、直隶总督，在不同阶段他都有卓越的规划。

马云曾说：“第一，有梦想。一个人最富有的时候是有梦想，有梦想是最开心的。第二，要坚持自己的梦想。有梦想的人非常多，但能够坚持的人却非常少。阿里巴巴能够成功的原因是因为我们坚持下来了。在互联网激烈的竞争环境

里，我们还在，是因为我们坚持，并不是因为我们聪明。有时候傻坚持比不坚持要好得多。”

当珍妮还在读高中的时候，她的梦想就是美国的哈佛大学。可是，由于毫无经验，又迫于高考的压力，她一面应付高考，一面申请学校，她提出申请的四所美国大学都给她寄来了拒信。当收到拒信的时候，珍妮非常伤心，那意味着自己无法实现儿时的梦想了，她为此哭了三天三夜。而四个月之后，她还是硬着头皮坐在了高考的考场，最后考去了上海。

那个高考之后的暑假，珍妮从来没有忘记过自己最初的梦想，她决定自己再奋斗四年，一定要去哈佛大学。在大学里，珍妮将全部的时间和精力都投入到学习中，不管是在学习还是学校的各种实践活动中，她永远都是最优秀的那个人。大学四年，珍妮不但是一个大型学生组织的主席，而且还成功组织了一次覆盖上海多所高校的比赛，吸引了数家赞助商。同时，她除了是国家奖学金的获得者之外，还能说一口流利的英语、西班牙语和日语。

或许，像珍妮这样优秀的女孩子，完全可以在大学毕业之后随便找个待遇丰厚的职位，即便是世界500强也可以随便挑选，她又为什么要如此执着于哈佛大学呢？事实上，珍妮当然想过放弃哈佛大学，她也想早点争取经济独立，为家庭减轻负担，而去美国哈佛大学，就意味着家里需要负担更多的经济费用；此外，她也希望自己像每个普通女孩子那样，穿着光鲜亮丽的衣服，戴着好看的首饰……这样想来，哈佛大学似乎没有想象中那么神圣了。

不过，当珍妮静下心来思考这个问题的时候，她忽然意识到自己被生活中的各种华丽的诱惑模糊了视线，她撇开一切，只选择一样东西，那会是什么呢？于是，她最后还是写下了“哈佛”两个字，并在后面写着“坚持不懈，这个最初根植于自己内心的梦想，那才是自己真正渴望的东西，才是自己内心的真正选择。

珍妮现在正在哈佛读研究生，她是那么优秀，才华横溢，能力卓尔不群，而且人也长得非常漂亮。当然，她可以与大多数女孩子一样，大学毕业后嫁个不错的男人，过着衣食无忧、相夫教子的日子，但是，她没有选择这样的生活，而是

坚持内心的选择，从这里开始规划，拼凑出一个未来。

人生的最大意义在于实现人生终极理想，尤其是自己描绘的人生蓝图，一步一个脚印，循序渐进地实现，这使一个人感到充实和快乐，有规划的人从来不会感到空虚，因为他们懂得自己最想得到的是什么，并且朝着这个方向不懈地努力。

心理启示

有人曾这样说，一个人无论他现在多大的年龄，其真正的人生之旅，是从设定蓝图那一刻开始的，之前的时光，只不过是在绕圈子而已。要想获得成功，我们就必须拥有一个清晰而明确的人生目标，目标是催人奋进的动力。如果你缺失了目标，即使你每天不停地奔波劳碌，却还是无法获得成功，而成功者之所以能轻松地走到成功的终点，那是因为他们的人生蓝图足够壮丽，眼光长远。

立志须坚毅，方可达

若志不强毅，意不慷慨，徒碌碌滞于俗，默默束于情，永窜伏于凡庸，不免于下流矣。

——《诫外甥书》

在诸葛亮看来，立志须坚毅，如果意志不坚强，意气不昂扬，沉溺于习俗私情，碌碌无为，就将永远处于平庸的地位，甚至沦落到下流社会。一个人若是在口头上立下高远的志向，但没有坚强的意志和毅力去实现自己的志向，总是为生活琐事而左右，不能摆脱平庸，则依然不能实现崇高远大的志向，难以有真正的作为。

孔子曰："君子立长志，小人常立志。"在生活中，有的人"立长志"，从小就树立远大的理想，然后努力去实践，不屈不挠地去实现它；而有的人却"常立志"，一会儿有这样的理想，一会儿却又换成另一个目标，不努力实践，不去实现，终究一事无成。对于"立长志"还是"常立志"，诸葛亮主张"志须坚毅"，即立下的志向需要坚持，而不是经常改变。

对自己立下的志向，曾国藩很执着，在他看来，一旦立志之后，就不能朝三暮四，也不能像墙头的芦苇随风摇摆，而是要做到矢志不移。坚持自己的志向，随着时间的逝去，自己肯定会有所作为。

曾国藩从军以来，心中就怀揣着"临讫授命"的志向，假如自己患病了，他就会忧心自己一下子病死在家中，违背了最初的志向，从而失信于天下人。所以，等到自己痊愈之后，他就变得更加坚定自己最初的志向，在他心中，已经有了殉国的念头，愿战死沙场。

但是，他对于自己一生的志向，是满含自责意味的，这可以从他给子侄的信中看出："余生平坐无恒之弊，万事无成。德无成，业无成，亦可深耻矣。等到办理军事，志向才最终确定，中间本志不变化，尤无恒之大者，用为内耻。"

曾国藩年轻的时候，立志成为不同凡响的人物，成为"蛟龙"，后来，他办理军事，虽然干一番大事业的"志向"并没改变，但他自己却觉得从军一事是一次本志的改变，所以，心中比较自责。的确，无论在什么时候，一个人要想成就一番大事，就必须树立远大的志向，而且，更为重要的是，贵在有恒，坚定当初的目标积极进取，坚持不懈地去追求，方能等到"守得云开见月明"之时。

刚刚大学毕业那会，小王满怀壮志踏进了社会，经过几个月的奔波，她被一家公司录用了。从小，小王就树立了远大的志向，希望自己能够成为一个女强人，有自己的公司，有自己的房子，有自己的车子。怎奈，志向虽远大，可从读书到现在，似乎进行得并不太顺利。原来就十分好学的她，天资并不聪慧，凭着勤奋踏实，成绩才略有起色，初中、高中，甚至大学都只考了个"普通"。如今上班的这家公司，在小王看来不过也是普通。

内心失望的小王还是强忍住快要爆发的情绪，期望这家公司能够改变自己的命运，实现自己儿时的梦想。可是，现实的残酷还是随之而来，在公司，小王只负责干一些杂活，诸如端茶递水、打打文件、收发传真，虽然，这样的工作比较清闲，可小王自己并不满足。她常常和同事抱怨："我为什么不能受到重用呢？"抱怨完之后，她就开始大谈自己的志向："我将来要开个公司，在海边买栋别墅，犒劳自己一辆车，那就是我梦寐以求的生活。"刚开始，同事还会安慰几句，小王抱怨久了，同事也觉得生气了，忍不住反问："你觉得自己该被公司重用，可是，你有什么能力让上司来重用你呢？先看清楚了自己的能力，再说重用的事吧。而且，你说的那些志向，是志向吗？说美梦差不多。"就这样，小王在公司待了好几年，还是一名普普通通的职员，而那些所谓的志向如同空中楼阁。

约翰逊说："人的理想志向往往和他的能力成正比。"在现实生活中，如果问到志向，有人会漫无边际地说"我想开个公司""我将来想买辆车"，实际生活中却是一个入不敷出的普通上班族，每天幻想着不切实际的理想，其实，这根本不是志向，或者，恰当地说只能是美梦。如果你不能正确地认识自己，分析自己，改变自己，你所立下的志向，不过是空中楼阁，永远没有办法实现。

其实，说到"立志"，每个人都有自己的话要说，无非是我立下了什么样的志向，现在达到了怎样的目标。有的人，一旦立下了远大的志向，就不改变，朝着这个方向不断地努力，哪怕用一生的时间来奋斗，他们也会坚持下来；有的人，今天说"我先踏踏实实工作，存点钱做生意去"，明天说"大家都说公务员是铁饭碗，我也考试去"，后天说"大学同学有的读研究生，读完研究生读博士，我也自学考试去吧"，到了第四天，他还在思考自己到底要立怎样的志向。

说到底，不知道他的人生志向到底是什么，似乎什么都想去做，但什么都是口头之说，无法投入真正的实践之中。前者，贵在有恒，无论志向多么远大，多么难以实现，对他来说，有恒心就有成功的希望；后者，纯粹是拿"立志"当混日子的借口，他们一会想做这样，一会想做那样，最后，什么也没有做成。

心理启示

俗话说："千里之行，始于足下。"远大的志向，更需要我们脚踏实地去实现，如果总是好高骛远，不懂得自知，那么，是很难达到自己的人生目标的。从小事做起，修身养性，从不大谈虚妄之论。

寻找你人生中的贵人

先帝不以臣卑鄙，猥自枉屈，三顾臣于草庐之中，咨臣以当世之事，由是感激，遂许先帝以驱驰。

——《出师表》

诸葛亮在《出师表》中感慨："先帝不因为我卑微鄙陋，而委屈自己，三次到草庐中来拜访我。向我询问天下大事，由此使我感动奋发，而同意为先帝奔走效力。"事实上，三国乱世，诸葛亮在择定贤主这件事上也是慧眼独具，当时三局鼎立：曹操已经统一半个中国，实力雄厚；孙权偏安自保；刘备则势力最弱。他虽隐居隆中，但若想在荆州或东吴出仕，也是很容易的事情，但他选择了继续蛰伏，静观天下之变，这说明曹操和孙权都不是自己想要侍奉的贤主。

后人在研究诸葛亮为什么选择刘备，给出了多方面的解读。诸葛亮身为儒家士子，对人生的立德、立功、立言，儒家的忠孝仁义才是其毕生践行的标准，若想践行忠义，唯有选择温厚的刘备；诸葛亮从小随叔父离开家乡漂泊异乡，这与曹操屠徐州有很大的关系，所谓道不同不相为谋，诸葛亮一生推行的治国理念是实行儒家的仁政，而曹操实行的却是霸道。当然，刘备自身也是兼具魅力的，有着皇族身份的刘备参与了诛杀曹操的密谋，这在感情上就与深受忠孝思想影响的

诸葛亮等人拉近了一层。再则，刘备虽然声望较高，但尚处于困境之中，诸葛亮若能辅佐其脱离困境，站稳脚跟，在这个过程中大有可为，完全可以施展自己一身的才能。

娜娜是一家酒吧的驻唱歌手，她与老板签订了合同：每晚都要去那里唱三首歌。最近几天，娜娜发现有一位40岁左右的男人经常来酒吧，他的风度气质都十分的从容淡定，与众不同。在其他歌手唱歌时，那位男士只是静静地喝酒，但只要是娜娜上台，他就听得非常专注，娜娜对其印象十分深刻。

有一天，娜娜在唱完一支歌休息的时候，走到那位男士的桌子旁边，举起手中的酒杯，微笑着对眼前的男士说："先生，谢谢你为我这个无名小卒捧场，我敬你一杯！"男士有兴趣地问道："小姐，你的歌声很有感染力，受过专业训练吗？"

娜娜坐下来，把自己的经历简单地讲述了一遍。原来，娜娜从小就喜欢唱歌，为了实现自己的梦想，她离开家乡到这个城市寻找机会。为了生计，她只好先在酒吧打工挣钱。这时，那个男人的手机响了起来，他掏出一张名片，对娜娜说："小姐，这是我的名片，明天你到这个地址找我，我们好好谈一谈。"说完就急匆匆地走了。

娜娜看到名片上的名字，吃惊不小，原来，这位男士就是那个自己素来仰慕的音乐制作人，许多歌星都是从他那里走出来的。

其实，真正的贵人，并不需要多少，一两个就足够了。不过，并不是所有的贵人都会在头顶上写着"贵人"两个字，因此，可以慧眼识贵人，能够发现自己身边的贵人是很重要的。然而，在现实生活中，却不那么简单，我们经常是把对方错过之后或得罪之后，才后悔不已，原来他就是我的贵人。

诸葛亮躬耕南阳，平日里最喜欢《梁甫吟》："步出齐城门，遥望荡阴里。里中有三墓，累累正相似。问是谁家墓，田疆古冶子。力能排南山，文（又）能绝地纪。一朝被谗言，二桃杀三士。谁能为此谋，国相齐晏子。"可以见得，诸葛亮是多祈盼贵人的知遇之恩啊。

布朗说："使我自己无所不在并不是个苦差事，我喜欢这么做。当然了，跟那些掌权的人保持一种亲密的工作关系也不大可能有损我的事业，我从来不理解为什么其他人不这么做，结果使公司离开了他。"布朗是老板比利·盖次器重的员工之一，我们来看看他是如何赢得上司青睐的。

从布朗被盖次公司录用的那一刻起，他就认为自己是一个"盖次"人了。在这之前，布朗应聘了许多家大公司，但那些公司都要求与众不同的教育背景，而盖次更看重业绩，鼓励实干，在一个公司，若是有博士生与中学辍学生一起工作，他也会一视同仁。对公司这一点，布朗很欣赏，他觉得那是自己应该待的地方。

每天，布朗上班，除了老板比利·盖次，比其他人都早。这时，如果比利想抽支烟或者谈谈昨晚的足球比赛，而只有布朗在办公室，所以，比利就跟布朗聊。从聊天中，布朗了解到比利所在担忧的事情，他总是能够为之建议好的解决方案，对此，布朗在26岁的时候，就成了老板比利身边的红人。

年轻人之所以容易失败，是因为不善于和前辈交流。第一次世界大战中法兰西的陆军元帅福煦曾说过："青年人至少要认识一位深谙世故的老年人，请他做顾问。"萨加烈也说了同样的话："如果要求我说一些对青年有益的话，那么，我就要求他们时常与比自己优秀的人一起行动。就学问而言或就人生而言，这是最有益的。学习正当地尊敬他人，这是人生最大的乐趣。"

事实上，诸葛亮在遇到刘备之前，他还得益于两个贵人的相助：一个是庞德公，荆州名士，德高望重，差不多算得上是诸葛亮的老师，并称他为"卧龙"；一个是水镜先生司马徽，不仅传授知识于诸葛亮，更向刘备推荐诸葛亮，才有了后来的三顾茅庐。

不少年轻人总是乐于同比自己差的人交际，这确实很容易得到心理安慰，因为在与朋友交际时，能借此产生优越感。但是，从不如自己的人身上，明显是学不到什么的。而结交比自己更优秀的朋友，可以促使自己越加成熟。

心理启示

一个人的生命中有贵人出现，是成功道路上的一大转机。一切从困厄到顺利的转变，都将随着贵人的出现而发生。年轻人只有凭借贵人的帮助，事业才会拨云见日、步步高升。可以说，借贵人相助，是赢得成功最简捷、最有效的途径。

第2章　蔼然仁者——修身养德的智慧

诸葛亮认为，要想管理好国家，首先必须依靠仁德感化和教育，同时也应以“定法度和明赏罚”为重要依据。在其一生中，一直推行仁德，不仅治国，更在于修心。他以一个蔼然仁者的形象，赢得了众将士的心。

含德之厚，比于赤子

汤、武修德而王，桀、纣极暴而亡……昔在项羽，起不由德，虽处华夏，秉帝者之势，卒就汤镬，为后永戒。

——诸葛亮

诸葛亮重德，在其言论中，有许多关于德的论述。他赞刘备：“刘公雄才盖世，据有荆士，莫不归德，无人去就，已可知矣。”也自评：“德薄任重，惨惨忧虑。”一个人发自内心的道德修养，会影响他的言语、行为以及为人处世的原则。所谓德行第一，不过如此。尽管每个时代所持有的道德观念，决定了人们的言行，支配着人们对人、对物、对事的取舍，但是，那些拥有良好德行的人却总是受人尊敬。

一位风水大师跋山涉水，路过很多地方，感到十分口渴，终于看见一家庄园。于是，他打算讨口水喝，这时庄园里走出一位仆人，让风水大师在外面等候，他进去拿水。

风水大师等了许久，仆人还是没出来，他不禁心生抱怨。又过了许久，仆人总算端着一大碗水出来了。风水大师迫不及待地接过来，正想大口喝，却发现水面上有一些米糠，而且水还非常烫。等了那么久，还等来这样一碗水，风水大师不禁感到非常生气，心想：这家主人简直是故意折磨，心肠真坏。不过口渴难耐，只好忍气吞声地边吹米糠边喝，又因为水很烫，只能一点点地喝。

终于喝完后，风水大师打算好好惩罚这一家人，于是他转了风水，希望这家人永无出头之日。又过了很多年，这位大师再次经过此庄园，没想到这里花红柳绿，比之前更加气派，整个庄园一片吉祥。

风水大师感到很困惑，于是请求面见主人，并告诉当年讨水并转风水的事情。主人听后微笑着说：这一带方圆几公里没有人家，你来这里一定走了很多路，马上喝水，对身体有害，让你等会，是为了平息你的气息，稍作修整，冷水更是伤身，因此换上开水，加上米糠，是希望你慢慢喝，一下子喝大口水，对身体有害……

大师听了十分汗颜，也十分羞愧。从此，他放弃了再看任何风水，专注于自身的修行。因为，他终于明白，比风水更大的是一个人的善心，比法更大的是因果，所谓一德行二命运三风水。

一个积德修行的人，不言自明。在自我修行中，德行为何如此重要？因为德行是做人的基础，是做人的根本，它是自性里面流露出来的。诸葛亮作为德行的表率，忠君爱国，体恤百姓，鞠躬尽瘁，所以能流芳百世。

如诸葛亮一般，仁德自古就是立身行事的基本准则，在这方面，他完全做出了绝对的表率。忠君爱国，自不必多说，做人不能自命不凡，要时刻保持谦虚谨慎的态度；不悲不喜，心平气和待人生；生活简朴，不忘初心方得始终；待人接物，与人为善；重人轻物，仗义疏财。修炼真正的德行，才促使自己成为越来越好的人。

张老锁匠一生修锁无数，拥有非常高超的技艺，深受人们的敬重。但是他越来越年老，很快就修不动锁了。不过，身边却没有一个可信的接班人，为了不让

自己的技艺失传他决定物色一个徒弟。

过了一段时间，经过张老锁匠的挑选和培养之后，他决定在两个年轻人中做出选择。测试的方式很简单，老锁匠准备了两个保险柜，希望两个年轻人能够打开。结果，大徒弟花费不到十分钟就打开了保险柜，二徒弟却耗时半个小时，正当众人都以为大徒弟必胜无疑之时，老锁匠问两个人，保险柜内有什么，大徒弟双眼放光，“师傅，里面全是百元大钞。”而二徒弟却支吾半天说，“师傅，我没看到里面有什么，因为您只让我打开锁，我就只打开了锁。”老锁匠宣布二徒弟为他的正式接班人。

众人感到很疑惑，张老锁匠微微一笑，“任何行业都要讲求‘信’字，尤其是我们这一行，更需要很高的职业操守，他必须做到心中只有锁而无其他，否则，稍有私念便容易起贪心。每个修锁的人，心中都应该有一把不能打开的锁。”

在许多名企中，流传着这样的用人准则——有才有德先用，有德无才慎用，有才无德坚决不用。事实上，追溯中国的历史，早在唐代对官吏的选拔就曾明确“四善”原则，而“德义”为首要标准。德乃做人之根本，这是毋庸置疑的。

修道之人要时刻惜福节约，崇尚简朴自然的生活，这样日积月累，才能培养出自己的德行。真正的生活想必是如此，自然而然，从容不迫，宠辱不惊，更是一种自由自在的修行。当人们重视内在德行的修养，其生命往往会充满着无所不在的精神力量。现代生活中处处可见名闻利扬，但我们都要保持初心的纯净，让自己如流水一般清澈明净，不被混染，那所有的尘埃就会沉入水里，只留水本质的清净。

心理启示

儒家经典形塑的君子至少具有三项最为重要的品质：德性、治理技艺、威仪。其中，德性排第一，中国自古评人，总喜欢说某人是君子，某人是小人，其实这些评价人的标准都是从德性的意义上立论的。这样看来，君子一定是品德高尚的人，因为没有高尚的品德，即便能力再出众，也不足以成君子。

己能守信，人始信之

人无信不立，国无信则失尽民心。己能守信，人始信之；如其无信，人必不信之。

——诸葛亮

诸葛亮一生以诚信为本，最注重的是德，以至于他的品行一直为世人所敬仰。正如蜀军将士所说："丞相忠心为国，爱民如子，恩深义重，有仁有智又有勇啊！"

俗话说："一言既出，驷马难追。"意思是你说了什么样的话，做了什么承诺，就应该有勇气去承担这一切，这就是诚信。很多人总是认为自己似乎是什么都可以做到的人，也没有什么不能说的，于是，他们说话总是信口开河，轻易向他人许下诺言，动辄拍着自己的胸脯保证："有我在，放心，这事绝对能办好。"在这种人看来，说些信口开河的话对自己又不会造成什么损失，一旦遇到事情，他们就随心所欲说大话、拍胸脯，可是，到真正需要承担的时候，他们就会退缩和逃避。其实，这些都是失信于他人的表现，久而久之，人们就对你有这样的评价"这个人说得多，可算数的呢，根本就没有，每件事都缺乏承担的勇气"。事实上，在日常交际中，我们要有放话的"勇气"，同时，我们更需要有承担的勇气，如此这样，才能在人前树立良好的信誉形象，在办事时掌控主动权。

有一次，诸葛亮在重议出师祁山时，长史杨仪向诸葛亮提出一个分兵轮战的建议，诸葛亮当场采纳。毕竟攻打中原，并不是一蹴而就的事情，应该是一个长久的计划。当即下令，分兵两拨，以100天为期限，两拨士兵替换上阵，被换下阵来的士兵可以休养生息，回家团聚。这样一来，两拨士兵轮流上阵，违限者按军法处置。命令一下，众士兵欢呼雀跃。

100天期限很快过去了，八万大军有一半的士兵应该换班了。诸葛亮当即下

令另一半士兵去换班，众军得知这个消息之后，开始收拾东西回家。但就在这个时候，忽然传来紧急军情：魏将孙礼引雍、凉人马20万来助战，袭击剑阁，司马懿亲自率军来攻打卤城！一听这个消息，蜀军已心慌不已。

战况对诸葛亮而言，难题重重：敌人大兵压境，来势汹汹；而士兵却应该回家团聚，新军尚未到达，兵力不足。面临如此危机，连提出分兵轮战建议的杨仪也沉不住气了。他向诸葛亮紧急建议："魏兵来得太突然，丞相可将换班军留下退敌，等到新兵来到，然后再进行换班。"当然，这个建议于情于理都是合适的，毕竟万事以大局为重。

不过守信的诸葛亮断然拒绝，他说："不行。我们用兵，应当以信为本，既然有令在先，怎么能失信呢？况且，应该离去的蜀兵，都已经准备回家了，他们的父母妻儿靠着门窗盼望着。就算今天有大难，也决不能留下他们。"于是，就下令换班军立刻启程。当众军听说这件事，都大声喊道："丞相如此讲恩情，我们愿意先不回去。众军却都要出战，不愿回家。这时诸葛亮才同意他们暂且留下应战。

果然，蜀军在作战中，个个奋力拼杀，大获全胜。

诸葛亮在关键时刻也不忘遵守承诺，终于赢得了军心，打退了魏军。

爱默生说："诚实的人必须对自己守信，他的最后靠山就是真诚。"事实上，诚信是一个人的立身之本，是一切美德和能力的基础。如果一个人失去了诚信，他将失去一切，包括他人的信任。一个失信的人，从别人那里将不会获得任何机会，他只能靠自己，或许，他连自己都靠不住，因为他连自己都不敢相信。

潘石屹曾向媒体表示，诚信、诚实将是我解决所有问题的手段，无论发生了什么，我都会诚实地向大家说明这一切，同时，愿意承担这一切。这是一份承诺，而他将以自己的亲身经历来诠释那些曾经说过的话。

1998年，潘石屹所在的现代城销售人员在一夜之间被竞争对手挖走了，他将自己所知道的真实情况一字不落地通过媒体告诉了大众，让大家有机会了解真相，最后，现代城得到了社会最广泛的同情和支持，这件事不仅没有给他带来损失，反而使他名下的房地产营业额增加。

2001年，现代城出现了“氡气事件”，所销售出去的房子里出现了氡气。这时，潘石屹马上与施工单位一起查找原因，最后发现是混凝土的添加剂造成的。当天，潘石屹就向所有的客户写公开信说明原因，表示公开道歉，同时，在全世界的范围内招标消除氡气的设备和技术，如果有愿意退房的客户，将加10%的回报，无理由退房。由于潘石屹非常诚实地说明了事情的真相，还有那份敢于承担的勇气，得到了许多客户的同情和理解。

或许，我们现在可以明白，为什么潘石屹能够成为鼎鼎有名的房地产大亨，其中有一点我们可以肯定，那就是诚信的力量。从古至今，那些成就一番伟业的人，无不是以诚信为本，所以，他们才能实现人生的辉煌。

对于每个人来说，说句话并不费劲。但是，如果要以实际行动去践行自己曾经说过的话，那就是一件困难的事情。因为大多数人都善于说话，而没有勇气去承担，如此一来，难免会落下“失信”的名声。

心理启示

既然话已经说出口，无论结局怎么样，我们都要鼓起勇气去承担，这样你才会给人们留下正面的深刻印象，才有机会掌控主动，从而达到自己的预期目的。

静以修身，俭以养德

夫酒之设，合礼致情，适体归性，礼终而退，此和之至也。主意未殚，宾有余倦，可以至醉，无致迷乱。

——《诫子书》

诸葛亮教育子女：“摆设酒宴，目的在于合乎礼节和沟通感情，以适应身体

和心性的需要为度，尽到礼节便可退出，这就达到和谐的极点了。当主人兴致未尽，客人略有倦意的时候，可以饮酒至醉，但不可到昏迷错乱的程度。”从诸葛亮严格要求子女来看，其一生都在践行“静以修身，俭以养德”，长期过着节俭朴实的生活。诸葛亮逝前，曾上表刘后主：“今成都有桑八百株，薄田五十顷，子弟衣食，自有余饶。至于臣在外任，无别调度，随身衣食，悉仰於官，不别治生，以长尺寸，若臣死之日，不使内有余帛，外有余财，以负陛下。”从古至今，能处庙堂之高而节俭自居者甚少，然而这恰是诸葛亮的宝贵之处。

2006年8月30日，巴菲特76岁生日那天迎娶了60岁新娘艾丝翠·孟克斯，艾丝翠·孟克斯是前妻介绍给巴菲特认识的，她与巴菲特已经同居28年。或许，许多人会想象，当时世界第二富豪的婚礼，况且是一起生活和等待了28年的女友，场面一定会规模宏大，十分奢侈和豪华。然而，出人意料的是，这场婚礼仅仅只有15分钟，女儿主持，异常低调，获邀前来的宾客也十分少。

巴菲特与60岁的艾丝翠穿着很普通。15分钟婚礼结束后，他们与客人一起到附近一家海鲜餐馆就餐，没有蜜月，第二天巴菲特按时到公司上班。更令人感到惊讶的是，婚礼举行前几天，一向生活简朴的巴菲特让女儿陪他专门到一家自己能够享受折扣优惠的珠宝店选购了一款漂亮的钻戒，作为给艾丝翠的信物。

巴菲特非常勤劳，一周要工作60～70小时。而且非常节俭，或者可以说到了小气的地步。他的整个公司就一间办公室，办公室房间非常小，大约是一个网球场的一半。巴菲特尽量少买办公用品，连买可口可乐都是一次买几箱子，这样平均每听可以便宜一点。有一次,一个记者在机场要借巴菲特10美分打电话，巴菲特只有25美分的硬币，于是巴菲特想把25美分换开，换成10美分的硬币再借给她。巴菲特吃饭也很省钱，一顿饭也就几美元的样子。巴菲特住的房子几十年来没换过，没有买别墅，更没有买游艇。

《福布斯》杂志发布最新“全球富豪榜”，“股神”巴菲特的个人财富从一年前的100亿美元飙升至620亿美元，一举将领衔《福布斯》全球富豪榜13年的美国微软公司创始人比尔·盖茨从上拉下马。然而，正是这样一位亿万富豪，生活

却是如此的勤俭，这可以证明他所说过的那句话，“我所想要的并非是金钱。我觉得赚钱并看着它慢慢增多是一件有意思的事”。

巴菲特总是说：“没有什么事比经营Berkshire Hathaway 更能带给我快乐了。”因为工作可以带给他许多的快乐，所以他根本不需要花钱购买奢侈品、旅游等方式来放松心情。同时，他对自己的生活标准感到非常满意，不追求大豪宅，对新款手机、电脑、汽车也没什么兴趣，更不用说私人岛屿和社会地位这些虚幻的东西，他崇尚最简单的生活，并以此为乐。

从前，在山上住着一位老人，他一生勤俭持家，日子过得倒也无忧无虑，非常幸福。在他临终前，将大门悬挂的“勤俭”二字送给两个儿子，希望他们能够勤俭持家。

后来兄弟俩分家，将“勤俭”分为“勤”“俭”，大儿子分得了一个“勤”字，小儿子分得了一个“俭”字。于是，大儿子每天“日出而作，日落而息”，年年五谷丰登，然而他妻子花钱却大手大脚，孩子们受此影响也浪费粮食，时间长了，家里穷得叮当响。老二却非常节约，不过却把“勤”字忘到九霄云外，他平日疏于农事，又不肯精耕细作，每年所收获的粮食就不多。尽管一家几口节衣缩食，省吃俭用，但也难以维持生活。

恰逢这一年遇上干旱，老大家和老二家里都早已空空如也，面面相觑，不知为何。

很多人其实收入不菲，但从来没有什么积蓄。没有控制的消费行为，最终会降低收入可能产生的效用。

现代社会发展日新月异，高科技产品发展相当迅速，假如我们在这样一个潮流中迷失了自己，整天追逐新产品，买奢侈品牌，那我们就会不断地出现负资产。生活自然简单就好，你越是过分地追求一些物质上的东西，会导致我们养成铺张浪费的坏习惯。

心理启示

诸葛亮严厉教子，勤俭持家，充分体现了其“淡泊以明志、宁静以致远”的人生追求。勤俭节约是为了满足正常生活的物质需求，不为物欲所驱使，不过分追求奢华，即便外界如何诱惑，也要保持一种平静的心态。

不信不立，不诚不行

> **勿以身贵而贱人，勿以独见而违众，勿恃功能而失信。**
>
> ——诸葛亮

诸葛亮常说，不能因为自己身居高位而看轻别人，也不要因为自己意见独特而听不进众人的意见，不可以凭借自己功绩显赫就失去忠信本分的品质。

戴尔·卡耐基曾说：“任何人的信用，如果要把它断送了都不需要多长时间，就算你是一个极谨慎的人，仅须偶尔忽略，多么好的名誉，便可立即毁损，所以养成小心谨慎的习惯，实在重要极了。”信誉是一个人的品牌，是一个人所拥有的无形资产。生活中，我们常常会谈论一些产品的品牌效应，有的产品牌子做得好，其销售量就高，反之，就难以在市场上立足。其实，一个人的品牌也是同样的道理，一个人若是信誉好，有诚信，人们会争相来与你结交，哪怕你是一个穷困落魄的人，至少，你那份难得的信誉是无价的。信誉好的人，他能够赢得所有的信任；信誉差的人，他会失去所有的支撑力。当然，有了好的名声，将给对方一定的心理暗示：信誉这么好的人，做人做事一定差不了。那么，办事自然就容易多了。所以，我们要有意识地树立良好的信誉，为自己办事铺好路子。

在20世纪70年代，日本商人藤先生接受了美国油料公司定制餐具100万个刀

与叉的合同，当时，在合约书上写明交货日期为10月1日，交货地点在芝加哥。按当时的运输条件，要做到这一点，日本公司必须在9月1日就由横滨发货。

签订合约后，藤先生组织了几家工厂同时生产这批产品，可是，由于工厂一再误工，完工交货的日期拖延到了9月20日，如果这时再从东京航运必然会误了合同上写的交货日期。为此，藤先生果断地采取了一系列措施，以确保原计划的交货日期。他租用了泛美航空公司的货运机空运，花了2万美元的空运费，货物得以及时送到了芝加哥。虽然，经济上的损失很大，但是，却赢得了客户的信任，维持了良好的合作关系。

不久，很多美国公司都知道了藤先生这位诚信的商人，由于这样的关系，藤田田在美国顺利地开辟了自己的商业之路。

藤先生这样的知名企业家，他会将信誉看成是企业唯一的生命，企业有了信誉才能在社会上立足。那么，为了信誉，金钱上的损失就可以忽略不计。不过，有的企业为了眼前的利益，大量制造、倾销低次的产品，亲手将树立起来的信誉毁掉，这样的行为无疑于杀鸡取卵，只有愚蠢的人才会这样做。

许多人都忽视了这样一个道理，那就是：树立良好的信誉不容易，不过，毁誉却是一瞬间的事情。有的人大半辈子都被认为是“勤勤恳恳、诚信”的人，可是，时至晚年，突然做了一件没有诚信的事，那么，之前所树立的“诚信”就土崩瓦解了，以至于落下个“晚节不保”的名声。因此，要想树立良好的信誉，就必须是持久而稳定的，在任何时候、任何事情上都需要保持一个人的诚信，否则，你将会失信于所有的人，那么，你自己也难以在圈子里立足了。

有个商人过河时船沉了，匆忙之中，他抓住一根棍子大声呼救。这时，有个渔夫闻声而来。商人急忙呼救：“我是当地的大富翁，你如果救我上去，我会给你一百两黄金。”渔夫听后欣然应允，不过，等他把商人救上岸之后，那位商人却翻脸不认账了。在一番讨价还价之后，渔夫只得到了十两黄金。渔夫感到很生气，责怪商人不守信用，出尔反尔。

商人说：“你一个打渔的，一辈子也挣不了几个钱，难道收获十两金子还

不满足吗？”渔夫只得怏怏而去。不料想后来那商人又一次在原地翻船了。有人欲救，那个曾被他骗过的渔夫说：“他就是那个说话不算数的人！”于是商人淹死了。

商人两次翻船而遇同一渔夫是偶然的，但商人的不得好报却是在意料之中的。因为一个人若不守信，便会失去别人对他的信任。所以，一旦他处于困境，便没有人再愿意出手相救。失信于人者，一旦遭难，只有坐以待毙。

现代社会，许多商店如雨后春笋，生机勃勃，但是，他们却刊登大量的欺骗广告，做各种骗人的勾当，到几年乃至十几年以后，已经是寥寥无几了。然而，在当时他们似乎没有意识到这样做是不会长久的，因为这样的行为缺少了信誉、诚信做坚强的后盾。一个人若是想成大事，就必须树立自己的品牌形象，这会给人以心理暗示：有诚信，信誉好，将来一定成大事，我就喜欢与这样的人合作。这样一来，本来求人办事的你，亦然变成了主动，那么，办任何事情都是不用发愁的。当然，信誉的树立并不是一朝一夕的事情，而是需要恒定地坚持下去，如此这样，你才能打造诚信的品牌形象。

一个人应该有一定的时间观念，其中就包括了守时，这是每个人都应该具备的美德，一个常常迟到的人会给人留下较差的印象。因此，无论是与对方相约还是会见客户，你最好提前五分钟到场，这一点会给对方留下好的印象。而且，比对方早到，可以顺势熟悉周围的环境，准备一下见面的话题，这样才能顺利达成办事的目的。

追溯中国悠久的文明史，“信”可以说是儒家文化核心价值之一。中国的君子以信为立生之本和待人的黄金原则。因为诚信，蔺相如才会手执和氏璧在秦王殿上慷慨陈词，他深知秦王的阴险与贪婪，但为了那完璧归赵的诺言，在英勇地捍卫国家的利益和个人心灵深处那份不朽的契约。因为诚信，“文不能安邦，武不能服众”的宋江才能坐上聚义厅的头把交椅，将替天行道的大旗扯得迎风飘扬。

心理启示

诚信待人，付出的是真诚和信任，赢得的是友谊和尊重；诚信如一束玫瑰的芬芳，能打动有情人的心。无论时空如何变幻，都闪烁着诱人的光芒。有了诚信，生活就有了芬芳，有了诚信，人生就有了追求！

不求名利于形，但求无愧于心

臣本布衣，躬耕于南阳，苟全性命于乱世，不求闻达于诸侯。

——《出师表》

诸葛亮自称："我原本一个平民，在南阳亲自耕田。只想在乱世里苟全性命，不求在诸侯间扬名显身。"对名利，诸葛亮看得很淡然。人生在世，生命是有限的，如果你将有限的生命投入到无穷的名利争夺上，那将是一笔亏本的买卖。淡泊名利争夺，这是做人的最高境界，没有包容宇宙的胸襟，没有洞穿世俗的眼力，一个人是很难做到的。但是，淡泊名利，才能成大器，才能攀登上高峰。在物欲、名利横流的今天，如果你心怀志向，那就应该守住淡泊，朝着自己的人生目标不断地前进。名利争夺是一场永久的战争，因为内心的贪婪，会想得到更多的东西，却很容易把现在所拥有的也失去。

一个人如果在名利场上失掉了理智的指南针，就会陷入名利的旋涡，结果越陷越深，难以自拔。其实，名利绝不是万恶之源，关键在于我们以怎么样的心态面对。当无穷的名利争夺之战席卷而来的时候，我们要保护好自己，时刻保持淡泊的心境，不要把有限的生命投入到无穷的名利争夺之上。

钱钟书拥有惊人的记忆力，被誉为"照相机式的记忆力"。哪怕他读过的晦

涩生僻的古籍，都能一字不漏地复述。更令人感到神奇的是，即便到了七八十岁的高龄，记忆力依然不曾衰退。

曾在“文革”时期，他凭着超人的记忆力、乐观积极的人生态度和孜孜以求的刻苦精神完成了学术著作《管锥编》。“管锥”的意思是“以管窥天，以锥指地”。这部鸿篇巨制，可称是中国古典文化在20世纪的结晶之一，其广博的思想和浩瀚的内容使人震撼。达观直率、淡泊名利的品质凝聚成钱钟书荣辱不惊的人格魅力。

在电视剧《围城》热播后，钱钟书的新作旧著，被争先恐后地推向市场。面对这种火爆，钱鐘书始终保持静默。对所谓的“钱学”热，他认为“吹捧多于研究”、“由于吹捧，人物可成厌物”。

有人用钱策动他接受采访，他却说：“我都姓了一辈子钱了，难道还迷信钱吗？”一著名洋记者慕名想见他，他回话说：“假如你吃了一个鸡蛋觉得还不错，又何必要去认识那只下蛋的母鸡呢？”钱钟书认为作家的使命就是要抵制任何诱惑，要有一支善于表达自己思想的笔，要有铁肩膀，概括起来说就是：头脑、笔和骨气。

当代文学巨匠钱钟书，终生淡泊名利，甘于寂寞。其实，正是因为他看淡名利，不卷入名利之争，始终保持内心的宁静，才使得他的文学道路越走越宽。在生活中，对某些别有用心的人发起的“名利之争”，我们需要看淡，更需要保持自己内心的宁静，不为名利心动，做事情不张扬，这样才能把事情做好。

（原文）庄子钓于濮水，楚王使大夫二人往先焉，曰：“愿以境内累矣！”庄子持竿不顾，曰：“吾闻楚有神龟，死已三千岁矣，王巾笥而藏之庙堂之上。此龟者，宁其死为留骨而贵乎？宁其生而曳尾于涂中乎？”二大夫曰：“宁生而曳尾涂中。”庄子曰：“往矣，吾将曳尾于涂中。”

（译文）庄子此时面临着这样的选择：前面是清波粼粼的濮水以及水中从容不迫的游鱼，背后则是楚国的官位——两者巨大的差距使这道选择题看起来十分容易。但是大概楚威王也知道庄子的脾气，所以用了一个“累”字，只是庄子要

不要这种“累”？多少人在这种“累”中体味到权力给人的充实感和成就感？这是生命中不能承受之“重”。

庄子持竿不顾。濮水的清波吸引了他，他无暇回头看身后的权势。他那么不经意地推掉了在俗人看来千载难逢的发达机遇。他把这看成了无聊的打扰。他只问了两位衣着锦绣的大夫一个似乎毫不相关的问题：“楚国水田里的乌龟，它们是愿意到楚王那里，让楚王用精致的竹箱装着它，用丝绸的巾饰覆盖它，珍藏在宗庙里，用死来换取“留骨而贵”呢，还是愿意拖着尾巴在泥水里自由自在地活着呢？”两位大夫回答说：“宁愿拖着尾巴在泥水中活着。”庄子曰：“往矣！吾将曳尾于涂中。”

这个故事反映了庄子真实的心灵，庄子对于抛弃名利的坚持，让我们知道精神可以达到这样的高度。实际上，庄子的行为，确实使一代代“学而优则仕”的读书人，在取得世俗成功的同时，内心总会有一种秘而不宣的羞耻感，还有一种受名利驱使的无奈感。

心理启示

一个人假如具有抛弃名利的人生态度，那面对生活，他就会比常人更容易找到乐观的一面。他所看到的就是生活的美好，他不再对那些可望不可及的空中楼阁感兴趣。在纷繁的世界中，不去较真名利的争夺，在自己的心田，构筑一片宁静的田园，你自然会体验到简单的快乐。

第3章　谦谦君子——谦虚好学的智慧

诸诸葛亮本人就是一个谦谦君子，十年隆中苦修，--朝卧龙出山，他一心想要报效自己的国家——汉王朝。所以，他选择了刘备，一个像自己一般品质高洁，忠君爱国的谦谦君子。不管是治国，还是做人，诸葛亮一把鹅毛扇在手，总给人谦谦君子、温软如玉的印象。

上以谦虚为贤，下以傲诞为高

> 不傲才以骄人，不以宠而作威。
>
> ——诸葛亮

诸葛亮在《将诫》里说：“不傲才以骄人，不以宠而作威。”意思是不倚仗自己的才华而在别人面前表现出骄傲的神情，不能因为自己受宠就到部下那里作威作福。傲慢不是某一领域、某一类和某一层次人群的专利，其外在的典型表现是：语高言慢，头顶上长眼睛，横着走路。谦虚是一种能力和品质。是一种能够客观认识、评价和把握自己、环境乃至时代的能力。哲学层次上的谦虚是一种乐天知命而又奋发有为、看淡得失而又追求真我的品质和人生境界。

综观历史，那些取得卓越成就的名人身上大多有谦虚的品质。著名哲学家苏格拉底就是谦谦君子，每每有人赞叹他学识渊博、智慧超群的时候，他总是谦和地表示：“我是唯一知道的就是我自己的无知。”被誉为“力学之父”的牛顿

发现了万有引力定律，他还在热学上确定了冷却定律，又在数学上提出“流数法”，建立了二项定理和莱布尼茨几乎同时创立了微积分学，开辟了数学上的一个新纪元。尽管他是一位有多方面成就的伟大科学家，然而他非常谦逊。对于自己的成功，他谦虚地说：“如果我见的比笛卡尔要远一点，那是因为我站在巨人的肩上的缘故。”他还对人说：“我只像一个海滨玩要的小孩子，有时很高兴地拾着一颗光滑美丽的石子儿，真理的大海还是没有发现。”

春秋时期，孔子和他的学生们周游列国，宣传他们的政治主张。

一天，他们驾车来到晋国。一个孩子在路当中堆碎石瓦片玩，挡住了他们的去路。

孔子说：“你不该在路当中玩，挡住我们的车！”

孩子指着地上说：“老人家，您看这是什么？”孔子一看，是用碎石瓦片摆的一座城。

孩子又说：“您说，应该是城给车让路还是车给城让路呢？”孔子被问住了。

孔子觉得这孩子很懂得礼貌，便问：“你叫什么？几岁啦？”孩子说：“我叫项橐，7岁！”

孔子对学生们说：“项橐7岁懂礼，他可以做我的老师啊！”

还有一次，他周游列国，在去晋国的路上，遇见一个七岁的孩子拦路，要他回答两个问题才让路。其一是：“鹅的叫声为什么大。”孔子答道：“鹅的脖子长，所以叫声大。”孩子说：“青蛙的脖子很短，为什么叫声也很大呢？”

孔子无言以对。他惭愧地对学生说：“我不如他，我可以拜他为师啊！”

谦虚是一个人自我完善的最佳途径，这是通向成功的重要条件。当一个人学会谦虚，才会不断进取，取得更大成就。在生活中，那些有真才实学的人往往虚怀若谷，谦虚谨慎；而不学无术、一知半解的人，却总是骄傲自满，自以为是，好为人师。当然，真正的谦虚并非表面上的唯唯诺诺，更不是一味地妄自菲薄。一个人的谦虚是发自内心的认真对待每一件或许是容易的事情，发自内心地尊重

身边的每一个人。

事实上，诸葛亮虽居庙堂之上，却总是谦虚做人。才识、学问越高的人，在态度上反而越谦卑，希望自己能精益求精，更上一层楼；也正因为如此，他们往往具有容人的风度，和接受批评的雅量。

有一次，齐白石和梅兰芳同到一家人家作客，白石老人先到，他布衣布鞋，其他宾朋皆社会名流或西装革履或长袍马褂，齐白石显得有些寒酸，不引人注意。不久，梅兰芳到，主人高兴相迎，其余宾客也都蜂拥而上，一一同他握手。可梅兰芳知道齐白石也来赴宴，便四下环顾，寻找老师。忽然，他看到了冷落在一旁的白石老人，他就让开别人一只只伸过来的手，挤出人群向画家恭恭敬敬地叫了一声“老师”，向他致意问安。在座的人见状很惊讶，齐白石深受感动。几天后特向梅兰芳馈赠《雪中送炭图》并题诗道：

记得前朝享太平，布衣尊贵动公卿。

如今沦落长安市，幸有梅郎识姓名。

梅兰芳不仅拜画家为师，他也拜普通人为师。有一次他在演出京剧《杀惜》时，在众多喝彩叫好声中，他听到有个老年观众说“不好”。梅兰芳来不及卸装更衣就用专车把这位老人接到家中。恭恭敬敬地对老人说：“说我不好的人，是我的老师。先生说我不好，必有高见，定请赐教，学生决心亡羊补牢。”老人指出：“阎惜姣上楼和下楼的台步，按梨园规定，应是上七下八，博士为何八上八下？”梅兰芳恍然大悟，连声称谢。以后梅兰芳经常请这位老先生观看他演戏，请他指正，称他“老师”。

傲慢是心灵空虚和虚荣心结合的产物。当一个人隐约感到自己在能力、声望、地位、财富等方面的现实与自己的期望值相差甚远，而又不能正确对待，就会以虚荣来掩饰和装饰，言行举止常常会流露出傲慢。

谦虚是创造良好人际关系的必要条件，谦虚者不把个人置于团体之上，在敬人、尊人、肯定他人中被他人及所处的环境尊重和肯定，从而形成和谐的人际关系，成为真正意义上的社会的人，在集体的培养下不断前进。谦虚不是自卑和怯

懦，应表现为谨言慎行而又奋发有为，看清差距而又准确定位，谦逊有礼而又不卑不亢。

心理启示

做一个谦虚的人，应该做到凡事看得透，不烦不躁；凡事深有远虑，不狂妄不自大；凡事站得高，不自负不傲慢；凡事行得正直，什么都不畏惧。只有保持豁达谦逊的品质，努力去做一个真正谦虚的人，才能不断进取并获得成功。

身居高位却不自傲

> 贵而不骄，胜而不悖，贤而能下，刚而能忍。
>
> ——《将苑》

《将苑》曰："贵而不骄，胜而不悖，贤而能下，刚而能忍。"意思是身居高位但不盛气凌人，功绩卓著而不骄傲自大，贤德而不清高，谦让比自己地位低的人，个性刚直又能包容他人。诸葛亮在中国已经成为聪明、智慧的象征，于是，有人认为诸葛亮因知识渊博，上知天文，下晓地理，料事如神，而且在治军、治国都有不少良方妙计，那么高居庙堂之上，肯定骄人，事实上，越是居于高位，诸葛亮为人越是谦虚谨慎。

一般而言，当一个人的官位越高，客观上就越容易脱离大众，听不到大众的意见和不同的声音，从而导致同僚或部下的许多宝贵意见和计谋被忽略。但诸葛亮看法却大不一样，即便自己贵为丞相，但更应该谦虚谨慎，虚心纳谏。当诸葛亮被封为武乡侯时，刘备已逝，刘婵年仅十七岁，诸葛亮掌握着蜀汉军政大权，地位之高，但他身居高位，却显得更加谦虚谨慎，誓做谦谦君子。

一对老夫妇，女的穿着一套褪色的条纹棉布衣服，而她的丈夫则穿着便宜的西装，也没有事先约好，就直接去拜访哈佛的校长。

校长的秘书在片刻间就断定这两个乡下人不可能与哈佛有业务来往。老先生轻声地说："我们要见校长。"

秘书很礼貌地说："他整天都很忙！"

女士回答说："没关系，我们可以等。"

过了几个钟头，秘书一直不理他们，希望他们知难而退，自己走开。他们却一直在那里等。

秘书终于决定通知校长："也许他们跟您讲几句话就会走开。"

校长不耐烦地同意了。

校长很傲慢而很不情愿地面对这对夫妇。

女士告诉他："我们有一个儿子曾经在哈佛读过一年，他很喜欢哈佛，他在哈佛的生活很快乐。但是去年，他出意外而死亡。我丈夫和我想在校园里为他留一个纪念物。"

校长并没有感动，反而觉得很可笑，粗声地说："夫人，我们不能为每一位曾经读过哈佛而后死亡的人树立一座雕像的。如果我们这样做，我们的校园看起来就会像墓园一样。"

女士说："不是，我们不是要树立一座雕像，我们想要捐一栋大楼给哈佛。"

校长仔细地看了一下他们的条纹棉布衣服及粗布便宜西装，然后吐出一口气说："你们知不知道建一栋大楼要花多少钱？我们学校的建筑物都超过了750万美元。"

这时，女士沉默了。校长很高兴，总算可以把他们打发了。

这位女士转向她丈夫说："只要750万就可以建一座大楼？我们为什么不建一座大学来纪念我们的儿子？"

就这样，斯坦福夫妇离开了哈佛。到了加州，创立了斯坦福大学，以此来纪

念他们的儿子。

如果适当的谦恭能够得到如此巨大的财富支持，大概哈佛大学的校长肯定会放弃以貌取人的做法，因为由此而带来的损失实在是太大了。傲慢的本质是自我崇拜。当一个人过高地估计了自己的地位、声誉和财富，并对此产生自我崇拜时便表现出傲慢。

诸葛亮的谦虚更体现在居功不自傲，他深知辅佐刘备，哪怕自己立下再多的汗马功劳，也需要时刻保持谦虚的品质。常言道："狡兔死，走狗烹；高鸟尽，良弓藏；敌国破，谋臣亡！"作为朝臣，无论曾经立下多大的功劳，不管有多么炫耀的功绩，千万不要居功自傲，不要让自己的光环遮盖了君王，功成而不居，才是真正能够得以明哲保身的良策。越是身居高位，越是谦虚谨慎，小心翼翼，每一句话，每个动作都需要详细考虑，以免引起不必要的麻烦。

乔治·华盛顿是美国独立战争时期的英雄，也是开国元勋，被称为"美利坚之父"。在他率领北美殖民地的民兵打败了英国军队赢得独立之后，他的个人威望达到了顶峰。很多部下都拥戴他，希望他做国王。面对王冠的诱惑，华盛顿没有丝毫的犹豫便拒绝了。他说："如果我答应你们的请求成为国王，那么，十三州人民为自由而战所流的血，完全没有价值。"部下被他的高尚人格所感动，一致推举他担任美利坚合众国总统。

华盛顿的好朋友，大陆宣言起草者之一的托马斯·杰斐逊同意华盛顿担任总统，但是他坚持总统必须有任期，不能无限制、没有期限地掌握国家最高权力。他同时极力鼓吹参众两院的设立，强烈建议三权鼎立，以国会和参众两院来限制总统的权力，约束总统的行为。

对此，杰斐逊说："我们都知道，华盛顿先生是个品德高尚的人。但是我们并不知道担任总统若干年后，他会变成什么样的人——因为人性有弱点，而且是会变的。我们更无法知道，一百年后的美国人民，选出的总统会是什么家伙？所以我们今天要立法，限制总统的权力，保障美国人民的基本权利在任何时候都不被侵犯。"

四年后，华盛顿回到家乡芒特佛农种植园，以一个农场主的身份安度晚年。卸任前，他提名杰斐逊为总统候选人，热情洋溢地称赞杰斐逊的人品和才能，称杰斐逊先生是一个“可以信赖的君子”。

杰斐逊和华盛顿都是令人尊敬的君子，杰斐逊并不因为这种亲密关系而改变自己的政治立场，并不因为华盛顿立下了丰功伟绩而对他顶礼膜拜，并不因为朋友之间的深厚情意而放弃原则。美国在开国之初，有华盛顿和杰斐逊这样的君子，才造就了今天的繁荣昌盛。

心理启示

谦谦君子，温润如玉，不飞扬跳脱，将玉的光芒隐于内，不管是雍容自若的风采，还是豁达潇洒的风度，不露锋芒，正所谓“宠辱不惊，闲看庭前花开花落；去留无意，漫随天外云卷云舒”，谦谦君子的生命状态在这里呈现出一种成熟的圆润。

低调做人，处事谦恭

臣本布衣，躬耕于南阳。

——《出师表》

诸葛亮虽贵为丞相，却自称：“臣本布衣，躬耕于南阳。”如此低调的人，从来不盛气凌人，不管走到哪个位置，永远记得自己原本是一个平民，在南阳亲自耕田。老子曰：“夫惟不争，故天下莫能与之争。”山峰从来不张扬自己的高度，并不影响它的耸立云端；海从来不夸耀自己的深度，并不影响它容纳百川；大地从来不炫耀自己的厚度，并不影响它承载万物。人生在世，我们也并不需要

高调地张扬自己，炫耀自己，而更需要低调处世。低调处世是一种品格，一种风度，一种修养，一种胸襟，一种智慧，更是一种处世的最佳姿态。低调处世，可以保护自己不受伤害，还可以与他人建立融洽的关系，还可以暗暗蓄积力量，在不显山不露水中成就一番伟大的事业。

在我们身边，你会发现这样一群人：他们看上去普普通通，甚至还给人一种很“窝囊”、不中用的弱者感觉。有时候，我们也会对这样的人投以不屑的眼光，但事实上，千万不可小看这样的人，他们表面上看似弱者，其实却是一个内心坚强的人，他们往往能高能低、能上能下，具有一般常人所没有的远见卓识。从他们身上表现出来的懦弱只是一种假象，迷惑人的假象，这样可以放松对手的警惕。而这样他们就能够达到自己的目的，或厚薄激发，或沉默之后的一鸣惊人，或打一个漂亮的翻身仗。如此看来，他们才是生活真正的智者，因此，才会赢得丰厚的人生。在现实生活中，绝大多数人强调自我和个性，言行举止过于招摇，这在很多人看来，你绝对是一个威胁，他们会时刻警惕你的一举一动，无形之中给自己带来了一些不必要的麻烦。但是，假若你能够弯腰做一个表面的弱者，在对手眼里，你没有嚣张之气、招摇之态，也不具备任何性质的威胁，最终，你可以成就自我，在不显山不露水中功成名就。

那些表面上的弱者并不是真正的弱者，而是善于收敛自己锋芒的人，把自己伪装成一个没有任何威胁性的人，他们才是人生中真正的大赢家。一个人，无论是已经取得了成功还是没有出师下山，都应该学会平稳谨慎，不要张扬，尤其不能得意忘形而显露狂态。有的年轻人，初出茅庐，凭着自己的年轻气盛，过着张扬、招摇的生活，所以，那条通往成功的路也颇显艰难。当你得意忘形的时候，已经不知不觉地为自己树下了许多强敌，他们成为你路上的障碍，影响你的成功。而那些表面的弱者则为自己留了一条后路，他不会受到周围人的排挤，相反，他拥有不错的人际关系。他们总是默默地经营着自己的事业，如果成功了就有翻身的机会，如果没有成功也没有其他人知道，他依然是那个看起来不起眼的他，对身边的人构成不了任何威胁。

事实上，作为隐士诸葛亮的主公刘备亦然是一位低调的人，所谓知己，大抵如此。

刘备一向是一个低调的人，从其人生轨迹就可以看出来。

首先，三国演义中桃园三结义。刘备身为皇亲国戚，在当世是大名鼎鼎的刘皇叔。而张飞是酒贩，关羽则是在逃的杀人犯，这两人与刘备不管是从身份上，还是从生活上，都存在较大的差别。但是刘备却不嫌弃，反而毕恭毕敬，与两位结拜为兄弟。从后来的故事可以看出，恰恰是看起来不怎么样的兄弟，最后却成为刘备事业最坚实的基础，五虎上将张翼德、儒将武圣关云长，成为刘备的左右手。

后来，刘备三顾茅庐，可以看出，那是相当低调。当徐庶向刘备推荐了诸葛先生，且需要将军亲自拜访，刘备不摆架子，当即亲自拜访。连去两次，却都没见到这位未出茅庐的后生，但他却不骄不躁，依然耐心等待。到了第三次，诸葛先生确在家，但在睡觉，刘备为了不吵醒对方，在屋檐下等了一个时辰又一个时辰，连张飞和关羽都看不下去了，但刘备依然保持谦卑的姿态，毫无怨言。后来，孔明出山了，为刘备勾勒出宏伟的建国蓝图，他自己也成就了千古名相。

不管对什么样的人，刘备都是礼让三分。当时，张松卖主求荣，想把西川地图献给曹操。可曹操自从大破马超之后，却骄傲自满，看不起这等小人，几次都推脱不见张松，哪怕见了面也没说几句好话，甚至想将其处死。不过刘备待人却不同，他先是派了赵云、关云长在境外迎候张松，自己还在境内亲自迎接，宴饮三日。张松深受感动，终于把本来打算送给曹操的西川地图送给了刘备，这一次，为蜀汉王国的最终确立打下了基础。

有道是“志同道合”，刘备谦虚，诸葛亮亦是真君子，所以君臣两人才是惺惺相惜，肝胆相照。在诸葛亮辅佐刘备期间，不管是做人还是做事，都是相当低调，哪怕刘备最后白帝城托孤，诸葛亮也从来没往别处想，而是谦虚谨慎，尽心尽责地辅佐刘禅，尽管年纪大了，也上书亲自北伐，足见诸葛亮这位谦谦君子的高尚品性。

为了心中那份理想，做一个表面的弱者又何妨呢。人生本就是这样，道路曲折漫长，只有经过这些历程，才会到达山峰，才能成就未来。山涧里的小溪，只是点点滴滴，看起来那么弱小而普通，但它却能够避开岩石，顺着缝隙而下，最终汇入大海，展现出自己的价值。人又何尝不是呢？只有那些能屈能伸的人，才能赢得自己的人生。

心理启示

学会低调处世，就是不喧闹、不造作，不会招人嫌、招人妒，是一种谦虚的态度。即使你有满腹才华，能力远比别人优秀，也要学会藏拙，这是一种智慧的人生。

善于倾听，集思广益

诚宜开张圣听，以光先帝遗德。

——《出师表》

诸葛亮在《出师表》里写道："诚宜开张圣听，以光先帝遗德。"意思是您应该广泛听取臣下的意见，以发扬光大先帝遗留下的美德。诸葛亮为人很谦虚，愿意虚心听取来自各方面的批评和意见，他在被封为武乡侯兼益州牧后，就对部下官员发布教令：在审议重要事项和公文时，让下属官员参加意见的办法，能集众思，广忠益也。通过对下属鼓励，希望他们能够尽心尽力，多思考，出谋划策。

战国时期，一位君王曾下过一道求谏旨令："群臣和百姓能当面指责寡人之过的，受上赏；上书规劝寡人的，受中赏；能在公共场合议论寡人的过失而被

我听到的，受下赏。”这道旨令一下，收到了极好的效果。一年之后，人们想再进直言，已无话可说了。而这个国家在很长一段时间内，国泰民安，社会稳定。作为领导者，更应该将“倾听”坚持到底，因为倾听，能让你掌握更多关于下属的信息；因为倾听，可以让你捕捉一些更有用的信息。当你综合了这些信息，再加以提炼出来，你会发现自己所说的是多么的具体而实在，那才是真正的“言之有物”。

有这样一个寓言故事：

曾经有个小国的使者到罗马帝国，进贡了三个一模一样金碧辉煌的金人。这小国使者在进贡的同时，出了一道题目：三个金人中哪个最有价值?

对此，皇帝想了许多的办法，请来珠宝匠检查，称重量，看做工，结果还是分辨不出来。怎么办呢？难道自己泱泱大国，连这个问题都解决不了？正在皇帝苦恼的时候，有一位已经卸任的老大臣说自己有办法。皇帝将使者请到大殿，老臣胸有成竹地拿着三根稻草，插入第一个金人的耳朵里，这稻草从另外一边耳朵出来了，第二个金人的稻草从嘴巴里直接掉出来，而第三个金人，稻草进去后掉进了肚子，什么响动都没有。

那位老大臣说：“第三个金人最有价值！”这时，站在一旁的使者点头称是。

这个寓言故事，给了我们这样的启示：最有价值的人，不一定是最能说的人。上帝赋予我们两只耳朵一个嘴巴，本来就是让我们“少说多听”。善于倾听，是一个卓越的领导应具备的最基本的素质。作为领导，要想处理好与下属之间的关系，练就一口好口才，很大程度上在于自己能够保持一种倾听和沉默的态度。有时候，话太多并不是一件好事，而沉默往往更有效果。

三国时期，关羽、张飞的死，让刘备痛心疾首，于是他决定讨伐吴国。他带领几十万大军一路披荆斩棘，杀入吴国境内。眼看吴国就要败了，可是在这关键时刻，孙权力排众议重新起用陆逊。刘备亲自在猇亭布列军马，直至川口，接连七百里，前后四十营寨，白天的时候，旌旗多得可以遮蔽太阳，夜晚的时候军营

发出的火光把天都照亮了。

这时候忽然细作来报说：“东吴用陆逊为大都督，总制军马。逊令诸将各守险要不出。”刘备问道：“陆逊是何人？”马良上奏说：“逊虽东吴一书生，然年幼多才，深有谋略；前袭荆州，皆系此人之诡计。”刘备立即大怒：“竖子诡计，损朕二弟，今当擒之！”便传令进兵。马良马上进谏：“陆逊之才，不亚周郎，未可轻敌。”刘备不禁失笑：“朕用兵老矣，岂反不如一黄口孺子耶！”于是亲自率领着前军，攻打诸处关津隘口。

刘备自恃自己用兵已经多年，深知兵法，他在开始就对陆逊有了轻视之心，面对来自马良的建议，刘备拒绝倾听，不禁失笑：“朕用兵老矣，岂反不如一黄口孺子耶！”这样的自恃雄才直接导致了后来“火烧连营八百里”，自己大败于陆逊，在白帝城郁郁而终，这就是不能倾听下属建议的结果。自然，在当时刘备拒绝了倾听，而他那句“朕用兵老矣，岂反不如一黄口孺子耶”则是对下属的空泛说教。

大多数领导者总是抱怨：“每次说话都是那么几句套话、官话，我都厌烦了，总想说一些言之有物的话，但却总不见效，我自己也搞不清楚。”其实，你们可以反思自己的行为，是否自己听少于说呢，又或者，尚未掌握倾听的技巧呢。所以，对于领导者来说，要想说话言之有物，应注重倾听有道。

在周朝，朝廷设有专门的采诗官，常年巡游各地以采集民间歌谣，从中体察风俗民情，考察朝政得失。后来，唐太宗皇帝更是坚持“兼听则明、偏听则暗”，鼓励大臣谏诤，采纳良言，造就了光耀千秋的贞观之治。从古到今，那些刚愎自用、闭目塞听、偏听偏信的领导者，最终往往是失道寡助，最后，导致天怒人怨、国破身亡。

心理启示

倾听，是领导的一项重要工作。是否善于倾听，将直接反映领导的水平和执

政能力。自古以来，在官场就有着“言能听，道乃进”的执政理念，意思是说，只有能够听得进下属的意见，才能使自己的工作不断得到完善。

虚心接受批评，勇于改过

善败者不亡。

——诸葛亮

诸葛亮说：“善败者不亡。”那些善于在失败中总结经验的人是最有希望获得成功的人。尽管诸葛亮上知天文，下晓地理，运筹帷幄，用兵如神，但却无法避免街亭的失守。甚至，诸葛亮还坦言自己虚心听取别人意见的感受：“从前开始结识崔州平，屡次听到他指出我做得对的和错的地方；后来结识徐元直，也经常得到他的启发和教诲。以前与董幼宰共事，他每次谈话都言无不尽；后来同胡伟度共事，他多次对我劝阻。虽然我的天资和秉性拙劣不明，不能全部采纳他们的意见，但是，我和这四位先生始终处得很好。”后来，主簿杨颙对诸葛亮亲自核对登记簿一事，提出了批评意见，诸葛亮虚心的向他承认了错误。

俗话说：“金无足赤，人无完人。”谁难免都会犯一点小错误，而且，每个人都存在着这样的心理：犯错误的时候，脑子里总是想着隐瞒自己的错误，害怕自己承认错误之后会觉得没有面子。其实，有这样的心理是正常的，但是，为了能够从错误中学到一些有价值的东西，我们应该克服这样的心理。

3000年前，所罗王曾说：“我总是会犯错，我犯的错误不计其数。”有些人总会将自己的错误归咎于别人，实际上所有的错误差不多都是自己造成的，最应该批评的就是我自己。拿破仑被放逐到圣赫勒拿岛时说：“我的失败根本是我自己的责任，没有任何人的责任。我最大的敌人实际上是我自己，这也是造成我悲惨命运的关键原因。”生活中，有许多人也会像拿破仑一样认识到自己的错误。

豪维尔先生，美国财经界的重要人物，曾担任美国商业信托银行董事长，同时兼任几家大公司的董事。

这么多间，豪维尔先生总是随身携带一个记事本，记录自己每天要做的事情。通常每个周六的晚上，就是豪维尔先生的自省时间，这段时间家人根本不指望他会出来参加什么活动。他在自我反省过程中，总会评估一下过去一周的工作表现。吃过晚饭后，豪维尔先生会打开自己的笔记本，回忆自己这一周全部的面谈、讨论以及会议过程。豪维尔先生经常会反思：当时自己哪里做的不够好？有哪些地方是做得正确的，接下来应该如何改进自己的做法？从这些经验中可以获得什么样的教训？等等，尽管，这样的反思会让豪维尔先生意识到自己的不足，从而心中产生不悦的情绪。不过，他依然坚持这样做，有时想到自己做的一些事情都感觉不可思议。

最后，随着年纪不断增长，那些犯错的事情就会越来越少。当然，豪维尔先生一直坚持每周的自我剖析，这样的习惯让他受益匪浅。

假如有人问豪维尔先生是如何赢得成功的，那么他他说：“因为我一直保持自省的习惯。”豪维尔先生从小所接受的正规教育十分有限，他最开始在一个乡下的小店做店员，后来发展成为美国钢铁公司信用部经理，从此事业蒸蒸日上，而这一切不过是源于他保持自省的习惯。

为什么富兰克林会成为全美国最受爱戴、最具影响力的人物？

事实上，富兰克林也保持着每晚一次的自省。他总结出自己13处严重的错误，其中有三项是浪费时间、琐事太多、与人争执。年长睿智的富兰克林很清楚地意识到，假如不改正这些缺点，他就难以成大事。于是，富兰克林定下目标每周改掉一个缺点，而且每天记录自己的进步。等到了下一周，富兰克林会再找出自己的另外一个坏习惯，然后再改正。就这样的情况，富兰克林每周都与自己的缺点抗争，整整坚持了两年。

妮可小姐，现代最大的香皂公司——高露洁公司的总经理。

妮可小姐成功的秘诀之一，就是接受批评的意见。她总是主动提出要求，要

求对方给她提出宝贵的意见。当她最初为高露洁推销香皂的时候，她的订单少得可怜，当她确定产品和价格都没有问题之后，她便确定问题是出在了自己身上。所以，每次推销失败后，她总会在街上转悠，研究着究竟是哪里出了问题：难道是自己语言表达有问题？难道是自己太冷漠吗？

经过研究之后，她决定自己再回去找那位拒绝自己的商家："我不是回来再向您推销香皂的，我只是希望可以听到您的建议和批评。能否麻烦您告诉我，刚才我在向您推销香皂时有什么问题吗？您的经验如此丰富，事业又那么成功，希望您可以直接告诉我，您完全不需要有任何顾虑，我恳请您的指点。"结果，每次他这么一说，反而为自己赢得了不少朋友，自然而然，她的订单也越来越多。

在生活中，当我们遭受不公平的批评时应该怎么办呢？或许我们可以采取一个理智的做法，当自己受到不公平的责难，即便心中怨气难平，但也要告诫自己：即便最伟大的科学家爱因斯坦也坦诚自己百分之九十九都是错误的，那对于自己一个普通人而言，那起码有百分之八十是错误的，所以，慢慢冷静下来吧，自己原本就不是百分之百完美。或许，这个批评是正确的，是可以接受的，自己本应该受到这样的批评，假如果真如此，那自己应该为此感到幸运，毕竟可以从批评中学习到很多有价值的东西。

心理启示

并不是错误了，就永远不能改正；不是失败了，就永远不能成功。如果我们能够勇于承认自己的失败与错误，自己才能赢得成功。达尔文曾说："任何改正都是进步。"勇于认错，让自己不断地进步。

第4章　不图虚表——脚踏实地的智慧

诸葛亮身高八尺，气度不凡，却娶一丑妻，一生对其忠贞不贰。由此可见，诸葛亮并不是一个图虚表的人，他看重的是妻子的学问以及智慧。在他后来的学习、治国过程中，他始终坚持脚踏实地，从来不图那些表面的东西，最终成为一代忠臣。

远离浮躁，静心学习

> 夫学须静也，才须学也。
>
> ——《诫子书》

诸葛亮在少年时期，师从水镜先生司马徽，他学习刻苦，勤于用脑，不仅深受司马徽赏识，连司马徽的妻子对其也很器重。当时没有钟表，为了计时，司马徽训练公鸡按时鸣叫，办法就是定时喂食。为了学到更多的东西，诸葛亮想让先生把讲课时间延长一些，不过先生总是以鸡鸣叫为准，于是诸葛亮想，如果把公鸡鸣叫的时间延长，先生讲课的时间也就延长了。之后他上学时就带些粮食装在口袋里，估计鸡快叫的时候，就喂它一点粮食，鸡一吃饱就不叫了。

一个人只有把心放空，才能更好地学习知识。一个人的成长是无止境的，他时刻都需要充足的养分。说到“养分”，大部分人会想到能让我们生命得以延续的食物，其实，这只是物质层面的养分，我们不能忽视了心灵所需的养分——知

识。一个人若是缺少了知识的养分，它就像没有施肥的花儿，即使得到了很好的外在营养，但是，它还是会慢慢地枯萎。

生活中的许多人总是关注到自己的外在，而忽视了心灵的呵护。当他们把自己的外表打扮得很精致的时候，但其心灵却是空空如也。他们就像是一个等待欣赏的“花瓶”，只有光鲜的外表，而没有丰富的内在，根本没有可欣赏的价值。一个人的成长是无止境的，在成长的路上，我们应该汲取更充足的养分，诸如知识、才情、能力，如此，你才能成为一个内外兼修的人。

一位著名的芝加哥商人这样说，自己需要花一个星期的时间去拜访国内的各同行商店，彼此交换自己对经营的看法，每年总要外出旅行一次，去考察各家著名商店的管理与经营。他认为：“要使自己能够站在广阔、不偏的视野上观察自己的素养，要保持自己的事业永不衰败，这种旅行是绝对的必需。”

在每一次拜访与旅行中，他在不断地完善自己，努力使自己的商店更好一点，他说“这样的学习已经成为一种习惯了”。如果他从来不出自己的店门步，不与其他商人交流，那么，他自己所经营的商店就不会获得进步，有可能永远在原地踏步，直至被社会所淘汰。

一个人的成长并不只是身体外在的成长，心灵也应该得到相应地充盈，如此，你的外在和内在才能得到较好的统一。在生活中，有的人一大把年纪了，但是，他的修养与内涵却甚是欠缺，这样的人，他们的心灵缺少应有的“养分”，或许，直至到老，他还是一副流氓痞子的形象。

现代社会，是一个学习的社会，无论你毕业于哪所大学，从你踏入这个社会开始，你就必须学习；无论你有多大的本事，你都有学习的必要性，至少你不会无所不能。甚至，学习将伴随着我们的一生，你是否好学，将直接决定你未来能走多远。一个人最大的缺陷并不是没有接受过教育，而是他放弃了学习的机会。

心理启示

我们需要保持学习的习惯，这样才能丰富自己的心灵。肌肤需要汲取水分，也需要汲取营养，而心灵与肌肤一样，它同样需要汲取养分才不至于显得空洞。只有不断地学习，才能填满心灵的空虚。

苦尽甘来，意志力是成功的保证

> **年与时驰，意与日去，遂成枯落，多不接世，悲守穷庐，将复何及！**
>
> ——《诫子书》

诸葛亮教育子女说："年华随时光而飞驰，意志随岁月而流逝。最终枯败零落，大多不接触世事、不为社会所用，只能悲哀地坐守着那穷困的居舍，其时悔恨又怎么来得及？"在诸葛亮看来，做任何事情，决心和毅力非常重要，因为一旦缺乏了意志力，就会半途而废。所以，生活中总是一鼓作气的人比较多，最终坚持到底的人却很少。

有人问著名的组织学家聂弗梅瓦基为什么一生都花在研究蠕虫的构造上，聂弗梅瓦基回答说："你可知道，蠕虫这么长，而人生却这么短。"的确，一个人的生命是有限的，而科学研究是无止境的。简而言之，如果你想获得任何一项事业的成功，就必须持之以恒，甚至付出毕生心血，对于成功而言，恒心就是力量。

在人类历史的长河中，诞生的多少有成就的人都是这样成功的。宋代司马光编写的《资治通鉴》，历时19年才截稿，但那时他已经老眼昏花，不久就去世了；明代李时珍撰写《本草纲目》，几乎跑遍了名川大山，收集了多少资料，耗

费了整整27年的时间，才铸就了这部名著；谈迁花了20多年的时间才完成了《国榷》，不料完成之后书稿被小偷盗走了，无奈之下，他又开始重新撰写，用了8年的时间才完成。这样的例子都足以说明，无论做什么事情，只有持之以恒、呕心沥血，竭尽毕生，才能达到成功的巅峰，若只有三分钟热度，那最终你只能一事无成。

现代社会，不少年轻人在刚开始工作时满腔热血，但时间久了就开始慢慢地懈怠，最终一事无成。其实，工作不是仅仅依靠热情就能做好的，它更需要在保温中加温，坚持，坚持，再坚持，而不是三分钟热度，只有做到了这样，你才是真正的职业人。

从前，有一名和尚叫一了，他的耐性不够，做一件事情只要稍稍有点困难，就很容易气馁，不肯锲而不舍地做下去。

有一天晚上，师父给他一块木板和一把小刀，需要他在木板上切一条刀痕，当一了切好了一刀以后，师父就把木板和小刀锁在他的抽屉里。以后，每天晚上，师父都要小和尚在切过的痕迹上再切一次，这样持续了好多天。

终于到了一天晚上，一了和尚一刀下去，就把木板切成了两大块。师父说："你大概想不到那么一点点力气就能把一块木板切成两大块吧？一个人一生的成败，并不在于他一下子用多大的力气，而在于他是否能持之以恒。"

古人云："事当难处之时，只让退一步，便容易处矣；功到将成之候，若放松一着，便不能成矣。"在生活中，有很多事情，并不是仅仅依靠三分钟热情就可以做好的，也不是一朝一夕就能做到的，而是需要持之以恒的精神，我们必须要付出时间和代价，甚至是一生的努力，当然，在这个过程中，我们需要忍耐，坚持，再坚持，等待机会和成功的来临。

或许，我们都听过龟兔赛跑的故事，在生活中，我们经常也会出现"龟兔赛跑"的例子，有的人成了爱睡觉、对事情三分钟热情的兔子，他们总是情绪不稳，一会儿想要夺冠，一会儿想要偷懒。而有的人则成为了慢腾腾的"乌龟"，虽然跑得比较慢，但他们情绪和心态都比较稳定，树立了一个目标就认真地去完

成，这样反而适应了社会的规律，最终夺冠。那些做事只有三分钟热情的人，他们似乎还没有进入真正的角色，有些人甚至对做事很不耐烦，这预示着他们会放弃，或者被社会淘汰，在更多的情况下，他们往往会在东奔西跑中一事无成。

著名数学家高斯从小就勤奋好学，很早就显示出超人的数学才能。

有一次，父亲正在计算账目，小高斯安静地站在旁边看，当他父亲自以为算得很对的时候，小高斯却认真地说："爸爸，您算错了，应该是……"父亲检验了一遍，发现高斯的答案是正确的。

高斯7岁那年，父亲送他到附近的学校读书，在学校里，高斯是班里最小的学生，但因其数学成绩最好，因而经常受到老师的表扬。高斯十分刻苦，他明白，要想更好地学好数学，自己必须付出更多的努力和汗水。白天在学校里，除了上课时专心听讲以外，他还尽可能地利用课余时间钻研数学，阅读了许多数学的著作。晚上，他将一个大萝卜挖去了心，塞进一块油脂，插上一根灯芯，做了一盏小油灯。他一个人躲在顶楼上，在微弱的灯光下，专心致志地看书学习，直到深夜才睡。在上学期间，高斯还写了许多"数学日记"，记录了他在解题时的新发现和巧妙的解法，后来，高斯18岁那年，他成功地解决了当时自希腊数学家欧几里得以来两千多年一直悬而未决的数学难题，轰动了整个数学界。

有人曾问高斯："你为什么在科学上能有那么多的发现？"高斯回答说："假如别人和我一样专心和持久地思考数学真理，他也会作出同样的发现。"

高斯成功的秘诀就是"专心致志，持之以恒"，他研究数学，总是坚持到底，他最反对的就是做事半途而废。当他在对一些重要的定理进行证明的时候，都会经过多种解决、证明的方法，并从中发现最简单和最有力的证明。当然，因为高斯如此持之以恒地钻研数学，为科学事业的发展做出了卓越的贡献。

生活中，那些"三分钟热情"的先生和小姐，尽管他们接触了不同的工作，牵涉了不同的行业，但最终他们不会做任何一件事情，他们只是在寻求猎奇的过程中获得了满足，最终，他们将一无所成。相反，那些只做了一件事情，并坚持到底的人，他们在某个行业或某个领域到达了一定的高度，他们才是真正的成功者。

心理启示

在生活中，做事不能只有“三分钟热度”，而是需要在保温中加温，需要持之以恒，这样才能有所为有所不为。

脚踏实地，循序渐进

> 慆慢则不能励精。
>
> ——《诫子书》

诸葛亮教导子女：“放纵懒散就无法振奋精神。”不管做任何事情，都需要脚踏实地，循序渐进，不能急于求成。《塔木德》中告诫人们：“别想一下就造出大海，必须先由小河川开始。”世界上没有一步登天的奇迹，每个人都应该恪守自己“脚踏实地”的原则，做任何事情都要循序渐进。他们明白，如果要想获得成功，就必须从一件小事做起，哪怕是一件微不足道的小事。只专注于现在所拥有的工作，用投机取巧的方法来获得成功，那是永远不可取的。可能你在短时期内能获得一两次的成功，但是不能获得长久的成功。他们更愿意通过慢慢添加一砖一瓦，踏踏实实地坚守自己的位置，最后建造出属于自己的美丽城堡。

在这个世界，没有任何一个人能随随便便成功，因为罗马城也不是一天就建成的。一步登天的奇迹，以及一蹴而就的成功，那也是经历了上百次的尝试，才铸就了这样短暂的光辉。俗话说：“台上一分钟，台下十年功。”有可能在台上表演的时间往往只有短短的一分钟，但为了台上这一分钟的表演时间，许多人却要为此付出十年的艰辛努力，甚至需要付出更长时间的努力。罗马城不是一天建成的，是靠每一天的艰苦付出所建成的，做每一件事就好像建城一样，你若想把

它建成、建好，就必须付出巨大的代价和心血。我们应该记住，通往成功的道路从来都不会是一条风和日丽的坦途，人生必须渡过逆流才能走向更高的层次，最重要的是在这个过程中学会忍耐，蓄积待发，最终一举成功。

犹太巨商中的大多数人都是通过自己白手起家走向成功的，在刚开始的职业之初，他们一般都是从事最底层的工作。但是他们并没有为自己位于底层而气馁，相反，他们正是把底层作为他们自己的展现平台，也是成功的开端。无论他们的工作是多么的平凡，还是多么的不起眼，他们都能够将那些看似普通而又细微的工作做得很出色。如洛克菲勒16岁开始为一个小商人做会计助理，因工作有条不紊，精细认真深受老板赏识；哈同在上海的沙逊洋行当门卫，表现突出，一年后升任地产科领班；钻石大王彼德森16岁到一家珠宝店当学徒，敲敲打打一丝不苟，仅五个月，手艺就得到师傅的认可；股票超人约瑟夫·贺希哈从14岁到17岁，伏案画股票行情图，一画即三年。他们主要就是靠自己的踏实获得了别人的赏识，然后一步一个脚印地往下走，最终获得了自己事业上的成功。

犹太人哈同在1872年独自一人来到中国上海谋生，当时他只有24岁。他看起来是一个年轻力壮的青年人，但是他身上除了自己穿着的衣服以外，几乎一无所有。他既没有一点资本，而且还不懂专业知识和技术。但是他立志来中国是赚钱发财的，于是，他结合自身的情况，决心从一个立足点开始。

他凭着自己得魁梧高大，的身材在一家洋行找到了一份看门的工作。哈同并没有为自己的这份工作感到丢脸。他认为通过自己为别人看门赚来的钱也是一种报酬，并没有使自己失去身份。他希望把这份工作作为一个立足点，通过自己的努力奋斗，积蓄力量，以后终会找到能赚更多钱的路子。

哈同对自己的工作非常认真，忠于职守。另外，他还常常利用自己晚上休息的时间阅读一些经济和财务的书籍，来增加自己的知识。老板渐渐发觉哈同是个出色的员工，而且很聪明，于是就把他调到业务部门当办事员。哈同一如既往地工作，业绩也越来越突出，逐步被提升为行务员、大班等。这时候，他的收入已经大为增加了。可是满怀志向的他并没有因此而知足。他想拥有自己的企业，于

是，在1901年他找理由离开了打工岗位，自己开始独立经营商行。

哈同自己创办的商行取名为“哈同商行”，他主要以经营洋货买卖为主，他独特的眼光使他发现洋货在中国市场上相对比的竞争品不是很多，而消费者就难以“货比三家”。因此，他通过市场神不知鬼不觉地获得了高额利润，使自己的商行越办越大。

哈同能够从一名门卫做到了商行的老板，正是体现了犹太人的智慧。一个看门工，可能是大多数人都看不起的活，要在别人是不愿意干的，他们觉得自己相貌堂堂，年轻高大，怎么可以屈于当站门雇员。可是哈同却不这么认为，他认为这是他成功的一个起点。我们仔细注意到哈同的工作历程，就不难发现他成功的秘诀，那就是“脚踏实地，循序渐进”。他对自己的每一份工作都做到勤勤勉勉，忠于职守，并且不是急于求成，而是循序渐进地做下去，慢慢登上成功的宝座。

人应该从基础工作做起，认真完成每一项工作。通过认真工作来磨练自己的意志，从来不去好高骛远，而是坚守脚踏实地的工作态度，这样才能逐渐地积累自己丰富的阅历和宝贵的工作经验，而这对于以后从事更富有挑战性的工作是一个准备。当他们在面对比较复杂的工作的时候，依然能够胸有成竹地去完成。“工作无大小”，我们面对任何一件工作都需要我们去认真对待。只有当你用心去面对一切的时候，才能够做到认真处理每一件事情，这样才能为自己积累更多的经验，也才可以把领导交给我们的任务完成。

心理启示

千里之行始于足下,我们在面对任何一件事情的时候，都需要脚踏实地，才能做到循序渐进，才能获得最后的成功。正可谓“一屋不扫，何以扫天下”。凡成大事者需要从小事做起，踏踏实实地做好生活中的每一件事，做小事就是干大事。

慎终如始，则无败事

先帝知臣谨慎，故临崩寄臣以大事也。

——《出师表》

诸葛亮在《出师表》里自诩谨慎：“先帝知道我做事谨慎，所以临终把国家大事托付给我。”事实上，不仅诸葛亮自知谨慎，后世对其评价也是“诸葛一生谨慎”。有人一说到谦虚谨慎，就想到唯唯诺诺的样子。遇到什么事情，总是没有自己的主见，一味地附和，恭顺听话，似乎认为这就是谨慎。其实，谨慎并非唯唯诺诺，谦虚谨慎是一种美德，而唯唯诺诺给人的感觉是一个人过分胆小或者过分小心，不喜欢表露真正的意图，只喜欢附和别人，时常会给人留下没有个性又没主见的印象。谦虚谨慎有利于我们处理好人际关系，而唯唯诺诺则对一个人的人际交往很不利。诸葛亮是难得的忠臣，但是，这并不是说在君主面前就是一位唯唯诺诺的臣子，在任何时候，他都有自己的想法，既能做忠臣，同时，又能很好地保全自己，而这全在于他的智慧。因此，谨慎并不是唯唯诺诺，而是让我们多长个心眼。

在平定太平天国运动以后，曾国藩身居将相之位，面对如此皇恩，他早已满足，甚至，有点喜不自禁。与此同时，他清醒地意识到自己之所以被重用，关键在于太平天国运动，如果没有太平天国运动，自己有可能是一无所有。然而，对于朝廷来说，不希望在消灭了太平军以后，又有湘军造反。当时，曾国藩攻陷武昌后，捷报连传，咸丰帝十分高兴，立即下旨封曾国藩为湖北巡抚，夸奖曾国藩：“虽然是一介书生，却能够立下大功，实为难得！”但同时，朝廷也意识到了曾国藩的号召力和凝聚力，奖赏是需要的，但权力却不能给。

过了不久，朝廷就出现了“裁军”的问题，如果不裁湘军，恐怕会权高震

主，危及自身；如果裁淮军，自己手中不再有军队，就会任人宰割。经过了仔细的思量，曾国藩做出了大胆的决策，裁湘军，留存淮军，他让李鸿章按淮军不动，从自己处先开刀。最后，裁了湘军，他得以保全了自己。

俗话说："人怕出名猪怕壮。"曾国藩"裁湘军"的决定是相当明智的，而且，这是一种谨慎的自我保护的生存之道。他有做大事的远大志向，同时，他从不认为自己才能很高，而是善于藏锋露芒，有了这样一把保护伞，曾国藩的官场之路还会愁吗？从古至今，那些恃才傲物、目中无人的人是没有一个落得好下场。相反，懂得谦虚谨慎，等待时机，蓄势而发，则往往能成就自我。

身在职场，凡事应该谨慎，该说的话要说，不该说的话一定不要说；该自己做的事情要去做，那些越权的事情就应该委婉拒绝。无论是说话还是办事，我们都需要认真思量，上司有他的吩咐，我们也应该思考自己的未来，不能凡事都顺着，多为自己的身份着想，该装傻的时候，一定要装得彻底。在公司，上司是掌控一切事情的人，你的一言一行都将影响其对你的判断和重用。

公司准备提拔一名年轻人做办公室主任，小李和小王都是候选人，他们俩实力相当，同时，两人关系还非常要好。

有一天，经理把小李喊进了办公室，告诉他公司初步决定由他来接任办公室主任。小李很高兴，心中一块石头总算落了地。顿时，喜悦之情溢于言表，说话也特别放得开，经理随口问道："你觉得小王这个人怎么样？他做事怎么样呢？"小李满脸不屑之意，说起了小王曾闹过的一些笑话，以及对小王不利的一些事情。

几天以后，正式的任命下来了，让小李感到惊讶的是，主任并不是他，而是小王。经理再次找到了小李，对他说："年轻人，说话做事都要谨慎啊！"原来，经理在和小李谈话后，又找了小王谈话，当时，经理透露办公室主任将由小李担任，对此，小王积极地表示支持小李的工作，而且，对小李本人的能力更是赞不绝口。就是因为这一点，经理改变了主意，让小王担任了办公室主任。

无论我们的情绪处于一个什么样的状态，说话做事都应该谨慎。谦虚谨慎体

现着一个人的修养，显示着一个人的度量。小李的多言让经理看到了他内心的浮躁和轻狂，似乎他的稳重还差一点，因此，到最后关头，经理改变了主意，让谨慎的小王担任了办公室主任。

在诸葛亮看来，身居高位的规律，大约有三端，一是不参与，就像是于自己没有丝毫的交涉；二是没有结局，古人所说的“一天比一天谨慎，唯恐高位不长久”，身居高位、行走危险之地，而能够善终的人太少了；三是不胜任。古人所说“惊心啊，就像以腐朽的缰绳驾驭着六匹烈马，万分危惧，就好像要坠落在深渊里”。唯恐自己不能胜任。现实生活中，凡事应谨慎，这样，我们的路才会走得更长久。

心理启示

不要将“谨慎”二字当作是唯唯诺诺，上司吩咐你说什么就说什么，让你做什么就做什么，我们应该保持自己的意见，凡事多想想，多一个心眼，你的职场之路就会走的更远一些。

欲要看究竟，处处细留心

汝保主公入吴，当领此三个锦囊。囊中有三条妙计，依次而行。

——《三国演义》

《三国演义》中，著名的刘备招亲，诸葛亮所使用的就是锦囊妙计。三国时期，荆州被刘备所占，东吴大将周瑜便一心想夺回荆州。他听说刘备的妻子刚刚去世，就设计要将孙权的妹妹许配给刘备，让刘备到东吴入赘，到时将他幽囚狱中，并用他换取荆州。诸葛亮早知其计，便授予跟刘备前往招亲的赵云三个锦囊

妙计：第一个锦囊：面见乔国老，并把刘备娶亲的事情搞得东吴尽人皆知；第二个锦囊：用谎言（曹操打荆州）骗泡在温柔乡里的刘备回去；第三个锦囊：让孙夫人摆平东吴的追兵，她是孙权妹妹，东吴将领惧她三分。正是：周郎妙计安天下，赔了夫人又折兵！

俗话说："小心驶得万年船。"智慧的处理事情的方法需要细心，冷静的研究，凡事多想一步，安全就会长久一点。尤其越是混乱的时候，越需要注意这一点。细心行事，哪怕是一件小事，也要思虑周全，这样一来，给自己留了足够的后路，自然就能保全自己了。因此，对于活跃在职场的我们，更应该学会细心行事，凡事多想一步，我们的职场之路才会走得更远。

有一次，曾国藩坐着轿子正要出门，没想，听到帘子外有人叫自己的乳名："宽一！"他连忙叫轿夫停轿，看到来人他又惊又喜："这不是干爹？您老人家怎么到了这里？"说完，赶忙将干爹迎到了家中。

面对远道而来的干爹，曾国藩不住地问家乡的情况，可是，干爹却是满腹委屈，他找了个机会将自己在家乡受到知府大人不平的遭遇一一告诉了干儿媳，儿媳妇安慰他说："不要担心，除非他的官比你干儿子大。"老人家听了，悬着的心放下了一半。

过了几天，夫人特意说起了干爹的事情，她劝曾国藩："你就给干爹写个条子到衡州吧。"曾国藩大声叹气："这怎么行呢？我不是多次给澄弟写信让他们不要干预地方官的公事吗？如今自己倒在几千里外干预了起来，岂不是自己打自己嘴巴？"夫人说："可干爹是个老实本分的人，你总不能看老实人被欺负，你得为他主持公道啊！"曾国藩思考了片刻，说道："好！让我再想想。"

第二天，曾国藩接到了奉谕升官，顿时，许多达官显贵都来庆贺，曾国藩将干爹迎到了上座，向大家介绍了他。这时，曾国藩拿出了一把折扇，说道："干爹执意要返回家乡，我准备送干爹一份小礼物，列位看得起的话，也请在扇上留下宝墨，以作纪念。"文武官员一听，都争相留名，不一会儿，折扇两面都写满了名字。干爹带着这把折扇回到了家乡，知府大人一看，气焰顿时矮了半截。

虽然，曾国藩官运亨通，但是，他从来不以此为傲，平日里，他常常告诫家里人要内敛，不可嚣张。这次，干爹有一些事情求助于他，并且确实是冤屈的事情，如果不帮于情于理都说不过去，但是，如直接出面帮助，难免会落人口实。因此，面对诸如此类的事情，曾国藩总是小心行事，任何时候都多想一步，既帮助了别人，同时，又保全了自己。

或许，我们每个人都听过“亡羊补牢”的寓言故事，羊已经被狼叼走了，才想要修补羊圈，这似乎对事情本身起不了太大的作用。在现实生活中，很多人都在做着“亡羊补牢”的事情。在事情开始之前，考虑不周到，以至事情发展至中途，又需要补救的措施，而这时候，事情的发展已经不受自己控制了。因此，为了避免“亡羊补牢”这样事情的出现，我们做事情的时候一定要心思缜密。

做任何一件事情，我们都要考虑周到细致，防止事情可能发生的一切情况，事前就做好应对准备，如此这般，才能做成一件大事。尤其是对于时下一些年轻人来说，做事情顾头不顾尾，毛毛躁躁，常常缺乏周密的思考，因此，他们常常做好事缺乏思考。其实，作为上司来说，他更欣赏那些做事细密的人，这样，他自己也会减少一些心理上的顾虑。

在工作中，有的事情是出乎我们意料之外的，事实上，每一件事情都是在变化中发展的，没有一成不变的事情。因此，事情的变化将意味着我们思绪的变化，懂得灵活处理，事前多准备几个预备方案，一旦事情有变，也会有好的安排。当然，要想做一件缜密的事情，还必须得有一个缜密的思维。如果一个人想事情总是那么一根筋，那么，他就很难想得周到。

另外，在工作中，做事情不要只顾自己的感受，任意而为，应该想想会不会给同事、上司带来一些麻烦。若想不给别人添麻烦，就需要考虑周全，多方面考虑，多替别人想一想，这样我们做事的成功率就会大一些。

面对任何一件事情，我们都要有个预见性，如果自己没有意识到，那么，听听旁人的意见也是好的，防患于未然总比出现了问题再去补救更为重要。

心理启示

俗话说：“凡事预则立，不预则废。”比如，当我们要去拜访一位重要的客户，事前若是做好了充分的准备工作，那么，一切问题都会迎刃而解，否则，谈判就将面临着失败。

第5章　终成大事——荣辱不惊的智慧

人的一生，总会面对得与失、升与沉、荣与辱、富贵与贫穷，等等，这样一些迥然不同的遭遇。诸葛亮在其一生中，先是南阳躬耕十年，后卧龙出山辅佐刘备，期间经历的成功与失败，不胜枚举，但他自始至终保持平常心态，终成一代智者。

不骄不躁，不气不馁

险躁则不能理性。

——《诫子书》

诸葛亮在《诫子书》中教育子女：“急躁冒险就不能陶冶性情。”与大多数人一样，诸葛亮在人生过程中也会遇到许多棘手的事情，不过，每一次他似乎都能够化险为夷，这其中的秘诀是什么呢？在为人处事上，诸葛亮一直坚守“泰然之道”，即遇事泰然处之，船到桥头自然直。

在生活中，遇到了棘手的事情，大多数人都会感到慌乱，不知道该怎么办，最后，事情似乎真的没有了转机。其实，遇事慌乱只能让我们的心境越来越乱，失去了平和，你所作出的判断、决策都很不利于事情的发展。相反，如果你能保持淡定的心境，不慌不忙，镇定自若地处理棘手的事，事情说不定还有转机。所谓“山重水复疑无路，柳暗花明又一村”，在生活中，难免会遇到挫折与困境，

甚至，是毁灭性的打击，但是，在这时，任何紧张、慌乱都是没有用的，于事无补。努力平复心绪，做到随机应变，才能变不利为有利，最后，也才能走出困境。发生再大的事情，我们也要学会适应无可避免的事实，接受这一切。对于我们无法改变的事情，只有欣然接受，慢慢去适应，不要为未来的事情担心忧虑，因为没有人会知道未来会发生什么。所以，多学习诸葛亮的泰然之道，遇到事情，不要杞人忧天，不要忧郁、不要紧张、不要急躁，乐观自信，泰然处之。

光绪八年，胡雪岩的生意受到了洋行和官场反对势力的两面夹击，似乎已经到了最危急的关头。在官场中，李鸿章与左宗棠一向不和，而胡雪岩则属于左宗棠的门下，要军饷要粮食，只要左宗棠开口，胡雪岩都积极办理。李鸿章早就有剪除左宗棠羽翼的打算，于是，先拿胡雪岩开刀，派人暗中传出谣言，谎称胡雪岩的阜康钱庄内部空虚，信用不足。

由于外商联手对胡雪岩进行排挤，再加上四处散播的谣言，上海阜康钱庄总号出现了挤兑风波。这时，胡雪岩已经陷入了四面楚歌的境地，而恰在这关键时刻，胡雪岩女儿出嫁的吉期在即。按一般人的做法，生意已经处于危机中，儿女的婚事不应过分铺张，尽量减少开支。就连胡雪岩身边的朋友也觉得，这场婚事既然已经定下来了，应该按风俗操办，至于场面嘛不宜太大，只要女儿不委屈，大家都是可以理解的。

但是，胡雪岩却有自己的想法，他觉得越是这个时刻越不能松懈，否则，什么都前功尽弃了。于是，他像什么事情都没有似的，对家人说："既然是喜事，该怎么办就怎么办，再难也要将场面捧起来。"如此的泰然之势，平复了家人紧张的心境。以胡雪岩定下的宴请局面，至少需要二十万两银子。一旦无法将场面按计划办得红红火火，别人就会认为胡雪岩资金真的出现紧张，这对维持大局不利。

到了女儿办喜事的那一天，胡府张灯结彩，轿马连连，有各式各样的灯牌、彩亭、依仗，而帮忙办事的那些人全部是一色的蓝袍黑褂，挑夫则是蓝绸边红棉袄，十分气派。

喜事过后，阜康钱庄依然开门，而胡雪岩在杭州所有的生意都风平浪静，钱庄的挤兑风潮似乎被这场平静的喜宴冲淡得一干二净。

面临阜康钱庄的挤兑风波，胡雪岩竟然能静下心来办喜事，这确实是一份难得的淡定从容。所谓“船到桥头自然直”，着急有什么用呢，还是静下心来，该干什么就干什么，这样，反而对事情有帮助。果然，泰然办喜事，胡雪岩在杭州的钱庄与药号都没受到上海挤兑风波的影响。心绪平和，随机应变，变不利为有利，使得他的生意在危机重重的时候支撑了过去。

弱者任思绪控制行为，强者让行为控制思绪。在困难面前，许多人容易心浮气躁，进行多次挑战都无法战胜困难，他们就会变得气急败坏，在他们心灵深处，感到茫然不安，从而无法冷静地思考。所以，面对困难，不要心浮气躁，只有保持平和，才能让我们转败为胜。

大学毕业后，他放弃了父母托关系为他找的铁饭碗工作，只身带着单薄的行李南下，来到了炙手可热的沿海地区。每天做很简单、很枯燥的工作，但他都能从中获得自己的快乐，而且他好学，遇到什么不懂的问题都会向同事请教。时间久了，老板欣赏他的踏实与认真，晋升他为秘书。之后，职位不断地晋升，他已经在企业有了响当当的名声，这时候，他毅然放弃了高薪职位，拿着多年的积蓄，开了一家小公司。在他的努力经营下，小公司一天天成长，他成了远近闻名的大老板。

在那年的金融海啸中，他的公司不幸也遭遇了很大的冲击。得知消息的时候，他还在家里，父母担心地看着他。他很平静，反而安慰父母：“没事，当年我也是一无所有，现在不过是时间的问题而已。”他回到了公司，有条不紊地处理事宜，员工看着平静的他，本来慌张的情绪也消失了。公司该接的任务还是照接不误，好像什么都没变，公司重新一步步走上了正轨。

以平和的心境接受挑战，有条不紊，泰然处之，最后，事情真的朝着美好的愿望发展下去了。在上面这个案例中，我们所能够学到的是泰然的心境，那种临危不惧的心态。在生活中，我们会遇到这样或那样的事情，可能会令自己紧张、

慌乱、无措，但是，只要你保持良好的心态，淡定从容，事情看起来就没那么糟糕，所谓“船到桥头自然直”，在平和的心境下，有利于将不利的情况变为有利，一切困境都会过去。

心理启示

在任何时候，一个人都需要冷静，需要淡定从容的心境，尤其是在困难面前，平和的心态，它能够使人有条不紊、沉着地应对所发生的一切。

怒不过夺，喜不过予

喜怒之政，谓喜不应喜无喜之事，怒不应怒无怒之物；喜怒之间，必明其类。

——《便宜十六策·喜怒》

诸葛亮认为，身为将领应注意随时控制自己的情绪，心境虽难免有怒有喜，但仍应将公事与私心区分开来，才不至于误事。在现实生活中，可能有许多的人和事令我们感到愤怒或生气，这时，心中就会不断地涌上恶劣的情绪，导致自己的感觉很糟糕。有时候，心理上的情绪失控会给我们的生活带来一些不必要的麻烦，甚至，会导致心灵不健康。所以，要想保持心灵健康，我们就应该努力控制自己的情绪，争做情绪的主人。在成功的路上，其实，我们最大的敌人并不是缺少机会，或是能力不够，阻碍成功的最大敌人就是缺乏对自己情绪的控制。生气的时候，不能克制心中愤怒的情绪，使身边的人望而却步；消沉的时候，过于放纵了自己的萎靡，这样我们就白白浪费了许多稍纵即逝的机会。控制情绪是保持心灵健康的必备法宝。

有一天，陆军部长斯坦顿来到林肯办公室，气呼呼地对林肯说：“一位少将用侮辱的话指责你偏袒一些人。”林肯笑着建议：“你可以写一封内容尖酸刻薄的信回敬那个家伙。可以狠狠地骂他一顿。”斯坦顿立即写了一封措辞强烈的信，然后交给总统看，林肯高声叫好：“对了，对了，要的就是这个，好好训他一顿，写得真绝了，斯坦顿。”

但是，当斯坦顿把信叠好装进信封的时候，林肯却叫住他，问道：“你干什么？”斯坦顿有点摸不着头脑了，说道：“寄出去呀。”林肯大声说：“不要胡闹，这封信不能发，快把它扔到炉子里去，凡是生气时写的信，我都是这么处理的，这封信写得很好，写的时候你已经解了气了，现在感觉好多了吧，那么就请你把它烧掉，再写第二封信吧。”

约翰·米尔顿说：“一个人如果能够控制自己的激情、欲望和恐惧，那他就胜过了国王。”有时候，情绪不仅是心灵健康的庇护神，而且，它对我们决胜的关键时刻也异常重要。在现实生活中，面对不同的环境，不同的对手，我们采用何种手段并不重要，而是控制好自己的情绪才是至关重要的。每个人都有自己的情绪，而情绪是一种抓不住的东西，在很多时候，它令我们捉摸不定。但是，不管情绪如何难以琢磨，我们都应该努力控制好它，保持平静的状态，以此保持心灵健康。

有时候，我们评价一个人的标准，只需要看一个人的涵养和行事的风格，就可以知道是否可以成为可塑之才，是否能成就一番事业。因此，如果你想成为一个有着卓越成就的人，除了具备一定的常识和能力之外，全在于能否控制好情绪。如果能控制好情绪，就可以化阻力为助力，助你化险为夷；相反，若是不能掌控好情绪，便很容易激怒，甚至，出现一些非理性的言行举止，而这将给自己带来一系列麻烦。所以，保持心灵健康，应努力控制自己的情绪，让自己成为情绪的真正主人。

胡佛是一位著名的飞行员，他常常在航空展览中心做飞行表演。有一次，胡佛在圣地亚哥航空展览中心做表演，表演结束飞回洛杉矶。正当飞机飞行于300

米高空的时候，飞机的两个引擎却突然熄火了。幸运的是，胡佛凭着丰富的飞行经验和高超的驾驶技术，操纵着飞机安全着陆，虽然飞机受到了严重损坏，但是，没有任何人受伤。

飞机降落之后，胡佛开始检查飞机的燃料，结果在自己的预料之中，原来自己所驾驶的螺旋桨飞机，里面所装的居然是喷气机燃料而不是汽油。回到机场以后，胡佛要求见见为自己保养飞机的机械师，那位年轻的机械师感到十分恐惧，因为他知道自己的一时过错差点酿成大过。胡佛走了过去，年轻的机械师流下了眼泪，自己造成了巨大的损失，甚至，差点使三个人失去了生命。胡佛心中异常愤怒，很想痛斥机械师一顿，但是，他很快压抑了自己的愤怒情绪，并没有责骂那位年轻的机械师，而是温和地说："为了表示我相信你不会再犯同样的错误，我请你明天再为我保养飞机。"说完，胡佛用手臂搂住了机械师的肩膀，年轻机械师感动地无以言表。

面对机械师所造成的严重错误，胡佛虽然生气，但他及时控制了自己的情绪，因为他知道，如果自己任意发脾气，指责和挑剔机械师的过错，那很有可能将毁掉年轻机械师的一生，更何况即使自己发泄了情绪，获得了暂时的释放，但是，以后肯定会后悔当初的决定。最后，胡佛内心的平静恰好证明了心灵的健康，而这都是控制情绪所产生的效果。

情绪是指人们对环境中某个客观事物的特种感触所持有的身心体验，是一种对人生成功活动具有显著影响的非智力潜能因素。对此，美国密歇根大学心理学家南迪·内森通过一项研究发现：一般人的一生平均有十分之三的时间处于情绪不佳的状态，因此，人们常常需要与那些消极的情绪作斗争。一般情况下，那些成功者会控制自己的情绪，失败者则被情绪所控制，而那些能够控制情绪的人，实际上就是心理障碍突破最多的人。

心理启示

每个人都有或大或小的心理障碍，而这将会影响我们的心灵健康。所以，要想心灵健康，我们应该努力突破心理障碍，控制好自己的情绪，这样我们才有可能成为成功者。

事缓则圆，不必急在一时

先胜则必後负，先怒则必後悔；一朝之忿，而亡其身。

——《便宜十六策·喜怒》

诸葛亮说："一味的意气用事，事后必会后悔。一时的冲动，将导致身败名裂。"这是在告诫众将士，遇到困难的事，切勿那么冲动，冷静面对，不必急在一时，暂缓片刻再处理即可。孔子说："欲速则不达。"其中，教导我们为人处事，要当进则进，当退则退；当急则急，当缓则缓。凡事不可操之过急，一味地求事情的速成，不顾后果一味冒进，事情反而会朝着相反的方向发展。事缓则圆，不必急在一时。

诸葛亮不愧为一代智者，深谙做事的缓急之道。每个人的一生都不可能顺顺利利，我们总会遇到一些坎坷险阻，这时，一旦遇到紧急而又难以处理的事情，该怎么办呢？哲人说："人生难事，须以'缓'字应对，方能圆满。"的确，棘手之事，往往是事缓则圆，我们在做事情的时候，千万不可贸然急进。如果具备了条件，也需要一步一步向前；反之，如果不具备成事的条件，则不可轻举妄动，当缓则缓，凡事急不来的。将事情暂缓，等条件成熟之后，如此稳扎稳打，不急功近利，就能够保证事情的圆满成功。

胡雪岩第一桩生意的成功，可以说是“事缓则圆”的例子。当时，胡雪岩将在湖州收到的一大批新蚕丝运到上海，他没有像其他商家一样急于脱手。而且，胡雪岩本是借债做生意，钱庄刚刚开张不久，手头并没有多少可以周转的资金。当年的时局又极其混乱，按常理，他是应该急售，将蚕丝换成现银。

然而，胡雪岩的眼光是长远的。他将那些蚕丝囤积了起来，等待更好的时机脱手。他考虑到：洋商所开出的价格并不理想，而且，为了抑制丝价，须联合江南的丝业同行，时机尚未成熟。另外，胡雪岩本身实力有限，运到上海的蚕丝量少，仅仅凭自己一个人，还不足以与洋人讨价还价。

于是，在囤积蚕丝的过程中，胡雪岩开始联合同行商业，一点一点做进一步的工作。以他的做事风格，绝不会半途而废，他暂时压下一些资金耐心等待，以最好的价位脱手。一方面，胡雪岩请熟悉洋务的朋友古应春与洋商谈判，另一方面，吩咐刘不才拉拢上海的丝业巨头，做好联络同行的工作。

到了年初，胡雪岩已经与上海丝商大户结成了丝业同盟，控制了一些散户。这时，洋商迫于江南丝业的压力，价格也开始松动，不过，胡雪岩觉得仍需等待，他依然观望着。就这样，胡雪岩一再暂缓，一直到了第二年新蚕丝上市，由于清政府需要在上海设立内地海关，同时增加了茧捐。迫于情势，洋商低头认输，开出了双方都能接受的价格。而胡雪岩一直拖延的生丝直到这个时候才脱手，这笔生意净赚18万元，所得利润令人难以想象。

胡雪岩事缓求圆的经商之道，赚得了令人难以想象的利润，于此，也奠定了其在江南丝业中的地位。在生意场上打拼的人，都明白凡事需要耐心等待，等候最佳时机的到来。时机尚未成熟的时候，就草率行事，最后的结局往往是事倍功半，甚至，无功而返。有时候，许多事情的失败在于慌张、急于求成，如果在做事的时候，暂缓一下，往往不至于如此。

俞万春在《荡寇志》中说：“看来此事，事宽则圆，急难成效。”意思是，遇到了困难的事情不要操之过急，而是需要慢慢地设法应付，这样，事情才能得到圆满的解决。“事缓则圆”是一个人成长过程中需要不断修养的处世策略。在

这个世界，但凡人、事、物，乃至各种现象都有其成熟的时机，时机尚未成熟之前的等待，是很有必要的。

乔丽最近正在筹划开店的事情，可是，忙碌了几个月，因政策的关系，还没有办好相关手续。晚上，乔丽与父亲闲聊起来，谈到最近苦恼的事情，乔丽便抱怨连连，父亲说："事缓则圆，不要着急，凡事慢慢来。"乔丽心有感触，说道："爸爸，我是不是太逞强了，一个弱女子怎么去想到做这样的事情。"父亲和蔼地说："这不算什么，你要明白，你要想游泳难免会呛几口水。"乔丽无奈地说："可是，身边朋友都有自己的事情要做，我想请教都找不到人，可我太想把这件事做好，让他们刮目相看。"父亲缓缓说："你现在就静观其变，不要着急，事情慢慢就顺利了。"听了父亲的劝告，乔丽静下了心。

在后面的一周时间里，乔丽不去谈论那件事，平时也不去关注事情的发展。过了一周，事情有所好转，政策有变，给了乔丽一个很好的机会。这时，她感到机会来了，这下事情可以圆满解决了，想想父亲的劝告，似乎真的很有道理。

太着急，反而不利于事情的发展。"缓"是为事情的最后解决做最充分的准备，凡事若能缓缓，准备更充分，结果就会更加圆融。在做事过程中，不能性急，需要在循序渐进中积极筹划，耐心等待一个成熟的时机，最终，就会有一个好结果。

释迦牟尼说："缓，而认真地坚持，终将圆满。"事缓则圆，看似容易，做起来却很难。遇到不明白的，不要先去弄明白，缓一缓，自然会明白；想不通的事情，先不要去想了，缓一缓，自然就想通了；理不顺的事情，不要去理了，缓一缓，自然就理顺了。其中所蕴含的哲理无非就是"圆"，遇到难事，暂缓一下，也许，你会有意想不到的收获。

心理启示

诸如水果的成熟需要一定的时间，太早去摘取，其滋味总是苦涩。做事也是

一样的道理，每件事都需要一定的过程才能显得更加完美。

喜怒发乎心，止于心

怒不可以复悦，喜不可以复怒。

——《便宜十六策·喜怒》

诸葛亮认为，时时保持愉快的心情，就不容易发怒；终日郁郁寡欢，也就很难快乐的起来。心理专家说：“其实每个人都生活在自己的围城里，巨大的竞争压力使人们渐渐忘记了自我欣赏和肯定，进而迷失了寻找自我意识的目标和方向。”其实，快乐是一种由心而生的乐观心态，它来源于人们克服困难的勇气和对生命归宿的信仰。同样的道理，情绪也是由心生，同时，也是由心来控制。那么，我们将如何调整情绪，给自己一份快乐的心情呢？当然，快乐的资本并不在于财富的多少，而是与人们的信念、家庭、自我价值观和个人情绪有关，好心情是个人愿望达成之后的积极态度体验，因此，合理的期望将直接决定着快乐的程度。情绪大多数来源于人们看待事物的方式，一旦理解上出现了问题，往往会产生不正常的情绪反应，从而导致情绪不佳。事实上，情绪由心而生，亦由心来主控，所以，别生气，争做情绪的主人。

哲人说：“要么你去驾驭生命，要么是生命驾驭你，你的心态决定谁是坐骑，谁是骑师。”最快乐的人并不会觉得一切东西都是最美好的，他们只是满足于自己所拥有的一切；最快乐的人并不会觉得人生就是一帆风顺的，而是用积极的心态来面对生活。其实，决定一个人命运的关键就是心态。人生并非只有愤怒和无奈，因为情绪是可以由我们自己去把握和调控的，情绪是人生的控制塔，一个人有什么样的心态，就会有什么样的生活和命运。自然，情绪与心态是相同的，有乐观心态的人，他们的情绪大多时候都会处于平静状态；有悲观心态的

人，他们情绪大多时候都会处于抑郁状态。但是，无论一个人多么的有能力，如果缺乏好的心态，就什么事情都做不好。良好的心态能产生巨大的力量，有了它，我们就能把握自己的命运，从而实现人生的理想。我的心情我作主，要想做情绪的主人，首先我们得需要有良好的心态。

有一个小女生从小生长在孤儿院，她常常悲观地问院长："像我这样没人要的孩子，活着究竟有什么意思呢？"每次，院长总是笑而不语。

有一次，院长交给女孩一块石头，对她说："明天早上，你拿这块石头到市场上去卖，但不是真卖，记住，无论别人出多少钱，绝对不能卖。"第二天，女孩拿着石头蹲在市场的角落，发现不少人对她的石头感兴趣，而且，价钱越出越高。回到孤儿院，女孩兴奋地向院长报告情况，院长笑了笑，吩咐她明天拿到黄金市场上卖。在黄金市场上，有人出比昨天高十倍的价钱来买这块石头。

后来，女孩又将石头拿到宝石市场上展示，结果，石头的身价又涨了十倍，可是，女孩怎么都不卖，人们将那块石头都视为"稀世珍宝"。女孩高兴地捧着石头回到孤儿院，向院长问道："为什么会这样呢？"院长望着孩子缓缓说道："生命的价值就像这块石头一样，在不同的环境下就会有不同的意义。一块不起眼的石头，由于你的珍惜而提升了它的价值，竟被传为稀世珍宝，你不就像这块石头一样吗？只有自己看重自己，珍惜自己，生命才有意义。"

如果自己都不看重自己，不珍惜自己，别人为什么会看重你呢？生命的价值往往取决于自己的心态，你是否珍惜自己，看重自己，别人才会认同你的价值。乾隆皇帝下江南的时候，站在桥头之上，问身边的大臣："桥下熙熙攘攘的船有多少条？"大臣回答说："两条，一条是名，一条是利。"船尚且如此，更何况是人呢？人们往往为名所累，因欲海无边而算计，为生计而忙碌奔波，他们常常因为这样或那样的事情而生气，灰心丧气、情绪失落、患得患失，其实，生命苦短，怎能让苦恼常相伴呢？

汉姆嗜酒如命，有好几次都差点没了性命。有一次，他在酒吧里看到一个不顺眼的酒保，当即就杀了他，因而被判了死刑。汉姆有两个女儿，年龄相差一

岁，其中，一个女儿跟汉姆一样染上了毒瘾，平日靠偷窃和勒索为生，同样也由于犯罪而进了监狱。可另外一个女儿却截然相反，她在一家公司担任经理，有着美满的婚姻和可爱的孩子，不仅没有吸毒，在她身上连不良行为都很难发现。

为什么同一个父亲，在完全相同的环境下长大，姐妹两人却有着完全相反的命运呢？在一次电视访问中，当记者问道造成她们现在状况的原因，两人回答却是惊人地相似："有这样的父亲，我还能有什么办法？"

在生活中，许多人认为有什么样的环境就会造就什么样的人生，其实，这并不是绝对的，因为无论是情绪还是心态都是由我们自己的心所决定的。面对同样的父亲，一个女儿选择了自暴自弃，一个女儿却选择了拼搏，不同的心态，铸就了她们截然相反的人生。有两位老太太，在生命的最后旅程里，一位选择坐在家里，足不出户，颐养天年；一位开始学爬山，并在95岁高龄时登上了日本的富士山，打破了攀登此山年龄的最高纪录。

心理启示

一个人要想主宰自己的人生，那就必须培养自己良好的心态。当一个人有了良好的心态，才能控制其情绪，才能享受生活赋予的快乐和幸福，不要让消极的念头占据你的思想，在任何时候都应该保持积极乐观向上的心态。

每日一自省，进步有神速

用马谡错矣。

——诸葛亮

三国时期，蜀国与魏国在街亭作战，诸葛亮派马谡为先锋。没料到马谡违

背诸葛亮的作战部署，致使蜀军大败。诸葛亮将马谡下狱以明军纪，并上书君王，引咎自责，说：“我以弱小的才能，受到君主的信任，得以统帅三军，由于我治军法度不严明，做事不够谨慎，出现了街亭失守的败局。这个责任在我，用人不当，知人不够，所以我情愿降三级以记住这个教训。”每日一自省，进步有神速。

孔子曰：“见贤思齐焉，见不贤而内自省也。”自省，其实就是通过自我意识来省察自己言行的过程，日省其身，有则改之，无则加勉。自省是自我意识能动性的表现，自然是一种行之有效的德行修养的方法。

子曰：“学而时习之，不亦说乎？有朋自远方来，不亦乐乎？人不知而不愠，不亦君子乎？”曾子曰：“吾日三省吾身：为人谋而不忠乎？与朋友交而不信乎？传不习乎？”曾子说：“我每天多次反省自己——替人家谋虑是否不够尽心？和朋友交往是否不够诚信？传授的学业是否不曾复习？”

夏朝时候，一个背叛的诸侯有扈氏率兵入侵，夏禹派他的儿子伯启抵抗，结果伯启打败了。他的部下很不服气，要求继续进攻，但是伯启说：“不必了，我的兵比他多，地也比他大，却被他打败了，这一定是我的德性不如他，带兵方法不如他的缘故。从今天起，我一定要努力改正过来才是。”

从此以后，伯启每天很早便起床工作，粗茶淡饭，照顾百姓，任用有才干的人，尊敬有品德的人。过了一年，有扈氏知道了，不但不敢再来侵犯，反而自动投降了。

遇到失败或挫折，假如能像伯启这样，肯虚心地检讨自己，立刻改正有缺失的地方，那么最后的成功，一定是属于你的。一个人只有保持自省的习惯，才能了解自己，对自己进行正确的认识和评价，也只有这样，才能扬长避短，让自己的人生道路更宽阔。

在成长的过程中，不断检查自己，不断反省自己，不断管理自己，就会减少自己身上的弱点。在未来的行程之中，我们就会少一些心灵上的纷扰，多一些自在。在人生的道路上，我们会面对各种不同的挑战，但是，我们最大的敌人并

不是别人，而是自己，我们更要勇于挑战自我。一旦发现自己的某些弱点比较突出，有可能对自己的人生造成破坏性影响的时候，一定要紧急刹车，抵制人性弱点，这样我们才能重新上路，走向成功。

司马光是个贪玩贪睡的孩子，为此他没少受先生的责罚和同伴的嘲笑，在先生的谆谆教诲下，他决心改掉贪睡的坏毛病，为了早早起床，他睡觉前喝下满满一肚子水，结果早上没有被憋醒，却尿了床，于是聪明的司马光用圆木头作了一个警枕，早上一翻身，头滑落在床板上，自然惊醒。

从此他每天早早地起床读书，坚持不懈，终于成了一个学识渊博、写出了《资治通鉴》的大文豪。

能够时刻审视自己的人，一般很少犯错，因为他们会时时考虑：我到底有多少力量？我能干多少事？我该干什么？我的缺点在哪里？为什么失败了或成功了？保持自省的习惯，总能轻而易举地找出自己的优点和缺点，为以后的行动打下基础。

一个人想要征服世界，首先要战胜自己。在日常生活中，我们很容易就会陷入自我的泥潭而无法自拔，沾染上一些坏习惯，整个人变得颓废不堪。学坏总是那么容易，而要想学好却是难上加难，为了避免自己一不小心走“下坡路”，我们应该时刻警惕自己的行为，努力更正自己的行为，然后欣赏别样的风景。

有一天，一个年轻人正在打电话：“是王公馆吗？我是打电话来应征园丁的，我有很丰富的经验，相信一定可以胜任。”电话接线生说：“先生，恐怕你弄错了，我家主人对现在聘用的园丁非常满意，主人说园丁是一位尽责、热心勤奋的人，所以我们这儿并没有园丁的空缺。”

年轻人听罢，便有礼貌地说：“对不起，可能是我弄错了。”接着便挂了电话。小店的老板听了这年轻人的话，便说：“年轻人，你想找园丁工作吗？我的亲戚正要请人，你有兴趣吗？”年轻人说：“多谢你的好意，其实我就是王公馆的园丁。我刚才打的电话，是用来自我检查，确定自己的表现是否合乎主人的标准而已。”

人只有不断自我反省，才能使自己不断进步。生活中，确实有很多人抱怨：“我每天都在努力工作，甚至一刻都没有停下来，但为什么如此努力却无法成功呢？”大多数的成功是内因起的作用，而失败也是因缺点而引起的，一个人必须懂得不断自我反省和自我总结，改正错误才能不断完善自己。也只有通过自省，时刻检讨自己，才能走出失败的阴影，从而走向成功的彼岸。

心理启示

“自省”不等于自我批判，包括自我肯定。逆境时要自省，顺境时更要自省，在自省中总结过去，畅想未来。在自省时承认错误与过失，但切勿为此而哭泣。矫正过错之后，你仍可以坦然地继续向前迈进。

第6章 居安思危——未雨绸缪的智慧

我们常常说“事前诸葛亮”，意思是一个人在发生事情之前就已经预料到了各种可能的情况，也证明了诸葛亮确实料事如神。事实上，诸葛亮只是在做事时多想了一步，居安思危，当情况尚未发生，他就已经考虑到了，所以想得很周全。

眼界决定境界，思路决定出路

先帝虑汉、贼不两立，王业不偏安，故托臣以讨贼也。以先帝之明，量臣之才，固知臣伐贼，才弱敌强也。然不伐贼，王业亦亡。惟坐而待亡，孰与伐之？

——《后出师表》

诸葛亮在《后出师表》里说：“先帝考虑到蜀汉和曹贼是不能同时存在的，复兴王业不能偏安一方，所以他才把征讨曹贼的大事托付给我。凭着先帝的英明来衡量我的才干，本来他是知道我去征讨曹贼，我的才能是很差的，而敌人是强大的。但是不征伐曹贼，他所创建的王业也会丢掉，坐着等待灭亡，哪里比得上去讨伐敌人呢？”从这里看出，他不管是谈政事，还是考虑事情，总是看得远，用现在的话说就是思想与时俱进，甚至更为超前。

有这样一句老话：“牢骚太盛防断肠，风物长宜放眼量。”做任何一件事，

我们需要将目光放在长处，与时俱进，无论是思维还是计划都需要超前，不能只顾盯着眼前，因为鼠目寸光是永远不可能做成大事的。在工作中，解放思想就是一种与时俱进，一些陈旧的思维和观念在我们头脑中根深蒂固，随着时间的推移，慢慢地，它成为了我们做事情的阻碍，心中有了什么好的想法，可思维和计划却总受到陈旧观念的束缚，以致最后什么事情都做不好。

懂得与时俱进，就是要摒弃心中那些不合适的陈腐观点，为大脑注入新的思想和观念。当然，这样的放弃是需要勇气的，毕竟思想已经成为习惯，而对于新思想未出现之前，陈旧的思想和观念是一种权威，所以说，与时俱进也是一种勇气。传统的思想是值得尊崇的，但是，尊崇并不一定说就到此为止，故步自封，当身边的事物已经发生了变化，如果思想和观念依然不变，你就会被时代所抛弃。纵观近现代历史，曾国藩无疑是解放思想第一人，他不仅仅是传统文化的典范，更是与时俱进的先驱。

一位犹太出版商有一批滞销书，当他苦于不能出手时，一个主意冒了出来——给总统送一本，并三番五次去征求意见。忙于政务的总统哪有时间与他纠缠，便随口而出："这本书不错。"于是出版商便大做广告："现有总统喜爱的书出售。"于是，这些滞销的书被一抢而空。

时间不长，这个出版商又有书卖不出去，他便又送了一本给总统。总统鉴于上次经验，想奚落他一下，就说："这书糟糕透了。"出版商闻之，灵机一动，又打出广告："现有总统讨厌的书出售。"有不少人出于好奇争相抢购，书又销售一空。

出版商第三次将书送给总统，总统接受了前两次的教训，便不予回答而将书弃之一旁。出版商却大做广告："现在有总统难以下结论的书出售，欲购从速。"居然又被一抢而空，总统哭笑不得，商人大发其财。

有时成败只在于一个观念的转变。换个思路，变个想法，往往会取得意想不到的奇妙效果。"如果有个柠檬，就做柠檬水。"这是一位聪明人的做法，而一些人的做法正好相反。如果他发现生命给他的只是个柠檬，他就会沮丧，自暴

自弃地说：“我完了，我的命运真悲惨，连一点发达的机会也没有，命中注定只有个柠檬。”然后，他就开始诅咒这个世界，一辈子让自己沉浸在悲伤当中，毫无作为。但是，当聪明的人拿到一个柠檬的时候，他就会说：“从这件不幸的事情中，我可以学到什么呢？我怎样才能改变我的命运，把这个柠檬做成一杯柠檬水？”

威尔逊在创业之初，他的全部家当就只有一台分期付款的爆米花机，价值50美元。第二次世界大战之后，威尔逊做生意赚了点钱，便决定从事地皮生意。当时，在美国从事地皮生意的人并不多，因为战后人们一般都比较穷，买地皮修房子、建商店的人很少，地皮的价格也很低。

当威尔逊骄傲地宣布自己的决定时，遭到了亲朋好友异口同声的反对，大家都对他说：“你的决策是不是有问题，觉得你应该慎重考虑一下。”然而，威尔逊却坚信自己的决策是正确的，他认为家人和朋友的目光太短浅了，美国毕竟是战胜国，其经济应该很快就能进入发展期，而那时买地皮的人一定会增多，地皮的价格就会暴涨。

于是，威尔逊用自己的积蓄再加上一部分贷款在市郊买下了很大的一片荒地，然而，这片土地地势低洼，不适宜耕种，所以很少有人问津。不过，威尔逊还是决定买下这块土地，他预测：美国经济很快就会繁荣，城市人口会日益增多，市区将不断扩大，必然向郊区延伸，在不远的将来，这片土地就会变成黄金地段。

一两年过去了，威尔逊的预言成真了，美国城市人口剧增，市区迅速发展，大马路一直修到了威尔逊那块土地的边上。这时，人们发现这片土地风景宜人，是一个夏天避暑的好地方。于是，这片土地的价格倍增，很多商人竞相出高价购买，但是，威尔逊却有着长远的打算。后来，他在这片土地上盖起了一座“假日旅馆”，由于地理位置比较好，开业后生意非常兴隆，从此以后，威尔逊的生意越做越大，在世界各地都有威尔逊的“假日旅馆”。

威尔逊创业的决定遭到了亲朋好友的反对，他们对于威尔逊的计划颇有不

屑，甚至，认为他的思想有问题。但是，威尔逊自有一番见解，看清了当下时局，分析了经济的走向，他没有局限在陈旧的思维和观念里。而是将自己的思维和计划放开，事实证明，他的决定是明智的，凭着长远而敏锐的眼光开创了自己的事业。如果，威尔逊当初没有坚持自己的见解，放弃了地皮生意，那么命运将又是另外一种景象了。

心理启示

其实，对任何一件事情，我们要善于把思维超前，这样，一方面可预料到即将发生的问题，以早做准备；同时，灵活的思维将为你的成功多增添了一个筹码。

微观是喜，宏观是忧

欲思其利，必虑其害，欲思其成，必虑其败。

——诸葛亮

诸葛亮说："想要考虑某件事的好处，必须先考虑到它的坏处；想要考虑某件事情的成功，必须先考虑它的失败。"当我们在考虑问题的时候，需要从全局出发，看清长远的利益。在生活中，老人常常说："做事之前就要想到后面四步。"其实，向前每走一步，我们都需要想应对的方法，如果不能看得那么远，至少我们需要看见一步。做事情，不仅需要沉稳、周全，而且，不能急于求成，不能只顾眼前利益。一个成大事的人，眼光总要比身边的人看得稍远一点，他不着眼于眼前的利益，而是看得更远。许多人之所以会不断地失败，那是因为只看到了眼前的利益，做事不彻底，往往在离成功尚差一步就停止不做了，自然，他们也就与成功失之交臂。

对于活跃于职场的我们来说，在做每一件事情时更需要有长远的眼光，不计较眼前的利益，而关注长远的根本利益，宁愿舍小利而保大局。但是，在现实生活中，大多数人鼠目寸光，吃不得眼前亏，心胸狭隘，容不得一点损失，最终，他们也难以成就大事。纵观近代历史中，诸葛亮无疑算是一个有远见的人，在任何时候，他都不吝惜眼前的利益，其最终的理想抱负是“修身、治国、平天下”，誓死效忠于刘备。

巴菲特坦言：“因为我做的都是长期投资，所以短期的市场波动对我根本没有影响。”假如说大家都对股价下跌感到恐惧，但巴菲特本人却是从来不在意，因为他相信自己比市场更有能力评估一个公司的真正价值。巴菲特说：“假如你做不到这一点，你就没有资格玩这个游戏。这就好像打扑克，假如你玩了一阵子之后，还看不出这场牌局里的‘冤大头’是谁，那么，你就会成为‘冤大头’。”

股票市场只是一个可以买卖股票的地方，巴菲特一直坚信这个道理。因此，当巴菲特买了波珊珠宝、喜诗糖果公司以及《水牛城新闻报》的股票以后，他根本不去关注股票每天的成交价格是涨了还是下跌了。因为巴菲特觉得，假如公司本身经营得很好，这和股市完全是没有关系的。而对于自己买进的股票，诸如可口可乐公司、《华盛顿邮报》、美国雇员保险公司以及大都会美国广播公司等持股公司，对于这些投资，巴菲特只关注它们的销售、盈余、利润和资本转投资的需求，他完全不关注每天的股市成交。对此，巴菲特这样说道：“即便股市市场关闭10年，我也不会在乎——因为这对我的投资不会造成任何影响。”而这恰恰就是巴菲特选择的长期投资所带来的益处。

每年伯克希尔都要举行股东大会，那些把巴菲特当偶像的人都会去参加，他们希望在这次股东大会上可以与巴菲特这位投资大师进行面对面的交流，同时，还希望巴菲特在大会上的发言可以给自己带来一定的思考，从而可以分析出巴菲特的投资动向。不过，最后的结果却是令人失望的，因为在每次股东大会上，巴菲特没有向他们推荐股票，而总是告诉他们：“一只好的股票，长线持有可能赚钱，但短线炒作则可能赔钱，即便自己作为投资大师也不可能预测短期内股票的

升降”。如果说巴菲特有什么投资秘诀，那就是奉行长期持有原则，从不进行急功近利的短期炒作。

在现实生活中，小到一个职员，大到一个公司，都需要有长远的打算，如果你只着眼于眼前的小恩小惠，那么，迟早有一天你将被利益所吞噬，职场生涯同时也宣告结束。其实，上班也是一件大事，而对于这样一件事情也需要我们的谋划，将自己的眼光放得更长一些，不为眼前的利益所动，这样，我们的职场之路才会走得更远。

最近，公司打算提拔一批年轻人进入管理层，对此，作为公司年轻有为的小李兴奋不已。机会终于到来，煎熬的日子总算是过去了。小李其实在很久以前就看好这个机会，当时，经理就话里有话：“以后发展的机会多得是，不久以后，我们就有一次大的人事调动。”这么久以来，他都是不为任何职位所动，就等待着这一天。

原来，早在六个月以前，公司就进行了部门内部的人事调整，当时，作为刚刚进入公司不久的小李满怀兴奋，希望借此机会能够翻身。谁料想，整个部门就十几个人，为了部门经理这一个位置，每个人都报了名。小李当时就泄气了，自己还去不去争取呢？如果去争取吧，自己又是一个新人，估计成功率很小；如果不去争取吧，又怕错失了这个机会。

正在小李思考的时候，坐在旁边的经理说道：“年轻人，我挺欣赏你的，不过，这一次，我奉劝你还是静止不动，你去争取根本没有多大的胜算，首先，你的资历还不够，工作经验都没有，怎么有资格去争取；其次，你还年轻，后面的机会还多得是，以后我们公司还会进行大的人事调动，到那时候，你已经羽翼渐丰，则可以赢得最好的职位。”小李听了，顿时觉得心中醒悟。

果然，经过了六个月的历练，小李在公司已是小有名气，再凭着他在工作上优秀的表现，在这次人事变动中，小李轻轻松松就坐上了销售总监的位置。

著名的美孚公司曾做了一次赔本买卖，可是，从最后的结果来看，它虽然放弃了眼前的利益却收获了长远的利益，小利变大利、利滚利、利翻利，先前看似

赔本的“买卖”，最终却收获了高额的利润。这是一种商业中的计谋，也是每一个人需要的智慧。在工作中，之所以需要我们放弃眼前的利益，其实是为了以后更长远的发展，寻求更长远的利益。

心理启示

诸葛亮的眼界智慧值得我们敬佩，但是，我们更需要学习这其中蕴含的哲理，学他做一个有远见的人，这样，我们的人生之路走得更远。

忧患意识，防患于未然

夫难平者，事也。昔先帝败军于楚，当此时，曹操拊手，谓天下已定。然后先帝东连吴、越，西取巴、蜀，举兵北征，夏侯授首：此操之失计，而汉事将成也。然后吴更违盟，关羽毁败，秭归蹉跌，曹丕称帝：凡事如是，难可逆见。

——《后出师表》

诸葛亮在《后出师表》里陈述了一切事情的难以预料性：“天下的事情是很难评论断定的。从前先帝在楚地打了败仗，在这时，曹操拍手称快，认为天下已被他平定了。以后先帝东边联合吴、越，西边攻取巴、蜀，发兵向北征讨，夏侯渊就被杀掉了，这是曹操未曾想到的，而复兴汉朝的大业将要成功了。后来东吴改变态度，违背了盟约，关羽兵败被杀，先帝又在秭归失误，曹丕称帝，所有的事情都象这样，很难预料。”所谓人无远虑，必有近忧，当一件事情尚未发生的时候，我们需要做好详尽的准备。

当过兵的人都知道军营里有一句耳熟能详的话：“不打无准备之仗。”简单

地说，要想取得战斗的胜利，就必须作好充分的准备，如果准备不充分，打起仗来十有八九是要吃亏的。工作中的商业谈判也不例外，每一次谈判都同样需要周密部署，精心准备，这样，心中有了详细的筹划，一出招就有可能致胜对方。当然，要打有准备的仗，就需要许多的准备工作，也就是说不能急于求成，如果什么都没有准备，就冒然拜访客户，那么，这一场“仗”绝对是输。因而，谋略的精髓就是“战前做好准备工作，战中出手要快”，出手就能制胜才是关键。作为职场人员来说，这确实是不得不学的谋略之术，要记住，与每一位客户的谈判都是一场战役，如果你想要赢得这场战役，就必须做好充分的准备，诸如了解对方的详细资料、背景、产品，等等，正所谓“知己知彼，方能百战不殆”。

对于打仗来说，曾国藩是十分反对速战速决的，他说：“兵，犹如火，易于见过，难于见功。”一向做事谨慎的曾国藩极力反对浪战，极力反对不知敌我、不知深浅的轻浮举措。对于打仗，他自有自己的一番心得：“未经战阵之勇，每好言战。带兵者亦然，若稍有阅历，但觉我军处处瑕隙，无一可恃，不轻言战矣。”这里所说的“不可言战”，意思就是不打无准备之仗。

弟弟曾国荃在吉安前线时，曾国藩多次叮嘱：“凡与贼相持日久，最戒浪战。兵勇以浪战而玩，玩则疲；贼匪以浪战而猾，猾则巧。以我之疲敌贼之巧，终不免有受害之一日。故余昔在营中诫请将曰：‘宁可数月不开一仗，不可开仗而毫无安排算计。’”后来，曾国荃在金陵前线的时候，曾国藩又嘱咐，他在信中说：“总以‘不出壕浪战’五字为主。”对于不打无准备之仗，曾国藩则时常赞赏李续宾：“用兵得一‘暇’字诀，不特平日从容整理，即使临阵，也回翔审慎，定静安虑。迪安善战，其得诀在‘不轻进，不轻退’六字。”

纵然，职场比不上战场的硝烟弥漫，但是，曾国藩所崇尚的“不打无准备之仗”同样适用于职场。它启示我们：凡事需要谋划，有准备才能有胜利的把握。无论是向上司进谏，还是与客户谈判，都需要我们做一定的准备，否则，无一不会失败。哪怕是请求上司加薪这样的小事情，也不能冒冒失失就提出，在提出请求之前，需要我们考虑措词、语气、语言表达，等等，各方面都需要考量，否

则，有可能一句话不对，上司就拒绝了你的加薪请求。

王先生是一家乳制品公司的经理，最近，为了让公司产品上市，他每天都往返于各个超市，希望能在市场中占据一席之地。

这天，经过了多方转折，王先生和助手终于见到了超市里负责乳品的麦先生。事前，他了解到这是一位傲气而冷漠的先生，果然，麦先生本身与了解到的情况一样。按照事先的约定，先由助手跟麦先生谈，可是，不到十分钟，谈话就有了结束的趋势。麦先生面有难色："现在的排面很紧张，你们的产品虽然看上去不错，但现在竞争也很激烈，能不能卖好很难说……"说完，麦先生就要起身了，他说了一句："这样吧，你先把资料和样品放下，过后我再看看。"

其实，助手在与麦先生谈话的时候，王先生一直在旁边静静地观察，再结合他事先了解到的情况，对策已经在脑海中形成了。就在麦先生快要起身送客的时候，王先生开口了："麦先生，我能不能跟你谈一下。"或许，见了太多的老板，麦先生几乎无动于衷，显得很不耐烦，王先生说："我只耽误你几分钟，如果几分钟内你对我的话不感兴趣，那我们自己走人。"麦先生愣了一下，王先生趁热打铁："我听说麦先生在专业上很有造诣，我只是想跟你交流一下，你不会拒绝我吧？"麦先生脸上露出了笑容，说道："好吧，好吧！"

王先生继续说："麦先生，据我所知，本市的乳制品虽然品种很多，但在包装、质量、口感上能有点档次的产品没有几个，你同意吗？"麦先生点点头："是这种情况！"王先生说道："我想，贵超市也希望在这一类产品中能有一个好产品，一方面，可以吸引顾客，另一方面，也是你的业绩嘛！"就这样，两人攀谈了起来，后来，在王先生的建议下，麦先生亲自尝了带来的部分酸奶。届时，谈判已经取得了大部分的胜利。

对此，王先生这样总结此次的谈判："俗话说，不打无准备之仗，在事前做好充分的准备，再在谈判中，出奇招制胜。"事实上就是如此，如果你事前不做好准备工作，临到与对方沟通的时候，你就很容易吃亏，任凭你耗尽口舌，对方就是不同意，你之前的努力就化为乌有。

心理启示

在每一次做事之前，一定要做好充分准备，正如所谓“不打无准备之仗”，明确自己的目的，想要达到什么样的结果，因为只有确定了目标，才能把一切因素尽量往有利于自己的方向转化。

分清形势，谋定而后动

今天下三分，益州疲弊，此诚危急存亡之秋也。

——《出师表》

诸葛亮在《出师表》里分析了当前的形势：如今天下分为三国，我们蜀汉国立困弊，这真是危急存亡的时刻，之后诸葛亮才决定北伐中原。孙子兵法云：“谋定而后动，知止而有得。”意思就是说谋划准确周到之后再行动，知道在合适的时机收手，就会有所收获。在我们现实生活中，无论是说话做事，就如同作战用兵，必须做到三思而后行，从而才能实现“未战而庙算胜”。几乎每一个人都渴望成功的降临，但事实上很少有人能预期获得成功。有的人盲目行事，心中有了什么好的想法就马上开始实施，也没有经过仔细思考，最终面临惨烈的失败。其实，要想获得成功就必须有周详的谋划，经过一番斟酌，仔细考虑之后再行动，一旦决定了就雷厉风行，这样就很容易获得成功。因为还没有正式开始的时候，你那周密而又认真的谋划已经胜出了，所以，只要付诸于实际行动就很容易获得成功。成功需要来自多方面的因素，除了自身的条件之外，最重要的就是要有周密的策划，这样的“谋定”促成了人生这个大棋盘，只要摆好了棋子，步步为营，就会“运筹帷幄之中，决千里之外”。

世事如棋，谋定而后动。当我们决定要开始一件事情的时候，谁也猜想不到最后的结果。但是，如果你能针对事情的各个因素作出分析，进行周密的谋划，就一定能预测最后的结果。凡事都应该“三思而后行，谋定而后动”，方能成就大事。如果你仅仅是看见了一片叶子，就想获得整片森林，在没有任何计划之下就开始盲目前行，那只会让自己面临失败的下场。所以，当我们在做一件事情之前，就需要先考虑清楚这件事的后果和过程，把一切都考虑在内，懂得在恰当时机收手，我们就会有不错的收获。这是一种人生的大智慧，舍弃盲目的行为，选择谋定而后动，你会成就不一样的精彩。

在欧洲的货币之战中，罗斯柴尔德的势力大增，巴林家族“第六强权”的地位岌岌可危。在1824年，法国政府准备发行国债，这时候罗斯柴尔德家族已经反客为主，巴林家族沦落为参与者，而并不是以前的决策者了。詹姆斯·罗斯柴尔德坐镇巴黎，他召集了伦敦的堂兄弟、法国首相、巴林家族和拉斐特开会，提出了重组法国债务的计划。在会议中，罗斯柴尔德和拉斐特对巴林的意图极不信任，因此，两家在协议的补充条款上加上了这么一条：如果巴林退出，他们两家就自己把这笔法国债务处理好，从而将巴林家排挤出处理法国债务问题的核心圈子之外。巴林合伙人在信中告诉正陶醉于政治旋涡的亚历山大·巴林：“总的来说罗斯柴尔德家计划周详，非常聪明，手段老到——但是，就像战时的拿破仑一样，一旦有突发状况，他们就会像其他人一样堕入平凡。我真希望我们能摆脱出他们的掌控。”

1825年，局势越来越明朗化，罗斯柴尔德家族已经无可争辩地成为国际金融领域新的霸主。在1825年罗斯柴尔德伦敦分行的资本金有114万英镑之多，巴林家族相应的资本金只有49万英镑，不及前者的一半。而罗斯柴尔德家族银行的总资本金高达500万英镑以上。在1825年7月，巴林银行的分红还有12万英镑，一年之后却亏损了56万英镑，巴林家族甚至连第二把交椅的位置都岌岌可危。

罗斯柴尔德终究成为了欧洲霸主，就正如巴林合伙人信中所说“罗斯柴尔德家计划周详，非常聪明，手段老到——但是，就像战时的拿破仑一样，一旦有

突发状况，他们就会像其他人一样堕入平凡。我真希望我们能摆脱出他们的掌控”。因为罗斯柴尔德谋定而后动，有了较为周密的货币之战计划，所以，他们得以从巴林家族手中夺得了欧洲的经济霸权。

在我们现实生活中，也需要有“谋定而后动”的意识。学会以理智的态度来对待身边所发生的一切，尤其是面对那些突如其来的变故，更需要冷静地处理，而不是慌乱、盲目地处理方式。因为不同的处理方式，就会导致不同的结果。

心理启示

在处理事情的过程中，是果断地停止还是继续行动，这不是一朝一夕就能做到的，需要历练，也需要时间，更需要风雨的洗礼。所以，凡事需谋定而后动，舍弃盲目的行为，方能铸就成功。

未雨绸缪，有备无患

诸葛先机识魏延，已知日后反西川。锦囊遗计人难料，却见成功在马前。

——《三国演义》

诸葛亮临终之时，给了杨仪一个锦囊，并对他说：“我死，魏延必反；待其反时，汝与临阵，方开此囊。那时自有斩魏延之人也。”后来魏延果真造反，杨仪则用此计，魏延被马岱杀死。罗贯中在这里还用了一首诗来称赞诸葛亮：“诸葛先机识魏延，已知日后反西川。锦囊遗计人难料，却见成功在马前。”

每每到了危机时刻，凡事不能碰运气，要想停当了再动手。比如在生意场上，每一次运作都会有一定的风险，大胆投资一桩生意，究竟带来的是丰厚的利

润还是血本无归呢？在结果没有出现的时候，我们是很难预先清楚知道的，往往是到最后才能见分晓。但是，如果你事先做了周密的部署，分清形势，未雨绸缪，似乎不会出现太大的问题。诸葛亮是一个善于未雨绸缪的人，每一次的周密思考，做好了充分的准备。在现实生活中也是一样的道理，先要多花些时间，准备好完善的硬件设施，未雨绸缪，这样，以后才能过上安逸清闲的日子。试想，在做一件事情之前，我们就想好了部署，想到了那些预料中的情况，这样，等到真正去做的时候，胜算的几率会不会大一些呢？答案是肯定的，所谓“有备无患”，这才是事情成功的秘密。

太平运动纷纷而起，杭州被团团围住，王有龄按照地方官“守土有责”的惯例，率杭州军民坚守孤城，直至粮草殆尽，断粮长达一个月之久。当时，城内没有食物，就将药材南货，诸如，熟地、黄精、枣栗、海参之类，都用来充饥。再后来，只能吃糠、吃皮箱、吃草根树皮，最后已经到了割尸肉充饥的地步。

为了筹备粮食，胡雪岩冒死出城，到上海买了一船救命的粮食，运到了杭州城外的钱塘江面，恰逢这时，所有进城的通道都已经被断绝，粮食也无法送进城内，只能远远相望。过了几天，陪同胡雪岩一起到杭州送粮的萧家骥打算进城送个消息，商量一下看看是否有可行的办法将粮食运进城里。胡雪岩同意了萧家骥的决定，在出发之前，胡雪岩问道：“你如何到达对岸，如何进城，在途中若是遇到了敌人该怎么办？”然而，对于这些至关重要的问题，萧家骥却连想都没想，他说：“在这种情况下，只能见机行事，碰碰运气了。”胡雪岩回答道：“这时候做事，不能说碰运气，要想停当了再动手。”

原来，胡雪岩有自己的想法：在这危急时刻，绝不能碰运气，历尽了千辛万苦买回来的救命粮食已经运到了城外，绝不能无果而返。既然决定冒险进城，就一定要有一个好的结果。城外对城内的情况一概不知，而城外有重兵把守，如果不小心被抓住了，肯定会给予重罚，搞不好还会被杀头，而在城中，没有一个人认识萧家骥，又不能写一个能证明其身份的文书、信函之类的东西在身边，进城去有可能还会被当成奸细呢。这样想来，就应该细细预想进城途中所遇到的情

况，未雨绸缪，才能求得一个好的结果。

在胡雪岩看来，萧家骥此次进城，事关杭州百姓的安危，需要三思而后行。毕竟，很多事情之间都存在着千丝万缕的联系，一时的疏忽有可能会造成整件事情的失败，所谓“牵一发动全身”，其产生的连锁反应，将影响整个事业，最后，导致全面崩溃。胡雪岩正是明白这样的道理，所以，在出发之前，才会细问萧家骥到底是如何打算的。

在日常生活中，我们要想做好一件事情，就必须事先分析情势，学会未雨绸缪。一个人要想有所建树，就必须时刻注意胆大心细，在做任何一件事情之前都必须提醒自己，要三思而后行，学诸葛亮“未雨绸缪”。

一只野狼卧在草地上勤奋地磨牙，狐狸看到了，就对它说：“天气这么好，大家都在休息娱乐，你也加入我们的队伍吧！”野狼没有说话，继续磨牙，把它的牙齿磨得又尖又利。狐狸奇怪地问道：“现在森林这么安静，猎人和猎狗都已经回家了，老虎也不在近处徘徊，又没有任何危险，你何必那么用劲磨牙呢？”

野狼停下来回答说：“我磨牙并不是为了娱乐，你想想，如果有一天我被猎人或者老虎追逐，到那时，我想磨牙也来不及了，而平时，我就把牙磨好，到那时就可以保护自己了。”

其实，我们在做任何一件事情的时候，都应该未雨绸缪，居安思危，防患于未然。有了充分的准备，再去迎接挑战，我们将有很大的胜算。哪怕事情有了意外的发展，我们也不至于手忙脚乱，而是从容不迫地按照变化的形势而变化。试想，平时不准备，临时抱佛脚是不可能的。

心理启示

在生活中，许多人抱怨自己没有机会，而正当机会来临的时候，却由于没能充分的准备而与机会擦肩而过，到最后，只能后悔莫及。所以，在做事情之前，要学会分析形势，未雨绸缪，才能掌控大局。

中篇

跟诸葛亮学识人

自古以来，在公众的眼里，诸葛亮是智慧的化身，不管是慧眼识英雄，还是亲征南蛮，这些在中国都是家喻户晓的故事，这些故事实现了诸葛亮的聪明才智及卓越的军事才华。学习诸葛亮的为人处事，从中领悟做人做事的智慧。

第7章　明察秋毫——识才用人的智慧

诸葛亮在多年的政治生涯中，无论是行军打仗，还是处理国政，都会起用大量人才。在这么多年的识人经历中，他早已练就慧眼识才、知人善任的本领，发展出一套自己的识人之法，这对于后世人有诸多借鉴价值。

知人善任，唯才是用

是以西土咸服诸葛亮能尽时人之器用也。

——《三国演义》

在用人方面，诸葛亮也有过人之处。刘备初入蜀时，任命蒋琬为广都长，有一次刘备出外视察，突然来到广都，他见蒋琬“众事不治，时又沉醉，大怒，将加罪戮”。这时，诸葛亮出面为蒋琬求情，他说蒋琬是“社稷之器，非百里之才”，劝刘备重用蒋琬，使刘备对蒋琬刮目相看。后来，刘备与曹操争夺汉中时，刘备兵力不足，“急书发益州兵”，诸葛亮正在犹疑之际，其僚属杨洪进言“无汉中则无蜀”，劝诸葛亮马上发兵。诸葛亮见杨洪见识不凡，于是“表洪领蜀郡太守”，杨洪推荐门下书佐何祇有才略，诸葛亮便请刘备任命何祇为广汉太守，“是以西土咸服诸葛亮能尽时人之器用也”。直至公元234年8月，诸葛亮在弥留之际，仍不忘推荐蒋琬和费祎“可任大事”，后来蒋琬和费祎先后担任掌管国家军政的大司马一职，使蜀国在相当长一段时期内保持了稳定。

学诚法师非常慈悲，又有观察力，对每一位弟子的特点都了如指掌，如何修学、承担能够最大限度地帮助弟子成长，法师都有周到的考虑。

以前在广化寺，有时某个岗位缺人，法师就会说："某某可以做。"有时候法师提出的人选出乎所有人的意料之外，甚至是大家认为最不合适的人，结果当他真的承担了那个岗位后，做得却非常好。弟子们感到，虽然同行之间彼此接触很多，但对身边的人，大家却并不一定很了解。各人有什么特点、什么意愿，其实并不了解。而学诚法师虽然接触弟子的时间比较少，却更加了解每一个人，知道每一个人的长处、心愿、能力，一旦有了机会，就会安排合适的弟子去承担，最后事实总是证明他的选择是非常正确的。

学诚法师的观察力是弟子们公认的，大家都觉得不可思议，这正是法师悲智功德的体现。

要想掌握高超的用人之道，必先要做到知人善任。知人，就是要了解别人，也就是对人的考察、识别、选择；善任，就是对人要使用得当。所谓的知人善任，就是要认真地考察别人、确切地了解别人，把每个人都安排到适当的岗位上去，充分地让他们发挥好自己的特长、施展才干，这是作为一个领导者的根本任务之一。就好比一台机器，有了先进的设计、合理的结构和科学易行的操作规程，还必须有高质量的操作人员。通常情况下，路线确定之后，人就成了决定因素，就是这个道理。

在知人善用方面，曹操深谙其中的道理。

《三国志·魏志·张辽传》记载，曹操征张鲁前，给合淝护军薛悌一封密函，上书"贼来乃发"。不久孙权率十万众来围合淝。此时张辽、李典和乐进三人共守合淝，众人拆开密函一看，曹操在信中对合淝的防御和进攻作出了周密的部署：若孙权至，张李二将军出战，乐进守城。这三位将军"素皆不睦"，然而张辽在曹操的指示下表示坚决出战，以攻为守，此举感动了另外二人，决定放弃个人私怨，愿意听从张辽的指挥，共同抗敌。乐进生性怯懦，过于谨慎，正好适合守城。结果合淝一战，张辽与李典在逍遥津以步卒八百，破孙权军十万，创下

了史上有名的以少胜多的战役。

话说："夫兵，诡道也。至于合淝之守，悬弱无援，专任勇者，则好战生患；专任怯者，则惧心难保。且彼众我寡，众者必贪惰；我以致命之师，击贪惰之卒，其势必胜。"在这里，不能不归功曹操知人甚深，他不仅了解张、李、乐三人平日的隔阂，更对三人的作战能力，用兵特点以及性格修养都了如指掌。因此这封密函不仅调解了三将的关系，又通过适当的分工，使三将的优劣互补，最大限度地发挥了三将在防御作战中的整体优势。

"用人所长，扬长避短"，这应该是领导用人的基本原则。人的个体存在很大的差异，这种差异不仅表现在职业能力上，而且还表现在个性、价值观以及职业倾向上。领导者在为下属分配任务时除了考虑岗位要求之外，还应该针对并尊重员工自身的特点以及优势，安排与其特点和优势相适应的工作，给予充分发挥的空间。

我们如何去了解这些人，首先就要从信任出发，从了解入手，知其德才学识，明其优劣长短，从其发展的前景中把握。要想准确、清楚地了解一个人，不能只看文凭和档案，也不能只靠感觉和印象，而需要深入调查，全面分析，这样才能辨其才能，明其本质，才能真正做到"善任"。

善任的重点在于扬长避短，如何才能扬长避短呢？要学会量才使用，有的人善于管理，有的人懂业务，在选才时要以"质"为依据，以"质"为调配，这样才能使人才的质能得以体现；要注意团队结构，人才群体的组成应注意知识结构、年龄层次、专业类型、性格特点等合理搭配，这样才能产生人才资源的互补效应。此外，我们需要注意重用性交流，也就是选拔优秀的人才担任重要岗位。

心理启示

俗话说："不知人之短，不知人之长；不知人长中之短，不知人短中之长，则不可用人。"可以说，知人是用人的前提，每个人的问题优点并存，长短处同

时存在，有的人内秀而外拙，才不外露，很不容易发现；有的人博学多智，却只会纸上谈兵，这样的易见而难用。

各尽其才，各尽其用

军之善士，各因其能而用之也。

——《将苑·择材》

诸葛亮说：“军之善士，各因其能而用之也。”意思是，不同的士兵，有不同的能力特点，应该使他们能充分发挥自己的特长，各尽其才，各尽其用。用人需要人尽其才，善于揣摩对方的智慧和才能，度量对方的实力，估计对方的势气，然后扬长避短，有意识地适应对方，这就是飞箝术。君子用人如器，各取所长。这个道理告诉我们，用人不能像学医看病，专挑毛病，所谓“人无完人，金无足赤”，任何人有其长处，就必有其短处。用人不应该看他不能干什么，而是应该看他能干什么，发挥他的长处，这样才能实现“人尽其才，物尽其用”。

有一次，魏征在家中接待一位前来求职的年轻人，这位年轻人在魏大人面前表现得不善言谈，不懂世故，脾气古怪。推荐人站在旁边极其尴尬，认为他肯定没有录用的希望。出乎意料之外，魏征却留下了这位年轻人，因为魏征从这位年轻人不通事故的短处中，看到了他铁面无私、刚直不阿的长处，于是任命他为“监库门”。

后来，这位年轻人上任之后，果然恪尽职守，库亏之事很少发生。

扬长避短是领导用人的基本方略，一个优秀的领导应该学会容忍下属的缺点，同时积极发掘他们的优点，尝试用长处弥补其短处，这样使每个人都能发挥专长。世界上没有两片树叶是相同的，人亦是如此，每个人都有自己的独特价值，假如领导者能够让下属发挥自己的所长，通过互补，缺陷就会越来越少，这

样通过整合资源，以一人之长补另一人之短，整体效果就上升了。

有一次，曾国藩收到了学生李鸿章的一封书信。在信里，李鸿章向恩师推荐了三位年轻人，希望他们能在恩师的帐前效力。没过几天，家人来报："李大人推荐来的人在庭院等候。"曾国藩心生一计，他悄悄地在离他们不远处的地方停了下来，暗暗观察这几个人。只见其中一个人不停地用眼睛观察着房屋内的摆设，似乎在思考着什么；另外一个年轻人则低着头规规矩矩地站在庭院里；剩下的那个年轻人相貌平庸，却气宇轩昂，背负双手，仰头看着天上的浮云。

继续观察了一会，曾国藩便回到房间里。很快，他就召见了这三位年轻人，和他们攀谈起来。渐渐地，曾国藩发现，不停打量自己客厅摆设的那个年轻人和自己谈得最投机，自己的喜好习惯，似乎他都早已经熟悉；相比较之下，另外两个人的口才就不是那么出众了。不过，那个抬头看云的年轻人虽然口才一般，但对人对事都很有自己的看法，不过，说法比较直。最出人意料的是，曾国藩并没有把那个与自己谈得最投机的人委以重任，而是让他做了一个有名无权的虚职；派那个很少说话的年轻人去管理钱粮马草；而那个看云的年轻人却被派去军前效力，曾国藩还再三叮嘱下属，这个年轻人要重点培养。

众人听了曾国藩这样安排，都十分疑惑，对此，曾国藩道出了原委："第一个年轻人在庭院里等待的时候，便用心打量大厅的摆设，刚才他与我说话的时候，明显看得出来他对很多东西不甚精通，只是投我所好罢了，由此可见，此人善于钻营，有才无德，不足托付大事；第二个年轻人遇事唯唯诺诺，沉稳有余，魄力不足，只能做一个刀笔吏；最后一个年轻人不焦不躁，竟然还有心情仰观浮云，就这一份从容淡定便是少有的大将风度，更难能可贵的是，面对显贵他能不卑不亢地说出自己的想法而且很有见地，这是少有的人才啊！"曾国藩一席话说得众人连连点头称是。"不过，他性情耿直，很可能会招来口舌是非。"说完，曾国藩不由得一声叹息。

原来，那位观云的年轻人就是刘铭传，他没有辜负曾国藩的厚望，在后来的征战中脱颖而出，并因为战功赫赫被册封了爵位。然而，也正如曾国藩所预料

的，性情耿直的刘铭传被小人中伤，黯然离开了台湾。

在等待的时候，三位年轻人神态各异，曾国藩不仅观察出了其中的端倪，并且加以分析，从而看到了三位年轻人真正的才学，因此，才得出了后面的一段话。如此看来，人尽其才，扬长避短，方可使人才各尽其能。

在用人方面需要遵循扬长避短的原则。日本著名的松下集团松下幸之助曾说："一个人的才干再高，也是有限的，且往往是长于某一方面的偏才，而将众才为我所用，将许多偏才融合为一体，就能组成无所不能的全才，发挥出无限巨大的力量。"要用好人才，就必须"择人任势"，一个人，不可能具备各种才能，胜任一切岗位，某一特定人才总有最适合于他的位置。

心理启示

领导者在"知人"的基础上，对人才的使用上给予恰当的安排，形成人员配置的最佳组合机构，达成最佳组合。

察言观色识人术

一曰，问之以是非而观其志，二曰，穷之以辞辩而观其变，三曰，咨之以计谋而观其识，四曰，告之以祸难而观其勇。

——《将苑·知人性》

诸葛亮的"识人七法"其中四种为："用离间的办法询问他对某事的看法，以考察他的志向、立场；用激烈的言辞故意激怒他，以考察他的气度和应变的能力；就某个计划向他咨询，征求他的意见，以考察他的学识；告诉他大祸临头，以考察他的胆识、勇气。"

当今社会，人们越来越关注前人留给我们的文化瑰宝。比如很多在商海驰骋多年的老板，手边都必备一本《孙子兵法》；而很多人还通过《三国演义》来学习一些做人、说话的技巧。因此，作为一个领导者，也应该学习古代兵法术的选人术，这样才能因地制宜地有效利用人才。

刘备是如何识人的呢？他往往会因为一次谈话，就能发现人才。例如庞统、邓芝、马忠等因见面与语而“大奇之”。刘备在与马忠谈过一次话过后，“虽亡黄权，复得孤笃，此为世不乏贤也”。而在刘备临终的时候，曾告诫诸葛亮：“马谡言过其实，不可大用，君宜察之”。可是诸葛亮却不以为然，后来他首次伐魏，就用马谡作为先锋，结果导致街亭之失。

其实，刘备不但善于识别下属的才能，而且对于人的品性也有较高的鉴定能力。在当阳战败的时候，有人说赵云已经北去投曹，结果刘备却说：“子龙不弃我走也。”没过多久，赵云果然抱着刘备的儿子阿斗回来了。

而且，刘备对于人才往往能够予以体谅，甚至做出重大牺牲。例如刘备起兵伐吴时，黄权谏曰：“吴人悍战，又水军顺流，进易退难。臣请为先驱以尝寇，陛下宜为后镇”。刘备不听，令权督江北诸军，防备魏师。刘备败后，黄权还蜀无路，被迫降魏。因此，执法官准备按法“收权妻子”。刘备却说：“孤负黄权，权不负孤也。”对待黄权的妻子仍旧和往日一样。裴松之对刘备颇为赞赏，他认为刘备能斟酌是非，区别对待，针对此事，他认为刘备胜过汉武帝甚多。

刘备出生于一个贫困之家，与母以贩鞋织席为生。在他年轻的时候，善于结交豪侠，人人争附。尽管这样，有的上层豪强还是看不起他，当刘备升任平原相的时候，豪绅刘平还曾派刺客去杀害他。不过，当刺客受到刘备殷勤款待之后，十分感动，不但不忍心下手，而且还真实地吐露了自己的来意。后来，刘备、关羽、张飞桃园三结义，更是千古佳话。公元201年，刘备驻兵新野，荆州豪杰归附者越来越多，刘备渐渐意识到自己所以屡遭挫败，主要是缺少优秀的参谋大将，因此，他开始留心寻访此类的人才，于是才有了刘备三顾茅庐的历史典故。对于刘备识人、用人，可以用“千里马常有，而伯乐不常有”的话来总结。

其实，早在中国的古代兵法术中，就隐含了一些识人术。比如，中国最古老的兵法《六韬》，里面详述了种种看穿对方心思的方法，其中对选人比较实用的有如下几种。领导者可以借鉴这样几种方法，帮助你快速识别优秀人才。

1.如何有效地提问

领导者可以通过向对方提问来选择人才，而提问也是有很多技巧的。有的人需要问之以言，以观其详；有的人需要穷之以辞，以观其变；而有的人则需要明白显问，以观其德。不同的提问技巧，可以通过观察其反应而看穿对方的心思。下面我们简单地介绍一下提问的技巧。

（1）不断地追问

领导者要善于使用“穷之以辞”，以此来观察对方的反应。可以针对某个问题对其进行追问，而且越问越深、越广，使人难以招架，借此观察对方的反应。通常那些缺乏自信的人，在面对你一连串的追问之下，就会显得手足无措，一副慌张失措的样子，甚至无言对对；而那些对自己充满自信的人，即便是面对一连串的问题，他们也能从容不迫，保持镇定，思路清晰地来回答你的问题。

同时，你也可以通过对方的表情变化来判断对方是什么样的人。如果他对一件事情并不是很了解，就会出现慌张的表情，左顾右盼，不知所措；而对事情完全了解的人就会表现得很镇静，甚至连眼睛都不眨一下。

（2）多方面的质问

领导者可以对下属进行多方面的质问，从中可以观察对方到底知道多少。实际上，如何来判断对方到底了解多少，并不只是靠问题的表面形式，而是要注重问题的深度。有的问题只是形式上的问题，不足以挖掘出对方更深层的东西，比如“你平时都喜欢干什么”。而有的问题则可以直接进入重点，通过对方的回答探查对方的才能、思想程度，比如“你对这个问题有什么看法”。领导在向下属提问的时候，要多问一些有深度的问题，而不是为了提问而提问。

一般而言，我们会被一个人的外表和言行举止所蒙骗。当你对其进行多方面的质问之后，你就会发现这样的事实的确存在。比如，那些平时看似应变有方的

人，在面对提问时却支支吾吾，或是答非所问；而看似不够机灵的人，却往往能提出解决问题的有效方法。

（3）坦率而问

作为领导者还要善于使用这样的方法，那就是把自己的秘密坦率地说出来，以此来考验他是否值得信赖。对方是否能守住秘密，你不妨故意泄露秘密给他，试探他，如果他能够坚守这个秘密，那么他无疑是值得你去信赖的。如果他在前脚听了你的秘密，后脚就跑出去告诉别人，这种无法守秘的人，就不要重用，不能信任，需要敬而远之。而那些能够为你保守秘密的人，才是你值得信任的人。

2.如何判断其是否清廉

有时，领导者需要考察一个人是否清廉，那么就可以让他处理财务，以此来判断他是否是一个清廉的人。因为，每一个人在面对金钱诱惑的时候，都会忍不住伸出罪恶的手。比如，你可以把他派到容易拿到回扣的单位去工作，经过一段时间的观察，你就能清楚地了解对方是否清廉。如果他在工作期间，控制不住内心的欲望，见钱眼开，那就表明他不是清廉的人。

3.如何判断出其态度

领导者要想判断出对方的态度，可以请他喝酒，借此来观察他的态度。有的人虽然平时显得彬彬有礼，工作也做得很到位，但是三杯酒下肚就会露出真实面目，他们只会满嘴牢骚，以此发泄内心不满的情绪。那么，你就可以判断出这样的人一定是一个经常怀有不满，有强烈的嫉妒心，甚至有害人之心的人。

一般而言，人们在酒醉之后都会表现出真实的一面，所说的话也是平时不敢说的话，所做的事情也是平时不敢做的。俗话说：“酒后吐真言。”而领导者可以在下属酒醉之后，观察其言行，看清真实的面目。

4.如何判断出其胆识

领导者要想判断下属的胆识、勇气，那么不妨把一些有难度的工作交给他，将一些难以处理的事情交给他去处理，以此来观察他的反应。派给他们有难度的工作任务，他是否能够妥善完成，那就能表现出其胆识、勇气。在这样的情况

下，那些个性比较懦弱、对工作不负责任的人，在遇到困难时就会慌张失色。而那些有胆识、有勇气的人，则会把所有的事情给予恰当的处理。

心理启示

一个人的外在表现都是内心情感的一种流露，往往一个人无意识的举动、一句不经意的话，都是我们看破人心的最好突破口。

识人之人劳心，知人之人平心

> 六曰，临之以利而观其廉；七曰，期之以事而观其信。
>
> ——《将苑·知人性》

如何识人？诸葛亮说："用利益对他进行引诱，以观察他是否清廉；把某件事情交付给他去办，以考察他是否有信用，值得信任。"这些识人之术给了现代领导者以借鉴之意。作为一个管理者或领导者，应该具备识人的能力，能够快速看穿下属的真面目。在很多时候，领导者容易被下属的外表迷惑，而作出错误的判断。领导者若想看穿下属的真面目，就应该学会由表及里，抓住他的主要特点，揭开对方的伪装面具，看清楚其真实面目。

很多人在识人的过程中，容易陷入一些误区，例如以外表看人、以学历看人，等等。其实，这些都是片面的，并不能真实地判断出对方的真实面目。

下面向大家介绍领导者最容易陷入的两个误区。

1.以外表识人

通常情况下，领导者在进行新人面试的时候，如果面对的是一个外表光鲜亮丽的绅士，领导者就会觉得赏心悦目。但这时候，领导者的眼睛就容易停留在对

方的外表上，而忽视了与工作有关的方面，比如能力、学识等其他因素。有时，光鲜的外表并不能证明他的能力就如他的外表一样让人称赞。而对于公司来说，领导者并不是在选美，而是在挑选人才，一个穿着随便的人也许会成为公司发展的栋梁之才。

2.以学历识人

领导者还容易犯的另一种错误就是过于看重文凭。其实，在这样的问题上，作为一个管理者，你看重的是他本人的实际能力，而不仅仅是他所毕业学校的名气。而偏偏很多企业和领导者都注重于学历，当有的领导在面试新人的时候，看到对方的名牌大学文凭时，他就会表示出欣赏的目光。而对于那些毕业于名不见经传的学校的人往往根本不加考虑。如果一个领导很容易被应试者的文凭所迷惑的话，他往往只会得到一群庸人而失去很多具有真才实学的人才。

除此之外，领导者还很容易陷入各种各样的识人误区，而此时需要领导具备一双慧眼，才能识破下属的真面目，以便更有利于工作的积极开展。那么，怎样才能避免仅以外表识才的错误呢？作为一个领导者要想较多较好较快地识别和发现潜人才，必须注意以下几点：

1.观其行

一个人的行为往往体现了其追求。任何一个人，当他进入工作状态中去，就会为了加薪、升职而付出无限的努力，并极力追求一些在自己能力之上的荣誉。只求当一天和尚撞一天钟。领导则可以通过下属在工作中表现出的行为判断出这样的人是否可靠。

2.听其言

一般来说，一个人的所言即为心中所思，因而能较为真实地反映和表达他们的所思所想。在一些企业或公司中，有很多潜在的人才，他们在短期内往往很不得志，从他们嘴里说出的话，大都是内心的真心话，是肺腑之言，不带一点虚伪与做作；而那些心中没有远大志向的人，他们就喜欢在人前说虚伪的话，说奉承的话，以此来吸引人们的注意。因此，领导者可以通过下属的所言，辨别出其心

志，能够更有效地善用人才。

3.察其品行

领导者若想更好更快地识别人才，就应该随时提醒自己保持清醒的头脑，拿出自己的主意，不要被那些流言蜚语所左右。一般而言，很多潜在的人才，身边的人对他们的称赞是出自内心的，领导者如果听到大家对一位普通员工进行赞扬时，一定要引起注意。领导者在观察下属品行的时候，需要特别注意，对待那些已经被自己重用的人才，不妨多听一听身边的人对他们的负面意见，而对于那些潜在的人才，则要多关注人们对他的赞美。

4.辨其才华

对于一个领导者来说，要善于辨别下属的才华，这是作为一个领导者必须具备的识人能力。有很多潜在人才隐藏在众多的下属之中，这就需要领导者去发现他们。因为他们毕竟是人才，他们身上必然有着人才的优秀品质，他们或有初生牛犊不怕虎的胆略，或有出淤泥而不染的可贵品质。总而言之，如果他是一个人才，就会有不同于常人的地方，否则就称不上人才。而领导者就应该善于去发现这些人的不同之处，发现其潜在的才能，使其发挥卓越的能力。

心理启示

人们在识人的实际过程中，往往容易被下属的外表和漂亮的言辞所欺骗，并且委以重任，结果是因为他一个人而导致整个任务失败。因此，看人不要看外表，而需要以才看人。

有效激励，令其甘愿效力

夫用兵之道，尊之以爵，赡之以财，则士无不至矣；接之以礼，厉之以信，则士无不死矣；畜恩不倦，法若画一，则士无不服矣；先之以身，后之以人，则士无不勇矣；小善必录，小功必赏，则士无不劝矣。

——《将苑·厉士》

诸葛亮认为，将帅对待自己的部下，要委之以高位，封赏以钱财，这样就可以吸引有才德的人前来尽力；要以礼相待，以信、诚来鼓励部下，这样部下就会以舍生忘死的决心投入战斗； 要经常对部下施恩惠，赏罚时公平严明，一视同仁，这样就会赢得部下的信服、敬佩； 要在作战中身先士卒，冲锋陷阵，在撤退时主动掩护他人，这样部下会英勇善战；对待部下的点滴小心都要给予充分的重视，并进行适当的奖励，这样部下会积极向上，互相劝勉，永保昂扬的斗志。

拿破仑总是花很多时间来研究自己的下属到底对什么最动心，钱财？权力？美名？而后他总是发现人们对于那些令人迷惑的职位头衔是毫无招架之力的，因此，他一旦找到下属的弱点和漏洞，就有了应付的办法。

拿破仑为了能让自己新建立的地位在那些拥戴者的维持下永远不倒，他对赏赐从来就不吝惜，创立并封赐了许多崇高的头衔和荣誉。在建立自己的王朝之后，他制定了一种荣誉勋章，并且立刻将1500个以上的十字勋章授予了他的臣民；他重新启用了法兰西陆军上将的官衔，将这一高位奉赠给了18位将官；同时给优异的士兵授予“大军”的光荣头衔。这些光荣的头衔，让他的臣民感激他、拥戴他，他的帝位也因此得到了巩固。

拿破仑正是不吝惜向自己的臣民授予这样或那样的头衔，所以他的臣民都会感激他、拥戴他，尽管头衔是虚的，但是它的功效却是非同小可。拿破仑就是利用毫无物质价值但却是最迷惑人的头衔，让他的将士甘于为他浴血奋战，让他的

臣民拥戴他。很少有人像拿破仑一样清楚头衔的价值，也很少有人能比他更懂得人是多么迫切地想得到这种极具诱惑的东西。

在生活中，无论我们做什么事情都需要潜在的竞争，只有竞争才能激发内心自我超越的欲望，才能更好把事情出色的完成，甚至爆发出前所未有的潜力。而很多领导就很善于发现员工的这一心理特点，他们会通过一些灵活的方法，激发下属自我超越的欲望，从而使工作效率得到大幅度提高。

有一家空调制造厂，由于员工一直完不成定额指标，主管非常着急，为此他几乎用尽了所有的办法，说了好话，又是鼓励又是许愿，甚至还采用了“完不成定额，就走人”的威胁手段，结果还是没有一丝的效果。他只好向总经理作了如实的汇报。

总经理在主管的陪同下走进了工厂，当时，日班马上就要结束了，总经理问一位工人：“请问，你们这一班在今天制造了几部空调？”“5部。”那位工人回答。总经理没有再说话，只是拿了一支粉笔在地板上写下一个大大的数字“5”，然后转身离开了车间。夜班工人接班的时候，看到了那个“5”字，便问是什么意思，那位准备交班的日班工人详细地作了解释。夜班工人看着那个“5”字，越看越觉得刺眼。

第二天早晨，总经理再次来到工厂，他看到夜班工人已经把那个“5”字擦掉，重新写上了一个大大的“6”字。而日班工人接班的时候当然看到了很大的“6”字，他们毫不示弱，抓紧时间干活。当天晚上下班的时候，他们在地板上留下了具有示威性的特大数字“9”。逐渐，情况有所好转，工厂的产量也大幅度增长。

如果领导希望能够圆满地完成工作，那么就要使员工之间形成良性的竞争，有了竞争，才会激发超越自我的欲望，才有可能超额完成任务。对于每个人来说，最大的竞争对手不是来自于他人，而是自己。他人的存在不过是为了激发自己内在的潜能，所以，领导在工作中也要善于激发员工争强好胜的心理，使他们能够有勇气战胜自己。

心理启示

好胜心与挑战是每个人的天性，对于很多工作，只要领导善于激励，员工就一定会以最饱满的热情投入到工作中，并且做好这些工作。一位成功的领导者应该善于激发下属自我超越的欲望，激起员工的内在动力，使员工振奋精神，接受工作上的挑战。

第8章　得士者昌——治人用人的智慧

唐代名相裴度曾说：“度尝读旧史，详求往哲，或乘事君之节，无开国之才，得立身之道，无治人之术。四者备矣，兼而行之，则蜀丞相诸葛公其人也。”诸葛亮作为刘备身边的首席辅臣，其治人、用人自有其高明之处。

欲晓之以理，必先动之以情

唯劝农业，无夺其时；唯薄赋敛，无尽民财。如此，富国安家，不亦宜乎？

——《便宜十六策·治人》

诸葛亮说：“统治百姓犹如培养幼苗，必先拔去杂草；所以要使国家兴盛，要先去除祸根。有为的君主，应知皂服小吏，危害甚大，因此有的说‘皂服小吏是百姓的克星，广征暴敛，使百姓匮乏，而导致动乱发生’。平时若能注重农业，不加侵扰，减少赋税，增加百姓收入，这才是使国家富强的最好方法。”

俗话说：“欲晓之以理，必先动之以情。”领导者希望下属能够全身心地投入到工作中去，甘愿为工作付出，那么就需要如何来运用“情”，让下属知道你很赏识他。其实，很多时候，领导者表现出的“情”并不是通过一些重大的事情来体现的，更多的时候体现在一些细微的小事上。这些小事都是在日常的工作生活中体现出来的，或者是一句贴心的话，或者是一个善意的微笑，或者是细心

地聆听，或者是记住每一个下属的名字，或者是与下属愉快地聊天，或者是适当暴露自己的缺点，拉近与下属之间的距离。这些看似微不足道的事情，却常常能够给下属以温暖的感受，激起他们的感激心理，进而把所有精力都投入到工作中去。

在《三国演义》长坂坡之役中，曹军轻军前进，曹纯率精骑5000追击刘备军。危急之时，张飞杀入曹军阵内，保护刘备且战且退。赵云负责保护刘备家小，奋勇冲杀中，却不见了刘备的两位夫人和幼子刘禅。赵云又拍马单骑杀入重围，在伤兵的指引下，找到了甘夫人，杀死曹军部将后又救下糜竺，便命糜竺保护甘夫人退到长坂桥东岸。接着，赵云再次奋勇杀入敌阵，在一堵土墙下找到了身负重伤、怀抱着刘禅的糜夫人。赵云下马请糜夫人上马，糜夫人不同意，将刘禅交给赵云之后，转身投入身后的枯井。这时，有手下对刘备说："赵云北投曹操去了"。刘备表示绝不相信："子龙不弃我走也"。果然不一会儿，赵云就抱着刘禅赶了过来。

赵云大战长坂坡，九死一生救出少主刘禅，当他从怀中把仍在熟睡的刘禅抱给刘备时，刘备接过来，就把孩子摔到地上，对赵云说："为汝这孺子，几损我一员大将。"果然，赵云感激泣拜说："云虽肝脑涂地，不能报也。"

刘备通过"摔孩子"这一动作，再加上后面感人肺腑的一句话，竟使得赵云跪拜在地，表示自己无以回报主公的心情。作为一个卓越的领导者，要善于用语言或行为来表示对下属的关爱，只有这样才能真正地感动、激励下属，使之为你谋取更多的利益。

据说，恺撒大帝能叫出他军队里成千上万人的名字，他就是通过喊他们的名字，促使士兵在作战时为他奋勇杀敌。实际上，每一个人都对自己的名字特别敏感，如果你能记住每一个下属的名字，并在与之交谈的时候，亲切地叫出对方的名字，他就一定感到你对他的重视，感到自己在你心中的位置。作为一个领导者，不管你带领的团队有多大，你应该尽可能地叫出每一位下属的名字，让他们觉得，他们每一个人都是独一无二的，都是特别重要的。如果你所带领的是一个

小团队，那么你除了记住他们每一位的名字，还需要更详细地了解每个人的情况，比如他们的缺点和优点，这样才能更有效地在用人方面达到因地制宜，提高工作效率。

在工作之余，领导者可以邀请下属一起喝茶，一起共进晚餐。在一种轻松的氛围中与下属聊天，除了谈论一些工作上的事情，也可以试着与下属谈论一些工作以外的话题，比如兴趣爱好，家庭之类的。这会使下属感觉领导并不是高高在上的，而成为自己的朋友，也会感受到自己在领导心中的地位。

有时，在某些特定条件下，从领导嘴里说出的一些贴心话，会让人感觉有千钧之重，进而收揽人心。每一个员工都希望自己能在一个富有人情味的团队中工作，而这取决于领导是否善解人意，是否体恤和关心下属。比如，有一个员工请假回去照料生病的母亲，那么当他上班的时候，不妨问问他母亲康复了没有；当一位下属的脸色不太好，不妨走到他身边，问他出了什么事情；如果下属经常在你面前谈起他正在上高中的儿子，那么你不妨问一下他儿子的学习成绩怎么样。在领导看来，这些都是一些细小的关心，但却会让下属很长时间都想着你的恩德。

领导者不能自诩身份不一样，资历比较高，就不重视下属的任何想法和意见。其实，在很多时候，他们在你面前所说出的想法和意见，有可能是他经过了几天的认真思考。无论对方的建议是否可行，你都应该认真地聆听下属的意见，对于他说的比较恰当的地方需要给予赞扬，对于他说的不足之处要及时地进行引导。对待下属就是要“以情动人”才能真正地打动他们，激励他们更加努力的工作。

心理启示

一般而言，领导者管理下属的目的就在于使工作能够顺利开展，进而谋求整个团队获得有前景的发展壮大。这就需要激起下属积极工作的心态，把自己的身

心都投入到工作中去。而行之有效的办法，那就是让下属知道你赏识他，以情动人，从一些日常的小事做起，才能够真正感动、激励下属。

赏罚分明，令出必行

赏罚不正，则忠臣死於非罪，而邪臣起於非功。赏赐不避怨雠，则齐桓得管仲之力；诛罚不避亲戚，则周公有杀弟之名。《书》云："无偏无党，王道荡荡；无党无偏，王道平平。"此之谓也。

——《便宜十六策·赏罚》

诸葛亮说："赏罚不公，则忠臣尽死于冤屈，而奸臣皆因不实的战功，而受重用。赏罚应不受恩怨情仇的影响，齐桓公就因不计前嫌而重用管仲，得以成就霸业；周公大义灭亲，而能树立威信，所以书经上说'无所偏私，无所袒护，则王道可以施行无阻了'。"对待下属，赏与罚的作用各有其侧重，赏是用人的激励机制，而罚则是纠正机制。如果赏罚不明，那么他们就对自己付出的意义感到怀疑，积极性下降甚至丧失。所以，对于领导者而言，赏与罚是两大利器，必须分明，令出必行，这样可以最大限度地激发下属的积极性。

当时，诸葛亮亲自率领着大军，向西路扑向祁山，由于魏国毫无防备，守在祁山的蜀军纷纷败退。刚刚即位的魏明帝曹叡立即派张颌带领五万人马赶到祁山去抵抗，并亲自去长安督战。

马谡一直是诸葛亮信任的人，不过，刘备在去世时却看出马谡这个人不太踏实，他特意嘱咐诸葛亮："马谡这个人言过其实，不能派他干大事，还得好好考察一下。"不过，诸葛亮并没有将这番嘱咐放在心上，这一回，他派马谡当先锋，守街亭。马谡当即带着副将王平来到了街亭，他对王平说："这一带地形险要，街亭旁边有座山，正好在山上扎营，布置埋伏。"王平提醒他说："丞相临

走的时候嘱咐过，要坚守城池，稳扎营垒，在山上扎营太冒险。”马谡却不假思索地拒绝了，根本不听王平的劝告。

没想到，这一不经思考的决定真的带来了恶果，街亭失守了，马谡虽然侥幸逃脱，但是，他最终难免处罚，诸葛亮自叹“用人不当”，只好挥泪斩马谡。

诸葛亮总结此战失利的教训，痛心地说：“用马谡错矣。”为了严肃军纪，诸葛亮下令将马谡革职入狱，斩首示众。临刑前，马谡上书诸葛亮：“丞相待我亲如子，我待丞相敬如父。这次我违背节度，招致兵败，军令难容，丞相将我斩首，以诫后人，我罪有应得，死而无怨，只是恳望丞相以后能照顾好我一家妻儿老小。这样我死后也就放心了。”诸葛亮看罢，百感交集，老泪纵横，要斩掉曾为自己十分器重赏识的将领，心若刀绞；但若违背军法，免他一死，又将失去众人之心，无法实现统一天下的宏愿。于是，他强忍悲痛，让马谡放心去，自己将收其儿为义子。而后，全军将士无不为之震惊。

刘邦平定天下之后，大封功臣，其中萧何地位最高，有人对此有异议，刘邦反驳说：“在打猎时，追捕野兽兔子，是猎狗；但发现兽兔的踪迹，指使猎狗追捕的，却是猎人。你们只能捕杀野兽，功绩却同猎狗。而萧何是发现野兽踪迹，指使猎狗去追捕，功绩如同猎人。”当然，后来司马迁在为萧何作传时，非常中肯地评价：“萧何严守律法，为民生疾苦着想，依法从事，在建立汉朝的功臣中，功绩地位居群臣之首。”

许圉师是个很有才干的人，因此武则天一向很倚重他，把他一步步提拔到宰相的位置，在政事上也委以重任。

一次许圉师的儿子游猎时破坏了田主的庄稼。他仗着自己的父亲是朝中大臣，不肯认错赔偿，甚至还射箭威胁田主。许圉师知道儿子的犯行之后，非但不追究，还想遮掩了事。

武则天知道这件事后当面斥责了许圉师，但许圉师仗着自己平时很受倚重，不仅不认错，还扭曲辩解，武则天闻言大怒：“你这样还觉得不够，还恨手中无兵吗？”立刻下令将许圉师免去宰相之职。三个月后又将他调离京城，贬至地方

为官。

作为领导者，只有做到功必赏，过必罚，不偏不倚，激励与约束要并存，才能使自身具有号召力，才能激发下属的激情和活力。也只有做到赏罚分明，才能让员工在企业中感受到公平、公正，从而从心理上激发起内在的工作热情，使员工有努力奋斗的不竭动力。作为领导人，办事要公正，赏罚分明，并为下属所信服，只是讲原则还不够，赏罚还要有一定的艺术性。

领导者在施政中，赏与罚适当，就会起到积极的作用，如果运用不当，反而会坏事。因为其他员工会从这些已经受赏或受罚的人身上看见自己未来的命运，如果这些结果是对自己不利的，那么他们就不会坐以待毙，而会采取某种相应的行动。在赏罚的过程中，赏罚的重点不在于人，而在于通过这种行为对那些没有被赏罚的人加以影响。所以，赏罚对领导者而言，不是目的，而只是一种策略。

心理启示

马谡失街亭，事实上马谡建立过两大奇功：一是征孟获献“攻心为上”之计；二是行反间计让司马懿被削职为民。他是有功之臣，而且诸葛亮视马谡如子，加上多人求情，从感情角度出发，戴罪立功是非常自然的选择，但是从管理角度，制度要执行到位，所以诸葛亮还是挥泪斩马谡，这就是“赏罚分明”。

欲树威信，先做好榜样

故《书》云：“三载考绩，黜陟幽明。”

——《便宜十六策·考黜》

诸葛亮认为，要想树立威信，必须先做好榜样。所以书经上说：“新官上任

三年后，需考核其功绩，决定升迁或辞退。”隆中对之后，诸葛亮与刘备日益密切，关羽、张飞等不悦，刘备劝解他们说：“我有了孔明，就像鱼得到水一样。希望你们不要再说什么了。”诸葛亮深知，要想在关羽和张飞面前树立威信，自己必须拿出成绩。在赤壁之战中，关羽、张飞对诸葛亮的态度前后有了180度的转变，在接受命令的时候有些挑衅。但是第二天一早，按照诸葛亮的指挥几千人马击败十万敌军大获全胜的时候，关羽、张飞看到诸葛亮下来的时候，滚鞍下马，拜俯于正前说“孔明真英杰也”，这是诸葛亮以才德服众。作为领导者而言，要想树立威信，必须先做好榜样。

很多领导总是抱怨下属不服从自己的命令，不把自己放在眼里。于是，领导与下属之间的关系越来越疏离，工作也越来越难以开展下去。其实，造成下属不服从自己命令的主要原因在于是领导者没有威信，没有拿出领导者的果断、敏捷，因此难以使下属信服。

古时，县官们上任接班，必做之事很多：要拜庙上香，地方的孔庙、关帝庙、文昌庙、城隍庙必拜，以显示自己尊儒崇道，连地方神都十分恭敬；要清仓盘库、粮库、物料库核对清楚；要巡查监狱，要视察城防；要对簿点卯，即对照簿册记载的官员侍从等花名册一一查对；要传考生童，就是将本地的学生集中，做一次自己亲自出题的考试，了解群众情况；要拜访乡绅，当然依次是本县的皇亲国戚、与自己同级的卸任官员直至豪门大户了。

最后，则是新县贴出告示，说明自己从何月何日开始接受诉讼。

有的领导在工作中，总是没有明晰的指示，他们对于自己做出的决策也难以确定，所以经常会出现朝令夕改的情况；有的领导在关键时刻，总是拿不出果断的决定，面对千载难逢的机会优柔寡断，于是与成功也失之交臂；还有的领导唯唯诺诺，无论是大事小事，自己都拿不定主意，而是希望下属想办法。其实，像这样的领导者都是威信不够的表现，一个领导者的做事风格往往决定其权威性。如果一个领导具有敏锐的观察力，能够在关键时刻作出决定，并使得工作卓有成效地开展下去。那么，这样的领导无疑是有威信的领导，也是下属所敬佩的领

导。当下属已经不再怀疑你的能力，他就会绝对服从你的命令。

1.切忌朝令夕改

领导在做任何决定的时候，都需要经过深思熟虑的思考，“三思而后行”。只有对整件事情的全盘把握，才能清楚地分析出利与弊，才能作出正确的决策。而不是突然灵光一闪，冒出了什么点子就急急忙忙地传达下去，可是到工作进行的过程中，你才发现原来这个决策是不可行的，于是又下达禁止的命令。如果领导在实际工作中这样“朝令夕改”来指挥下属工作的话，很多下属都会觉得恼火，甚至会对你的领导力产生质疑。因为对于执行者的下属来说，他们在工作中并不像你的思想那么迅速，做任何一项任务都有个复杂的过程，当他们已经开始了一部分的工作，但你却下令禁止，那无疑是给他们的工作带来一些麻烦。除此之外，朝令夕改也会使你的命令含混不清，容易给工作带来一些不好的影响。通常来讲，朝令夕改的行为会削减领导者的威信，降低下属对其的信任度。

2.切忌优柔寡断

面对一个最佳机会的时候，下属就开始请示领导。可这时候，领导却由于优柔寡断的工作作风，迟迟不肯下决定，最终使自己失去了最佳的机会，让他人捷足先登。这样无疑就会使自己在工作上失去很多成功的机会，像项羽在鸿门宴的时候，由于一时的犹豫使刘邦逃之而去，为自己树了一个大敌，最后在乌江自刎，这是十分不值得的。无论是说话做事，领导都要处事果断，不能拖泥带水，优柔寡断。

3.要自己作主

有的领导对事情没有清晰的判断，也不明白该作什么样的决定。于是，无论是遇到大事小事，他就由自己的智囊团作决定，他只是等待最后的结果。这样的领导无疑是直接拿别人的思想来决定，自己拿不定主意。当然，如果领导在作决定时出现了模棱两可的情况，你可以适当地倾听下属的建议，但是建议毕竟只是用来参考，然后再综合自己的思想作出决定。假如你只是全盘听下属的，时间久了，下属也会觉得你这个领导毫无能力，甚至心里对你产生不屑的态度。面对自

己拿不定主意的领导，下属是很难有信赖度的，也不会轻易服从你的命令。

心理启示

总而言之，作为一名领导者无论说什么话、做什么决定，都要“三思而后行”，不要在关键时刻犹豫不决。在日常的工作中，一旦自己决定了的事情就不要轻易地改变，要坚定地执行下去，但前提是这个决定是正确的，即便是有点偏差那也是对大局毫无影响的。

有效执行，离不开团队协作

今南方已定，兵甲已足，当奖率三军，北定中原，庶竭驽钝，攘除奸凶，兴复汉室，还于旧都。此臣所以报先帝而忠陛下之职分也。至于斟酌损益，进尽忠言，则攸之、祎、允之任也。

——《出师表》

诸葛亮在《出师表》里说：“现在南方已经平定，兵甲已经充足，我应当勉励统率三军，北定中原，以便竭尽我拙劣的能力。扫除奸邪、兴复汉室、返还旧都。这是我用以报答先帝尽忠陛下的职责，至于处置日常之事，决定取舍损益，毫无保留地贡献忠言，那是郭攸之、费祎、董允的责任。”在这里，他职责分工，自己北伐中原，扫除奸邪、兴复汉室、返还旧都，郭攸之、费祎、董允则负责处置日常之事，决定取舍损益，贡献忠言。作为一个领导阶层，尤其需要团队协作，这样才能齐心协力将事情做好。

任何一个组织，不管大小都需要团队合作，虽然合作的形式会有所差别，但高效的团队合作，往往是组织成员共同努力的结果，因为组织内上下级，员工

与员工之间是一个复杂而微妙的动态过程，而并非简单的加权。比如，单就谈判团队而言，它作为一个典型的组织团队也是这样。如今，谈判变得越来越复杂，所牵涉的范围也比较广泛，所需要的知识也很广博，诸如产品、技术、市场、金融、法律等多方面，假如是牵涉国际间的谈判，还会涉及国际法、外语等知识，如此纷繁的知识绝不是仅凭一个人就能办到的。因此，谈判除了一对一的方式之外，更多的时候是一个谈判团队对另外一个谈判团队。为了实现某一具体的谈判目标，根据新的组合放大了个人的力量，并形成了一种新的力量。

其实，任何团队的组合实际上都是一种优势互补。在实际生活中，即便是再高明的人，他也有不知道的知识，也有自己的不足之处，总是这里或那里搞不明白。而对这样的情况，若是找一个能与之互补的人组成团队，那岂不是更完美了？我们都知道，一个人能力再强，但也到不了想干什么就干什么的地步，因此一个好的组合团队往往聚集了众多个人的力量，从而形成更强大的力量，而这样的力量恰恰是在实际工作中所需要的。所以，如果你想在事业中赢得头筹，那组建一个好的团队是很有必要的。

公司建立了以王先生为首的谈判团队，在这个团队里每个人都有自己的具体职能。王先生作为团队的领袖，他几乎处理所有面对面的谈判，他是整个谈判的组织者，负责大部分“说”的工作，或者是提出新的问题和新的提议，或做出妥协和让步。

团队中的小李是评论员，他主要负责总结目前的进展，阐明目前所存在的问题。观察员小赵主要负责观察并监控人们通过话语和肢体语言，面部表情所传递出来的信息。小凡是团队里的分析员，主要负责记录并分析全部的数字和其他数据，对方的出价方式和做出让步的方式，这样有助于理解其谈判的目标和优先考虑的问题。

俗话说：“三个臭皮匠，顶一个诸葛亮。”一支管理精良的团队具有这样的优势：可以代表公司内部的多方利益；可以保障企业内部各方对最终协议的坚定执行；可以有效地提高团队成员的自信；让整个团队在整个行业内有相当的杀伤

力。当然，我们在建立团队的时候，不要考虑与对方团队的人数相比较，因为相比较人数众多却臃肿的团队，一个少而精良的团队更干练。

此外，在考虑团队优劣互补的时候，我们还需要考虑这些问题。以谈判团队为例子，有些谈判者喜欢一个人与对手进行谈判，因为他们喜欢这种形式所带来的控制感。但即便是最简单的谈判也有其复杂的地方，而且极少有人能在谈判中同时身兼说、听、看和计划这样几项工作。在这时若是有一个精良的谈判团队，那必然会占得先机。

在组建团队时，需要考虑两方面的内容：一方面是需要成员具有良好的专业基础知识，而且能快速有效地解决实际运作中可能出现的问题；另一方面是团队人员必须关系和谐，可以求同存异。简单地说，就是需要成员遵循知识的互补性，包括性格、能力的互补。

团队的成员是不是越多越好呢？当然不是，以少量的人做更多的事情，这才是团队所要达成的目标。比如，谈判团队需要多少人才适合呢？国内外的专家普遍认为大概需要6个人组成，其主要是谈判管理员、经济人员、技术人员、法律人员、翻译人员、记录人员这六个人组成。人员的搭配要适当，也可以适当做出调整。

心理启示

当我们在组合一个团队的时候，所需要达到的宗旨是凝聚起来的力量应该是巨大的，而不是削弱整体的力量，也就是说，尽量做到互补，尽可能综合所有人的力量。

一个好汉三个帮

> 关、张、赵云，皆可万人敌。若孔乾、糜竺之辈，乃白面书生，非经纶济世之才也。
>
> ——《三国演义》

话说刘备与关羽、张飞桃园三结义，后来又有赵云加盟，文才有孔乾、糜竺、简雍等，自以为算是像样的团队。不料，水镜先生司马徽当即说：“关、张、赵云，皆可万人敌。若孔乾、糜竺之辈，乃白面书生，非经纶济世之才也。”在三国时期，诸葛亮既是军事家，又是政治家，总揽军国要事，自然明白组建团队的重要性。

在伯克希尔哈撒韦投资公司，也就是巴菲特旗下有9位高管，在这每个高管身上，都深深地烙上了美国商业精神乃至美国精神的印记，比如冒险精神、团队精神、创新精神、品牌精神，等等。在巴菲特的团队身上，我们可以感受更多的东西。

从伯克希尔哈撒韦公司的经营业务范围以及发展可以看到，巴菲特的股票投资理论与企业投资理论一脉相传、互为印证、互为支持。在巴菲特的主张下，伯克希尔哈撒韦公司长期注重于“传统企业”投资，而且取得了巨大的成就，这就源于巴菲特的价值理论。也就是说，他一直坚信商品、商业的市场价值来自其内在的价值而非其他。也正因为这样，巴菲特在股票投资上采取了相似的选择股票的方法，同样赢得了成功。从这个角度看，所谓的传统产业，假如可以赢得被市场认可的价值，一样商机无限。

在伯克希尔哈撒韦投资公司，显著的展现了团队的力量。我们可以看见，并不是巴菲特一个人在战斗，在巴菲特的台前幕后，一个优秀的团队是他成功且经久不衰、越斗越强的坚实基础。可以说，这个优秀的团队经营管理优秀的企业，

提供“价值”的坐标系和参照系，为巴菲特的企业帝国和股票王国提供了源源不断的支持。

因为喜欢投资，巴菲特成为了最成功的投资家；因为喜欢投资，他组建了属于自己的团队。我们都坚信这样一个道理，资本的力量是毋庸置疑的，巴菲特在华尔街这样一个充满“阴谋”“欺诈”的肮脏世界里保持着良好的声誉，这源于其价值理论，但更源于他以及团队的商业价值和社会价值理念。而巴菲特旗下的公司力量以及团队的力量，也被巴菲特发挥到极致，从而造就了其伟大的企业帝国——伯克希尔哈撒韦公司。

从前，有两个饥饿的人得到了一位长者的恩赐：一根鱼竿和一篓鲜活硕大的鱼。其中，一个人要了一篓鱼，另一个人要了一根鱼竿，于是，他们分道扬镳了。

得到鱼的人原地就用干柴搭起篝火煮起了鱼，他狼吞虎咽，还没有品出鲜鱼的肉香，转瞬间，连鱼带汤就被他吃了个精光，不久，他便饿死在空空的鱼篓旁。另一个人则提着鱼竿继续忍饥挨饿，一步步艰难地向海边走去，可当他已经看到不远处那片蔚蓝色的海洋时，他浑身的最后一点力气也使完了，他也只能眼巴巴地带着无尽的遗憾撒手人寰。

又有两个饥饿的人，他们同样得到了长者恩赐的一根鱼竿和一篓鱼。

只是他们并没有各奔东西，而是商定共同去找寻大海，他俩每次只煮一条鱼，他们经过遥远的跋涉，来到了海边，从此，两人开始了捕鱼为生的日子。几年后，他们盖起了房子，有了各自的家庭、子女，有了自己建造的渔船，过上了幸福安康的生活。

马云在读大学的时候，是院学生会主席和杭州市学生联合会的主席，结识了许多朋友。他能够在杭州比较顺利的发展，与学生时代积累起来的人际关系密不可分。后来，马云创建阿里巴巴，启动资金就来自于他的亲戚、学生、死党朋友，以及几个曾经跟他从杭州到北京，再从北京回杭州的老部下。即便是马云，更以旗下的阿里巴巴公司为荣，因为这一个优秀的团队才是最值得他骄傲的地

方。像马云这样有着异常天赋的投资家也需要组建属于自己的团队，更何况生活中的我们呢？在生活中，当我们觉得自己一个人无法去完成一件事情的时候，我们就应该想到组建属于自己的团队，只有这样，我们才会最大程度凝聚团队的力量，从而走得更远。

团队就是一个核心，是一个综合体，它凝聚了所有成员的力量，可以说是很好地达到了互补的效果。比如说，在团队中，有的人擅长这个，而在其他方面却不怎么样；而有的人恰好相反，他擅长别人不擅长的，这样两个人组合在一起，那就是绝对完美的组合。

当然，我们在组建团队的时候，心里一定要有一个团队的概念，也就是在任何时候，都需要考虑到团队成员的意见。巴菲特虽然是世界著名的投资大师，但他从来不觉得自己可以脱离团队而独立存在，在他看来，伯克希尔哈撒韦公司以他为荣，但他更以这个投资公司为荣。在他决策的时候，在他思考的时候，他需要这个团队的力量，他从来不单枪匹马地做决定，因为这不仅仅是对团队的不尊重，同时也会为自己的决策带来不好的影响。

对于一个单独的个体而言，是极需要团队力量的，因为有了团队，才可以凝聚最强大的力量。俗话说：“一个好汉三个帮。”仅仅凭借着一个人的力量是难以有所作为的，因为一个人总是顾及到这边，却忽略了那边，他身上往往只有部分优点，而缺点也有一些，这样一来，当他去做一些事情的时候，总会显得力不从心。而当无数个个体组合在一起的时候，细微的力量就凝聚了起来，也就是说，团队的力量是惊人的。

心理启示

在生活中，我们所看到所谓的成功者，难道是他一个人在战斗吗？当然不是，在他的背后，永远会有一个团队，一个智囊团在背后支持他，于是，他才有了最后的成功。

第9章　临危不乱——随机应变的智慧

诸葛亮作为军事家，常常率军打仗，而战场瞬息万变，随时都充满着未知的变数。但对诸葛亮而言，不管是征南蛮，还是北伐，大部分的战争都是以胜利告终。其诀窍即在于诸葛亮临危不乱、随机应变的智慧。

兵来将挡，水来土掩

若乃图难于易，为大于细，先动后用，刑于无刑，此用兵之智也。

——《将苑·后应》

诸葛亮说："如果能把危险的局面转换成容易的事情，在事情还没有转变成复杂之前就预先做了准备，在事情还没有变得不可收拾时就采取了应对措施，在军中设立了严明的刑罚但不以动用刑罚为最终目的，这是用兵的上策，这样的首领是智者。"哪怕是危急时刻，也需要冷静应对，正所谓"兵来将挡，水来土掩"。

在历史上，诸葛亮无疑算得上一个机敏果敢的人，他手握军权，自然明白战争瞬息万变的规律。对此，面对战场的变化，他采取了相应的对策，果断地进行灵活应付，以冷静的态度来应对潜在的危机。其实，在这一方面，战场与职场是一样的，职场看似表面平静如水，实则暗藏汹涌，形势多变，特别是职权方面。那么，作为一名普通的职员，或者，作为深陷其中的某人，一旦察觉到势头有

变，不要慌张，而是果断地进行灵活应付。正所谓“兵来将挡，水来土掩”，局势动荡，我们自有自己的一套办法来帮助自己渡过危机。

无论是湘军的组建、人事安排、还是湘军的裁撤方面，曾国藩都是一一依照前方局势而灵活应付的。当初，由于旗兵的腐败无能，清政府任命曾国藩组建湘军，但是，清廷却又担心汉人带兵。而深谙官场的曾国藩自然也明白，自己既需要组建一只强大的军队，同时，又不能触犯清廷的大忌。于是，在组建湘军的时候，曾国藩亲自安排满人塔齐布为副将，以换取统治者的信任，后来，直接推荐军政大臣李鸿章，而不是湘籍将士，这样以此消除清廷对自己的怀疑。

太平天国运动被镇压以后，湘军已经达到了三十万，而能够受曾国藩调动的就有十几万。面对这样的情况，清廷感到自己最大的威胁不再是太平天国，而是手握重兵的曾国藩。而且，在这时，清政府对曾国藩的态度就冷淡了下来，当曾国藩与沈葆桢争饷时，清政府明显偏袒沈葆桢，刻意裁抑曾国藩。而且，清政府还采取了一系列措施，比如迅速提拔和扶植湘军将领，使之与曾国藩地位相近，打破从属关系，而对曾国藩弟弟曾国荃则恰好相反，处处排挤其地位，对于攻破天京一事百加追问。

届时，曾国藩果断决定自裁湘军，首先就拿自己的弟弟开刀，另外，还规劝弟弟回老家调养身体。这一决定灵活应付了清廷的不良势头，同时，很好地保全了自己和弟弟的既得利益。

在事业如日中天的时候，势头却发生了变化，这对于曾国藩来说，的确是一个打击。但是，陷入困境的他并不慌张，而是有条不紊地灵活应付，无论是裁撤湘军，还是规劝弟弟归隐，这都是经过仔细思考的。事实证明，曾国藩当初的决策是相当明智的，不仅保全了弟弟的性命，而且，即使自己事业发展到如日中天的时候，还能够保全自己，这不仅仅是一种智慧，更是一种机敏和果敢。

有人说：“职场如江湖，一入职场，便入江湖；江湖之险，在于人心的深不可测；职场之恶，在于欲望的如影随形。”或许，职场不如曾国藩所处的官场那么险恶，但是，其中还是隐藏着我们看不见的战争与硝烟。在公司，我们所遇

见的每一张都是笑脸，但谁能料想某某与某某正在争夺高职位呢，谁又和谁暗地里沟心斗角呢？可能，我们是其中的一位，也有可能我们只是旁边的路人甲，不过，职场的任何风吹草动都可以影响我们，小到秘书离职，大到上司易主，都有可能会影响我们的工作和情绪。所以，身在职场，一旦察觉到势头有变，需要我们果断应付，凡事灵活应对，只有这样，我们才能无往不胜。

在公司里，人事调动是常有的事情，有可能你才跟上司搞好关系，可能他马上就要被调走了，而新来的上司是自己并不熟识的人，这可怎么办呢？这其中的诀窍在于形势变，我们也要恰当调整自己的行为，面对新来的上司，尽显忠心，努力完成工作任务，这样，你害怕新上司为难你吗？

有人长叹倒霉“那个讨厌的同事竟然成为了我的上司，这工作没法做了”，难道真的有那么严重吗？这时候，需要灵活应付，而不是任意妄为。先分析自己到底讨厌他什么，两人有私怨，还是工作上的冲突，如果是私怨，那就不要放在工作中，只要你把工作做好，他是不会针对你的；如果是工作中的冲突，最好与同事商量再做打算。总而言之，哪怕是讨厌的人成为了自己的上司，我们也要做好本职工作，灵活应对突变的形势。

心理启示

兵来将挡，水来土掩，这并非是一种消极应对，而是要求我们在处理问题时多认真分析和多角度思考。当在生活中面对复杂多变的局势，需要对某件事情进行操作，选择思考与分析是一种理智与冷静的表现，这才有利于事情的最终进展。

急中生智，定静生慧

> 大开城门，从容弹琴，独自一人，吓退司马懿十万追兵。
>
> ——《空城计》

在三国演义中，“空城计”就是诸葛亮急中生智的著名谋略。每个人在某个时刻都会面临绝境，但是，它往往并不是真正的生命绝境，而是一种精神和信念的绝境。只要你充满智慧，在绝望中，我们也能够绝处逢生。在人生的道路上，也许我们并不能预知危难的来临，但是，危难却并不是不可战胜的，只要我们怀着必胜的信心，冷静思考，运用自己的智慧一定能够摆脱险境。也许，有人说危难伴随着痛苦，令自己悲痛却无力摆脱，其实，在危情时刻，智慧与危难是并生的，我们可以利用智慧来使自己脱离险境。当危难来临，最需要的就是智慧，我们要以最坚强的毅力来驱除内心的恐惧。因为，在关键时刻，越是冷静危险就越小，生还的可能性就越大。

有一天，拿破仑和侍卫策马扬鞭，正准备经过一片大森林，这时，从远处传来一阵阵紧急的呼救声：“救人，救人，有人掉进水里啦！”啪！啪！啪！拿破仑猛抽了三下马鞭，向传出喊声的地方奔驰而去。当赶到湖边时，拿破仑看见一个士兵正在水里奋力挣扎，同时尖叫着向湖中心漂沉，在岸上的几个士兵惊慌失措地大声呼喊。拿破仑高声问道：“他会游泳吗？”一个士兵惴惴不安地回答：“他会一点儿，现在已经不行了，陛下，怎么办呢？”拿破仑马上从侍卫手里拿过一支步枪，大声向落在水里的士兵吆喝：“你还往湖中心游吗，还不快向岸边游来！”话音刚落，拿破仑就朝落水士兵的前方连开两枪，士兵听到了拿破仑的命令，又听到两声枪响，只见身前顿时溅起了两朵水花，士兵浑身一震，急忙调转方向，“扑通扑通”朝拿破仑所站的湖边游来，不一会儿，士兵便游到了岸边。

落水的士兵得救了，他浑身湿漉漉的，他转过身子，发现站在旁边的竟是皇帝，吓得魂飞魄散，连忙拜谢："陛下，我不小心掉进湖里，幸亏您救了我，只是卑下不懂，我快要淹死了，您为什么还要枪毙我？"拿破仑哈哈大笑："傻瓜，不吓你一下，你还有勇气游上岸吗？那你才会真的淹死呢。"士兵们恍然大悟，不禁朝拿破仑投去了敬佩的目光。

遇到危急时刻，不要忧郁沮丧，无论发生什么事情，无论自己遭遇了多么大的痛苦，都不要沉溺于其中而无法自拔。危难时刻，我们需要勇气战胜困难，以顽强的意志摆脱危境，但是，我们更需要智慧来引导自己的言行，这样我们才有必胜的希望。哲人告诉我们：智慧与危难并生，智慧是战胜危难的最大利器。我们都知道居里夫人是著名的科学家，但是，谁能想到，在她柔弱的身体里，竟然有着与福尔摩斯一样的果敢与智慧。

有一天清晨，居里夫人骑自行车上街，刚下过雨，街上十分安静，只有少数的行人。突然，居里夫人发现在路边躺着一个受伤的警察，他腹部被人刺伤，生命危在旦夕，居里夫人当即解下自己的围巾捂住警察的伤口，警察断断续续地告诉居里夫人："在五六分钟前，我正在查问一个青年，那青年却突然拿着刀向我刺来，然后，他骑上我的自行车就逃走了。"警察说着，用手指了指犯人逃跑的方向就咽气了。

居里夫人请路人帮忙照料警察，自己则向警察所指的方向追去，但没跑多远，前面就出现了岔道。凶手是往哪条路跑的呢？居里夫人仔细观察了左边和右边的路，发现在离岔口不远处，两边的路都铺上了一层黄沙，而在右边的路上，居里夫人看见了清晰的自行车车胎痕迹，心想：凶手好像是从这条路逃走的。但是，很快，她就发现在左边的路上也同样有轮胎的痕迹，她仔细分辨了两边车胎的痕迹，发现：右边路上的车胎痕迹前后轮深浅大致相同，而左边路上前轮的车胎痕迹比后轮浅，她想了想，马上就明白了。

这时，有个警察骑着自行车追来了，居里夫人说："杀人凶手应该是从右边这条路逃跑的，因为通常骑自行车的人身体重量都会在后轮上，所以在平坦的路

上或下坡时，前轮车胎痕迹比后轮痕迹浅，而这两条路都是上坡路，上坡时，由于骑车的人必须朝前弯着腰，使重心落到把手上，前轮和后轮车胎的痕迹就大致相同了。而右边路上的痕迹正是这样，凶手肯定是从右边逃走的。”警察顺着右边的路追去，果然抓到了凶犯。

雨果说：“人逢危难总是有一个成败攸关的时刻。”其实，在这个关键时刻就是智慧与危难较量的时刻，而任何危难都将被智慧战胜。我们从来都不会怀疑智慧的力量，特别是在危难的时刻。当遇到危急情况的时候，如果能像居里夫人那样沉着冷静，勇敢果断，那么奇迹就会在我们身上发生。也许，危难是我们无法预料的，但是，我们却可以用智慧来改变它，使自己转危为安。

心理启示

在生命的长河里，总有我们无法预料的危险时刻，但是，人与人之间的不同往往在于他们的反应：有的人在危难面前沉着冷静，运用智慧应对了危难；有的人面对危难显得惊慌失措，感到大祸临头，放弃了最后一点希望。于是，智者战胜了危难，而愚者只能在危难中等待灭亡。危急时刻，不要忘了运用智慧！

以静制动，以不变应万变

静如潜鱼。

——《将苑·将诫》

诸葛亮教导士兵：“领兵作战时，命令士兵休息就应让士兵象游鱼潜水一样不出声响。”所谓以静制动，以不变应万变。诸葛亮是一个沉着冷静的人，不管遇到了什么事情，他总能够以静制动，看准时机再出手。以静制动，也就是静非

不动，敌不动我不动，静观其变。静和动是相对而言的，在双方的对峙中，需要以静制动，你若按捺不住，四处乱动，那么你的胜算就会少之又少；如果你能以静制动，那么在你与对方的周旋过程中，逐渐就会转化你的劣势，变为优势，对方就处于被动地位，再伺机找准机会出手，即可打倒对手。

在征南蛮北伐过程中，诸葛亮遭遇了不少对手，但是，他始终坚持着“以静制动”的原则，一一打倒了那些企图排挤他的对手。在现实生活中，我们也经常碰到这样的情况，当对方没有采取行动的时候，你也需要静待，千万不要盲目采取行动。因为，如果你动的比对方多，对方就被迫处于少动的位置，这时候，对方有可能会反过来上演一番“以静制动”。安静等待时机的到来，我们才能牢牢地占据主动的位置，这是处世之妙，更是度势之术。

在杭州，胡雪岩创办了胡庆余堂，与此同时，位于杭州的两家老字号药店却感觉到了威胁。杭州城内的许广和、叶种德两家药店自持创办历史悠久，实力雄厚，便下定决心要与胡雪岩的胡庆余堂打一场价格战，希望以低价的方式将胡庆余堂挤垮。

价格战一开始，许广和、叶种德两家药店纷纷拿出了看家本领。胡庆余堂出售的高丽参每两二钱银子，他们便降价，卖每两一钱七；胡庆余堂的淮山药每两五厘纹银，他们就只卖四厘。而降价后，确实也拉回了不少顾客。如果按照一般商人，肯定会以牙还牙，你降价了，那我也降价，再把客户拉回来，而且，胡雪岩的胡庆余堂有钱庄、典当做资产后盾，有足够的实力来跟对方拼价格。但是，胡雪岩却有自己的招数，那就是“以静制动”。药店的价格从来不降，看着别人降价，也不眼红。

等到许广和、叶种德两家药店的价格降得差不多了，胡雪岩找准机会，打出了“真不二价”的招牌。原来，在这之前，胡雪岩已经仔细想过了：许广和、叶种德两家药店降价的举措，只会亏了自己，不用等到挤垮别人，有可能自己就先垮掉了。而且，降价的物品有可能会选择劣等货，以次充好，这样的后果将导致药品质量的下降，这样做下去只会砸了自己的招牌，毁掉自己的名声。

而且，最重要的是胡雪岩对自己药店的药品质量十分有信心，就这样，胡雪岩“以静制动”，成功地赢回了市场。

试想，如果看到许广和、叶种德两家药店降价，胡雪岩也紧跟着降价，以拉回顾客，那么，本来的主动位置一下子就变成了被动，还有可能真的被对方击垮了。而胡雪岩恰恰是以静制动，无论你怎么降价，我都不作声，明码标价，等到你的价格降得差不多，没有机会提价的时候，我再打出“真不二价”的响亮招牌。这样一来，胡雪岩轻轻松松就成为了最后的大赢家。

在动物世界里，蛇在进攻时总是先盘起身子，静观敌人的动向，在敌人暴露弱点的那一瞬间，杀死敌人。蛇就是以静掩藏自己的弱点，静等对方露出弱点时发起进攻。静，可以把自己的弱点藏起来；动，则会暴露自己的弱点。有时候，只要你行动就会暴露自己的弱点，而对方则会收集到关于你的各种信息，你就如同是屠场里的羊，只能任人宰割了。

李先生一直从事印刷业，在经营了多年之后萌发了退休的念头。他原来从美国购进了一批印刷机器，经过几年的使用后，扣除磨损费应该还有250万美元的价值。他在心中打定主意，在出售这批机器的时候，一定不能以低于250万美元的价格出让。于是，他在报纸上打了广告，出售那批印刷机器。

一个阳光明媚的周末，来了一位买主，他一张口，就针对那台印刷机器的各种问题滔滔不绝地讲出很多缺陷和不足，这让李先生十分恼火。但是他在自己刚要发作的时候，突然想起自己250万美元的底价，然后就冷静了下来，一言不发，看着那个人继续滔滔不绝。

结果到了最后，那人再没有说话的力气，突然蹦出一句：“嘿，老兄，我看你这个机器我最多能够给你350万美元，再多的话我们可真是不要了。”这时，李先生静不下去了，一口应承：“好！就这么说定了。”这样，李先生很幸运地比计划多卖了整整100万美元。

正所谓“静者心多妙，超然思不群”。一些习惯于滔滔不绝的人往往是最沉不住气的人，一旦遇到了冷静的对手，他也最容易失败，因为急躁的心情让他们

没有时间考虑自己的处境与地位，更不会静下心来思考有效的对策。而李先生以静制动，充分掌控了主动权，等待时机出手，一下子就抓到事情的要害之处，达到了自己的目的。

动物尚能明白"以静制动"的道理，身处复杂社会的我们更要明白"事临头上用三思，话到嘴边留半句"的道理。以静制动，以不变应万变，适时地保持安静，这是一种智慧的掌势之术。

心理启示

在生活中，我们要学会沉默，以静制动，不要轻易出手，必须在某个地方静静地观察对方的一举一动，根据对方的行动来决定自己该采取什么样的方法，这样才有可能达到自己的目的。

见机行事，处事变通

迫而容之。

——《将苑·将诫》

诸葛亮说："面对紧急情况应该想办法从容不迫，用小恩小惠诱敌进入设置好的圈套之中，想尽办法打乱敌军稳固整齐的阵势，然后乱中取胜，对小心谨慎的敌军要用计使他盲目骄傲起来，上下不一，用离间术打乱敌军的内部团结，对异常强大的敌人想方设法地削弱他的力量，要使处境危险的敌人感到安宁以麻痹敌人，让忧惧的敌人感到喜悦，使敌人疏忽起来。"在日常交际中，遇到难以预料的情境，见机行事，处事变通，帮助自己摆脱困境。

有时候，由于工作关系，或无意中所说的几句话，就造成了自己与他人之间

的误会，这时该如何是好呢？与对方之间的误会，始终是需要化解的，如果就让它这样一直存在着，那有可能本来只是一个小小的误会，但最终日积月累，就会成为一个大的隔阂，横隔在你与对方之间，所造成的后果是：你将无法与对方进行正常的沟通，这对于你日后的交际也会带来一些阻碍。而且，有些与对方之间当场形成的误会，需要及时化解，比如，由于随口说出的几句话所造成的误会，或者是由于无心造成的一些行为举动，诸如此类的误会是需要及时化解的。实际上，误会的产生差不多都是无心之说，也就是我们常说的话语失误，虽然，造成这些情况的原因是各不相同，但误会所造成的后果却是极为相似的，与他人之间的隔阂日益扩大，甚至难以挽回。为此，面对这样的情况，我们需要动脑筋，如何通过几句话来化解与他人之间的小误会呢？

有一次，纪晓岚光着膀子和军机处的几个办事人员聊天，正巧乾隆带着几个随从突然到访，其他人一见皇帝来了，连忙起身上前接驾，躲在后面的纪晓岚心想：如果自己就这样光着膀子接驾，岂不是亵渎了万岁之罪？可能，皇帝并没有发现自己，还是先躲一下为好。于是，趁着别人不注意，纪晓岚钻到了桌子底下躲了起来，其实这一举动被乾隆看了个真真切切，他故意装作没看见，却在椅子上坐了下来。

很长时间过去了，纪晓岚在桌子底下缩成一团，大汗淋漓，却不敢出声，纪晓岚在桌子底下早待不住了。他没听见乾隆说话的声音，以为他走了，就问身边的同僚："老头子走了没有？"这话被乾隆听见了，他厉声问道："纪晓岚，你见驾不接，我且不怪罪于你，你叫我：'老头子'是什么意思？你要一个字、一个字地给我说清楚，否则，别怪我无情！"纪晓岚吓得半死，连称："死罪！死罪！"接着，慢慢解释道："万岁不要动怒，奴才所以称您为'老头子'，的确是出于对您的尊敬。先说'老'字，'万寿无疆'称'老'，我主是当今有道明君，天下臣民皆呼'万岁'，故此称您为'老'。"

乾隆听了点点头，纪晓岚继续说道："'顶天立地'称为'头'，我主是当今伟大人物，是天下万民之首，'首'者，'头'也。故此称您为'头'。至于

‘子’字嘛，意义更为明显。我主乃紫微星下界，紫微星，天之子也，因此天下臣民都称您为天‘子’。”乾隆听完，笑了，这事就这样过去了。

由于无心之过，随口所说的几句话，使得纪晓岚与皇帝之间发生了一点点小误会。但对象可是皇帝，那可是严重的事情，若不及时化解，弄不好自己的脑袋就要搬家了。幸亏纪晓岚思维敏捷，对待这样的小误会，慢慢解释，仅仅用了几句话就化解了，补救了自己无心造成的过失。在回应皇帝的过程中，纪晓岚言语诚恳，态度谦逊，语言幽默风趣，以灵敏的应变能力巧妙地化解了话语失误带来的难堪，并且也受到了乾隆皇帝的肯定。

大太监李莲英为人机灵、嘴巧，善于取悦于慈禧，这种机灵常常为慈禧和下属解脱困境。慈禧爱看京戏，常以小恩小惠赏赐艺人一点东西。一次，她看完著名演员杨小楼的戏后，把他召到眼前，指着满桌子的糕点说："这一些赐给你，带回去吧！"

杨小楼叩头谢恩，他不想要糕点，便壮着胆子说："叩谢老佛爷，这些尊贵之物，奴才不敢领，请……另外恩赐点……"

"要什么？"慈禧心情高兴，并未发怒。

杨小楼又叩头说："老佛爷洪福齐天，不知可否赐个‘字’给奴才。"

慈禧听了，一时高兴，便让太监捧来笔墨纸砚。慈禧举笔一挥，就写了一个福字。

站在一旁的小王爷，看了慈禧写的字，悄悄地说："福字是‘示’字旁，不是‘衣’字旁的呢！"杨小楼一看，这字写错了，若拿回去必遭人议论，岂非有欺君之罪，不拿回去也不好，慈禧一怒就要自己的命。要也不是，不要也不是，他一时急得直冒冷汗。

气氛一下子紧张起来，慈禧太后也觉得挺不好意思，既不想让杨小楼拿去错字，又不好意思再要过来。

旁边的李莲英脑子一动，笑呵呵地说："老佛爷之福，比世上任何人都要多出一‘点’呀！"杨小楼一听，脑筋转过弯来，连忙叩首道："老佛爷福多，这

万人之上之福，奴才怎么敢领呢！”慈禧正为下不了台而发愁，听这么一说，急忙顺水推舟，笑着说：“好吧，隔天再赐你吧！”就这样，李莲英为二人解脱了窘境。

李莲英的应变巧在借题发挥，将错就错。对于错误生硬地扳正或否认，都是不圆熟的做法，借力使力把错误说“圆”方见应变的急或智。

既然是误会，那就是自己所说的一些话或一些行为，让领导产生了误解。这样的情况并不是自己真的做错了什么，而是无心造成的。面对自己与领导之间产生的小误会，作为下属，需要主动去化解或挽回，因为领导每天都会有许多的工作安排，他是不可能主动找到你化解那些误会的。因此，在这个问题上，下属首先应该拿出的就是主动的姿态；其次，就是谦虚的态度，尽管并不是真的犯下了错误，但在领导面前，应保持谦虚、谨慎、诚恳的态度。

心理启示

如果是言语或行动造成的失误，我们都依然可以用语言来进行化解。当然，这其中是需要灵敏的思维以及绝妙的技巧。但只要你懂得随机应变，就能够顺利地化解自己与对方之间的小误会，从而打破人与人之间的障碍，与对方之间展开顺利的交流与沟通。

懂得变通，以巧取胜

不得已，则莫若守边。

——《将苑·北狄》

诸葛亮说：“所以对付北狄，不能用战争的办法，最好的方式为守卫边

疆。”既然战争不是制胜北狄的最佳办法，那就学会变通，转而防守边疆，也起到巩固疆域的作用。

哲学家曾经说：“你改变不了过去，但你可以改变现在；你想要改变环境，就必须改变自己。”没有任何东西是一成不变的，当你懂得了灵活变通，才能巧妙取胜。在纷繁杂乱的社会中，灵活变通是做人不可缺少的法宝。正所谓“变则通，通则久”，说的就是这个道理。但在现实生活中，总有那么一些人，凡事愿意较真，喜欢钻牛角尖，思维僵化，不懂得如何变通，他们从来不考虑事情的多面性与多样性，只认定一个想法，最终撞进了一条死胡同，这就是不懂得灵活变通的后果。虽然，在生活中，我们需要那么一股子劲儿，这也是未尝不可的，但是，适时的时候，也要学会变通，才能达到成功的顶峰。有的时候，我们明明可以绕道而行，轻松抵达目的地，但有的人喜欢一条路走到黑，结果，把自己撞得头破血流，这又是何苦呢？

那些不懂得灵活变通的人，做人循规蹈矩，太死板了，以至于他只能在原地踏步。其实，这样的人往往会因为钻牛角尖而走向极端，太以自我为中心，总是画地为牢，不敢越雷池半步，最终的结果可想而知，只能自己一个人品尝失败的滋味。做人要懂得灵活变通，以巧取胜，这样即便是遇到了突发事件，也能轻松应对。明明知道前面就是死胡同，就不可一味地钻牛角尖，甚至头撞南墙也不回头。如果你在这个时候，理智地选择放弃，独辟蹊径，开创出自己的新天地，那么，你的人生又多了一番别样的美丽。

王国维在《人间词话》里说：“诗人对于宇宙，须入乎其内，又须出乎其外。入乎其内，故能写之。出乎其外，故能观之。入乎其内，故有生气。出乎其外，故有高致。”这就是告诉我们，无论是做人还是做事，都需要灵活变通，不能太死板，也不必拘泥于某个方面，这样才能在复杂的社会中左右逢源，获得成功。

在孙膑初到魏国时，魏王想考察一下他的本事，以确定他是不是真的有才华。有一次，魏王召集朝中大臣，当面考查孙膑的智谋。魏王坐在宝座上，对孙

膑说：“你有什么办法让我从座位上下来吗？”庞涓在一旁出谋说：“可在大王座位下生起火来。”魏王说：“不行。”孙膑说：“大王坐在上面嘛，我是没有办法让大王下来的。不过，大王如果是在下面，我却有办法让大王坐上去。”魏王听了，得意洋洋地说，“那好，”说着就从座位上走了下来，“我倒要看看你有什么办法让我坐上去。”

周围的大臣一时没有反应过来，也都嘲笑孙膑不自量力，等着看他出洋相。这时候，孙膑却哈哈大笑起来，说：“我虽然无法让大王坐上去，却已经让大王从座位上下来了。”众人这时才恍然大悟，对孙膑的才华连连称赞。魏王也对孙膑刮目相看，孙膑很快就得到魏王的重用。

孙膑是我国古代著名的军事家，他的《孙膑兵法》到处蕴含着变通的哲学。其实，从这件事情中我们可以看出，孙膑本人也是一个善于变通的人。当魏王提出了“如何让自己从座位上下来”，孙膑并没有依照常人的思维来分析，而是表示“有办法让大王坐上去”，这无疑变通了魏王所出的难题，以巧取胜，所以，他也受到了魏王的重用。

现实生活中，当我们在处理一些问题的时候，绝大多数人都习惯性地按照常规思维去思考，由于不懂得变通太死板，所以最终不得不走向失败，而如果我们能学会灵活变通，我们才能体验到“山重水复疑无路，柳暗花明又一村”的欣喜。只有变通，才会有所收获，才会取得最后的成功。而那些不懂得变通的人，不仅仅是头撞了南墙，还令自己性命不保。

一只章鱼的体重可达几十公斤，但它拥有如此巨大的身躯，整个身体却非常柔软，柔软到几乎可以将自己塞进任何一个想去的地方。令人神奇的是，它竟然可以穿过一个硬币大小的洞。因而，一些渔民掌握了章鱼的这一特点，便将小瓶子用绳子串在一起沉入海底。章鱼一看见小瓶子，都争先恐后地往里钻，不管这个瓶子有多么小，多么窄。

结果，这些在海洋里横行霸道的章鱼，就成了瓶子里的囚徒，成为了渔民的猎物，最后成了人们餐桌上的一道美味。

整个海洋异常宽阔，但章鱼却偏偏要向一个瓶子里钻，最终丢掉了自己的性命。也许，你会嘲笑章鱼的愚笨，但实际上，生活中的我们在很多时候都成为了这条章鱼，不懂得灵活变通，面临了最后的失败。

懂得变通，才能谋新路。万事万物都在变，认识事物、改造事物的方法也在变，今天适用的方法，明天不一定适用，此地适用的方法，他处不一定适用。在任何成功的道路上都没有金科玉律可言，全凭你的机智敏锐、探知变化，灵活地改变方法。

心理启示

其实，未来并不是只有一个方向，世界也并不是只有一个样子。只要你学会了灵活多变，舍弃了“头撞南墙不回头”的气势，做一个懂得变通的人，才能以巧取胜，否则通往成功的路途中，你只会举步维艰。所以，要想成功，就要学会灵活变通，以巧取胜。

第10章　亲征南蛮——勇者为先的智慧

在通向成功的路上，往往是勤者为先，志者为先，勇者为先。事实上，作为中国历史上智慧的人才，诸葛亮不仅有着卓越的智慧，而且勇敢无畏，亲征南蛮，展现了自己军事家勇者为先的智慧。

百川到海，勇者为先

有外勇而内怯者。

——《将苑·知人性》

诸葛亮认为，有些人看上去很勇敢，实际上却很怯懦，尤其对于行军打仗，需要足够的勇气。一个没有胆识的人，再好的机会到来，也不敢去掌握与尝试；因为不敢尝试固然也就没有失败的机会，但也失去了成功的机运与喜悦，只有勇敢精神才能让平凡的自己做出惊人的事业。

英国19世纪女作家乔治·爱略特曾说："犹豫代表了胆怯，意味着害怕失败，而丧失勇气去尝试的同时亦失去了唯一一点你可能成功的理由。"在生命的最后瞬间才理解不能犹豫，已经晚矣。人的一生是短暂的，在这一瞬的生命中，带着勇气去敲响成功的大门，你就有成功的希望。要做个成功者，对你来说重要的是学会在困难时刻如何坚持前进。为了尽可能地赢得机会，你必须在紧急情况和发生问题时勇敢面对，坚持下去。只要你积极为克服困难而努力，就会有机会

找到新出路的所在，要相信，勇敢出才干。

如果失去了金钱，失去的也只是一点点；失去了工作，你就失去了许多；如果你失去了勇气，那你就什么都失去了。有人认为勇气是天生的，事实上，勇气大部分靠的是后天的锻炼和培养。现实中，如果一个人缺少了勇气，哪怕有再多的知识、再强壮的体魄，也无济于事。

很多时候并不是你的能力不行，也不是你没有机会成就大事业，而是你信心不足，勇敢不够，骨子里成长着一种天然的惰性，一遇到困难就要妥协了，退缩了，放弃了。成功者不是这样，他们敢于与命运抗争，劲头十足，不断前进，直到取得自己满意的结果。

人生好比一座山峰，需要我们去攀登。在攀登的过程中，有悬崖也有峭壁，这时就需要有勇气去攀登。勇气是成功的前提，拥有勇气，你就向成功迈近了一步。其实，所谓的成功者，他们与其他人的唯一区别就在于，别人不愿意去做的事，他去做了，而且全身心地去做。所以，成大事其实只需要那么一点点勇气。

“勇敢”是一个想获得成功的人必不可少的品质。蒙哥马利在他的回忆录中这样说：“要取得成就有很多必要条件，其中两条非常重要，那就是苦干和正直。现在得再加上一条：勇气。”很多时候，成功的门都是虚掩着的，勇敢地去叩开成功之门，并大胆地走进去，才能探寻出究竟来。或许，那时呈现在眼前的很可能就是一片崭新的天地。

一天，某公司总经理向全体员工宣布了一条纪律：“谁也不要走进8楼那个没挂门牌的房间。”但是，他没有解释为什么。此后真的没人违反他的这条“禁令”。

三个月后，公司又招聘了一批新员工。在全体大会上，总经理再次将上述“禁令”予以重申。一个新来的年轻人偏偏来了倔脾气，非要把事情弄个水落石出不可。于是，他决定冒公司之大不韪，走进那个房间探个究竟。这天，他爬上8楼，轻轻地叩了叩那扇门，没有反应。年轻人不甘心，进而轻轻一推，虚掩着的门开了。房间里没有任何摆设，只有一张桌子。年轻人看到桌子上放着一个纸

牌，上面用毛笔写着几个醒目的大字——“请把此牌送给总经理”。当年轻人自信地把纸牌交到总经理手中时，仿佛期待已久的总经理一脸笑意地宣布了一项让年轻人感到震惊的任命：“从现在起，你被任命为销售部经理助理。”

在后来的日子里，那个年轻人果然不负众望，不断开拓进取，把销售部的工作搞得红红火火，并很快被提升为销售部经理。事后，总经理才向众人做了如下解释：“这位年轻人不为条条框框所束缚，敢于对上司的话问个‘为什么’，并勇于冒着风险走进某些‘禁区’，这正是一个富有开拓精神的成功者应具备的良好素质。”

一个人的成功并不在于你取得多大成就，而在于你是否具有屡败屡战、敢于坚持的勇气。成功者并不比普通者更有运气，只是比普通者更能延续最后5分钟的勇气。意大利著名记者法拉齐说：“人只要有勇气，就没有办不成功的事。”她就是凭着一股勇气，采访了诸多国家的首脑，为人们做出了榜样。

谁也不想让自己的一生碌碌无为，人人梦想一生成功、富贵，可是只有少数人与成功、财富结缘。我们常抱怨自己没有遇到好机会、生不逢时，然而机会一旦降临，你是否有足够的勇气和胆识去把握？中国首富陈天桥无视破产和合作商撤资的危机，坚定自己的信念，勇敢果断地进军网络领域，刮起了一股网络旋风，创造了令人惊叹的财富奇迹。

心理启示

那些成功的人，即使失败了100次，也会发起第101次冲击，只要有一口气，他就会努力去握住成功的手，除非上天剥夺了他的生命。奋斗者，破产只是一时；而不去奋斗，则必将一生贫穷。只要你没有失去勇气，敢于拼搏，就一定会取得成功。

勇敢尝试，而今迈步从头越

受任于败军之际，奉命于危难之间。

——《出师表》

诸葛亮在《出师表》里阐述：“后来遭遇失败，我在军事失利之际接受任命。形势危急之时奉命出使，从这以来二十一年了。”事实上，诸葛亮在历史上呈现出的形象更多的是一个儒生，但却在形势危急之时奉命出使，这对他而言，也需要勇气。

人的一生有太多的等待，在等待中，我们错失了许多的机会，白白浪费了宝贵的光阴；在等待中，我们会由一个英姿勃发的青年，变为碌碌无为的中老年，我们还在等待什么？选择去尝试，总不会让自己在原地踏步。

伊丽莎白不是哈佛毕业生中最出色的一位，也并不具有非凡的才能，人们对她的敬佩，不是因为她年轻老迈，而是她勇敢尝试，始终坚持的毅力和决心。

这一天，身穿毕业生礼服、头戴黑色学士帽的伊丽莎白·麦克尼尔从哈佛校长手中接过毕业证书，在获得文科学士学位的同时，还被颁发了一个表彰其学术成就和品德的奖项。

伊丽莎白早在1941年就高中毕业了，之后，她陆续生了4个孩子。26年前，她成为哈佛大学健康服务部门的员工。哈佛的学术氛围令她对学习产生了很大的兴趣，于是几年后，她开始尝试在哈佛“蹭课”。

但是在这之后的很多年里，她并没有正式注册当学生，因为她觉得自己没有能力完成哈佛的课程。一度想放弃拿到哈佛学历的念头。

直到9年前，同事和同学的鼓励让伊丽莎白产生了争取学位的念头，那时她已经73岁了。对于一个普通的73岁的老人来说，安享晚年是最好的选择。而伊丽莎白却不甘心就此放弃自己的理想，她再次鼓起勇气，走入了哈佛的课堂，她给

自己制订了“10年目标”，并经常向孩子们许诺，要在83岁之前从哈佛毕业。

如今满脸皱纹的伊丽莎白在哈佛工作了25年，学习了20年，攻读了9年学位，最终赶在自己的孙女毕业之前获得了本科学历。

伊丽莎白的事迹鼓舞我们：树立信心、果敢尝试，走属于自己的路。人生就是如此，只要你迈步，路就会在脚下延伸。只有启程，我们才会向理想的目标靠近。无论你的梦想和目标是什么，这些都只是你成功的开始，更主要的是立即开始行动，从而实实在在地看到成功的希望。这一点被许多人所忽略，其结果都是以失败告终。

贝尔在试制电话机时，感到有些知识还没有把握，便去向著名物理学家约瑟·亨利请教。贝尔谈了自己的设想，然后恳切地问：“先生有何见教？”“干吧！”亨利回答说。贝尔心里没有底，不安地说：“可是，先生，我对电的知识知道得很少呀。”“学吧！”亨利又简短的回答。电话机试制成功后，贝尔激动地说：“如果不是亨利先生这两个词的鼓励，我是不可能发明电话机的啊！”

当年，迪斯尼为了实现他心中的梦想，不断地呼吁去建造一个乐园，可是当时有非常多的人反对他，有的人担心会对环境产生影响；有的人担心他的资金有问题；有的人甚至怀疑他的头脑有问题；有的人说政府不会批那么大的一片地，可是迪斯尼不断地去想各种各样的方法：资金方面有问题，他跑了143次银行。他积极地寻求各方面资源的支持，最后，他梦想中的乐园——迪斯尼乐园，终于在美国开始兴建，到现在，被复制到世界各地。

人人都能下决心做大事，但只有少数人能够果敢地去尝试，也只有这少数人才是最后的成功者。有不少这样的人，他们并非不知道行动的重要，但是迟迟不愿意行动，结果又产生负疚感，造成意志的瘫痪。很多情况下，人们与其说是因为恐惧而不去行动，毋宁说是因为不去行动而导致恐惧。许多事情的难度都由于我们的犹豫和摇摆加大了。

勇于尝试需要一种开拓进取的精神。鲁迅先生曾经说过，其实地上本没有路，走的人多了，也便成了路。所以他十分赞赏“第一个吃螃蟹的人”，那些在

人类前进道路上披荆斩棘的人。

美国康奈尔大学的威克教授也做过一个有趣的实验：把一只瓶子平放在桌子上，瓶子的底部向着有光亮的一方，瓶口敞开，先放进几只蜜蜂，只见它们一次又一次朝着有光亮的地方飞去，结果只能撞在瓶壁上。蜜蜂发现自己永远也无法从瓶底飞出，只好认命，奄奄一息地停在有光亮的瓶底儿。威克教授把蜜蜂倒出，仍将瓶子按原来的方向放好，再放进几只苍蝇。没过多久，它们一只不剩地全从瓶口飞了出来。

苍蝇为什么能找到出路？原来它们坚持多方尝试，一旦发现此路不通，便立即改变方向，最后终于找到瓶口飞了出来。威克教授的结论是：与其坐以待毙，不如横冲直撞，因为后者的做法比前者聪明且有用得多。

人的价值，不光是在取得非常成就时才显现的，具有尝试精神的人，他的人生，也会丰富多彩，熠熠放光。经过尝试，我们会发现自己具有取之不竭的智力潜能，会发现生命中潜藏着许多连自己也无法想象的能力。如果不去尝试，这些能力永远也没有机会大放异彩。尝试，是铸造卓越与杰出人生的一种方式，是事业成功的一条重要途径。

心理启示

人生需要选择，需要你果敢地去拼搏，去行动，去做自己该做的事情，哪怕你很畏惧，哪怕你很犹豫，但如果摆在你面前的路是正确的，你就要立即行动起来。

天下皆怯而独勇，则勇者胜

七曰奸诈而自怯。

——《将苑·将弊》

诸葛亮认为，身为将帅有八种弊病，其中第七种就是为人虚伪奸诈而自己又胆怯懦弱。天下皆怯而独勇，则勇者胜。人生是一叶小舟，勇气是引航的灯塔和推进的风帆，没有勇气的人生就像是失去了方向和动力的小舟，只能在生活的波浪中随处漂泊，有可能还会沉没在激流之中。在人生的旅途中，我们需要一份勇气，即使有能力、有才华，但若是缺少了勇气，那些潜在的能力也会成为镜花水月，而只有勇者才能够摘取成功的鲜花。

心理学家通过研究发现：人们在没有经历一些事情的时候，总是会首先对自己形成一种心理暗示，比如将一块宽30厘米、长10米的木板放在地上，人们通常都能够轻易地从上面走过去，但如果把这块木板放在高空中，许多人就会因此恐惧而不敢迈步。这时人们往往会形成一种自我暗示：我会掉下去。在这样的暗示作用下，他们会感到恐惧，害怕自己真的会掉下去，虽然事实并没有发生，但是，他们内心还是会隐隐不安。歌德曾说："你失去了财产，你只是失去了一点；你失去了荣誉，你失去了许多；你失去了勇气，你就把一切都失掉了！"假如两个人在势均力敌的情况下，那么，有勇气的那一位将成为最大的赢家。勇气，在很多时候能够帮助我们踏上成功之旅，它可以帮助我们找回自信。

有两个人在沙漠中艰难地跋涉，他们的食物和水都用完了，现在是又饿又渴。这时，一个人从口袋里掏出了一把手枪和五颗子弹给另外一个人，并对他说："我现在去找水，不然我们会饿死在沙漠里，请你在这里待着，每隔一小时就打一枪，让我知道你在什么地方，以免我一会儿迷了路。"另一个人点了点头，那个人就走了。留下来的那个人在每隔一小时就打一枪，可是，快到最后一

枪了，那个出去找食物的人还是没有回来，他内心开始恐惧，他担心那个人已经死了，最后，他终于忍不住了，用枪里最后一颗子弹打死了自己。但是，就在枪声响后不久，找食物的人回来了，可是，那个人已经死了。

如果留下来的人再忍耐一下就可以活下来，可是，他选择放弃了生的机会，因为他缺少勇气。孙振耀曾这样写道："我宣布从惠普（中国）公司总裁任上退休后，接到了许多人的祝贺，大部分人都认为我能够在这样的年龄，以及这样的职位上选择退休，是一种勇气，也是一种福气。"生活需要勇气，不仅仅能够战胜对手，更重要的是战胜自己，这样我们才能推开成功的大门。

在1968年的墨西哥奥运会上，美国选手吉·海因斯以9.95秒的成绩打破了男子百米赛跑的世界纪录。当时，全程都有摄像镜头记录，海因斯在撞线后回头看了一眼记分牌，然后摊开了双手说了一句话。这个镜头被电视机前的观众所看到，但是，由于当时海因斯身边没有话筒，所以，他到底说了句什么话，没有人知道。

1984年，洛杉矶奥运会前夕，一位名叫戴维·帕尔的记者在办公室回放奥运会的资料片，当他再次看到海因斯的镜头时，心想：这是历史上第一次在百米赛道上突破10秒大关，海因斯在看到记录的那一瞬间，一定说了一句不同凡响的话。不过，这一个关键的新闻点，居然让在场的431名记者给漏掉了，这真是个遗憾。于是，戴维·帕尔决定去采访海因斯，问他当时到底说了一句什么样的话。

戴维·帕尔很快就找到了海因斯，但是，回忆起16年前的往事，海因斯却一头雾水，他甚至否认当时自己说了话。戴维·帕尔说："你确实说话了，有录像带为证。"海因斯打开了帕尔带去的录像带，看完之后，他笑了，说道："难道你没有听见吗？我说，上帝啊，原来那扇门是虚掩着的。"戴维·帕尔好奇地问："你能解释这句话吗？"海因斯说："自从欧文斯创造了10.3秒的成绩之后，医学界就断言，人类的肌肉纤维所承载的运动极限不会超过每秒10米，看到自己9.95秒的纪录后，我惊呆了，原来10秒这个门不是紧闭着的，它虚掩着，就像终点那根横着的绳子。"

成功大师拿破仑·希尔曾说："一个人一生中唯一的限制就是他内心的那个

限制。”那么，如何突破内心的那个限制呢？勇气，当然是勇气，只有勇气才能战胜自我，当你鼓起勇气向前，你就会发现许多门都是虚掩着的。试想，也许，在当时与海因斯条件差不多的运动员应该不少，但是，他们在最后都没有获得成功，而海因斯却赢得了胜利，这是因为海因斯战胜了自我，鼓起了勇气推开了那扇虚掩着的门。许多时候，生活中的困难和阻力被我们放大了，它就像一块绊脚石横在了通往成功的路上。这时，假如有与我们势均力敌的对手出现，那么，谁有勇气谁就能获得最后的成功。其实，许多门都是虚掩着的，只要伸手就能推开，当我们鼓起勇气战胜自我，突破内心的限制之后，我们就能够达到人生的最高点。

英国作家莎士比亚说：“真正勇敢的人，应当是能够智慧地忍受最难堪的屈辱，不以身外的荣辱介怀，用息事宁人的态度避免无谓的横祸。”面对充满压力和困难的生活，没有勇气是不行的。当暴风雨来临，勇敢的水手总是满怀着生存的希望，不断激励自己，不管风浪多么可怕，他们总是能够坚持下去，最终平安回来；而那些胆小的水手，早在暴风雨来临之前，他们就失去了生存的勇气，他们最终以失败告终。

心理启示

我们需要勇气，生活需要勇气，勇气是光明的使者，它能将人从黑暗的泥沼中拉出，帮助我们战胜困难，赢得最后的胜利。

百炼成钢，有勇无惧

愿陛下托臣以讨贼兴复之效，不效则治臣之罪，以告先帝之灵。

——《出师表》

诸葛亮在《出师表》里请求：希望陛下把讨伐汉贼、兴复汉室的任务交给我去完成；若不能完成，就治我的罪，以告于先帝的英灵。当一个人百炼成钢，他的内心是无所畏惧的，所以才说“若不能完成，就治我的罪”，熟悉炼钢原理的人都知道，生铁必须经过高温煅烧，多次冶炼，才会成为钢。经过人生反复的锤炼，诸葛亮终究成为了一块坚韧的钢。

人生的种种历练，对于我们来说，可能是一种折磨，但是，它更是一种锤炼，暂时的痛苦算不了什么，只要心中有勇气，一次次经受住磨炼，不畏困难，最后，我们定能练就出一块坚韧的钢。在日常工作中，我们也会遇到种种困难，有成功就有失败，有喜悦就有眼泪，但是，哪怕是失败和眼泪，所能带给我们的依旧是不断地尝试，而不是最终的结果。失败算不了什么，关键是你不能失去坚持下去的信心，以及那份深藏内心的坚韧。心怀勇气，有信心攻克难关，最后，你终将赢得工作上的成功。历数从古至今的大人物，诸葛亮算是其中最坚韧的一位了，不管是忠君，还是治军，他以心中的那份坚韧成就了自己的一生。因为坚韧，他百炼成钢，因为他明白，只要心中怀着勇气，自己就毫不畏惧。

同一座山上，有两块相同的石头，它们曾经是难兄难弟。后来，它们的命运却发生了很大的变化：一块石头成为雕像，受到很多人的敬仰和膜拜；一块石头却成为路边石，没人理睬，经常被人踩在脚下。

路边石极不衡地报怨命运不公平。它说：“咱俩本来都差不多，凭什么你受人尊敬，我受人踩踏呢？”另一块石头静默不语，一会，它缓缓说道：“人家跪着膜拜我而踩着你，你可知其中的原因？我被雕成佛像，那是忍着千刀万剐的疼痛，被一刀一刀地雕成的，而你担心身上一刀刀被挖被割的痛苦，所以你只能躺在地上，让千人踩、万人踏。”

纵观诸葛亮的一生，其实就是磨砺的一生。早年，努力求学，躬耕南阳十年，但是却隐居在山里，一生抱负难以施展。而后一举出山，追随刘备左右，火烧赤壁，亲征南蛮，磨炼成为坚不可摧的钢。他在最迷茫、困惑的时候，始终保持那份勇气。谁料刘备先自己而去，白帝城托孤，徒留诸葛亮主持大局。一次次

的历练，使得诸葛亮已经变得无坚不摧，开始稳妥地走上了自己的北伐之路。

诸葛亮所走的坚韧之路，值得我们每一个职场中的人学习。职场之路能走多远，将取决于心中的那份坚韧和勇气，将每一次失败当作尝试，将每一次困难当作磨炼，在工作中的种种经历，我们也将会被炼成那块坚韧不摧的钢。虽然，我们所受的磨砺不及诸葛亮所受的那么沉重，我们所经受的不过是日常的小挫折，有可能是上级的一顿批评，有可能是一次谈判的失败，有可能是一次降职的经历。但是，挫折不论大小，只要我们怀揣着勇气，坚持下去，就一定能顺利走过人生之路。

美国总统亚伯拉罕·林肯曾有这样一份人生简历：

“1818年，母亲去世；1831年，经商失败；1832年，竞选州议员落选，同年工作丢了。想就读法学院，但未获入学资格；1833年，向朋友借钱经商，同年年底再次破产。接下来，他花了16年时间才把债还清；1834年，再次竞选州议员，这次赢了；1835年，订婚后即将结婚时，未婚妻死了；1836年，精神完全崩溃，卧病在床6个月；1838年，争取成为州议员的发言人，依然没有成功；1840年，争取成为选举人，再次落选；1843年，参加国会大选，不幸的是，他又落选了；1846年，再次参加国会大选，幸运的是，他这次终于当选了；1848年，寻求国会议员连任，失败了；1849年，想在自己州内担任土地局长的工作，被遭到无情拒绝；1854年，竞选美国参议员，落选了；1856年，在共和党内争取副总统的提名——得票不足100张；1860年，当他51岁时，经历过无数失败和挫折后，他终于当选为美国总统，成为美国历史上最伟大的总统之一。”

经过了千锤百炼，林肯如愿成为了美国总统，对他而言，工作的失败并不算什么。只要自己能够坚持下去，心怀必胜的勇气，自己就一定能获得成功。虽然，命运给予林肯如此一份失败的人生简历，但是，在最后，却给他最完美的结局。在追求自己的理想、事业的过程中，林肯从来不会被失败打倒，最终，百炼成钢，他和诸葛亮一样成为了世人敬仰的人物。

心理启示

勇气是前行的灯塔，照亮前行的航程，尽管成功总是夹杂着许多挫折，但克服挫折的金钥匙就是勇气。手持鹅毛扇的诸葛亮还需积攒勇气披战甲上阵指挥，对我们普通人而言，更需要具备足够的勇气，因为只有这样，才能百炼成钢。

敢于决断，抢占先机

非智者，孰能见机而作乎？

——《将苑·应机》

诸葛亮在《将苑·应机》中说："非智者，孰能见机而作乎？"如果不是智者，谁又能把握时机当机立断呢？在战场上，绝不允许拖泥带水，面对一件事情做决策，必须当机立断，绝不拖拉，以免延误了时机。的确，一件事情的成功并不在于你有多大的能力，多完美的计划，而在于你的决断力，有时候，面对大好的机会，有人总是迟迟不肯做出决定，时而犹豫不决，时而担忧，最后，却错失良机。诸葛亮自然知晓这样的道理，因此，在很多时候，他心中若是有了决定，定是当仁不让，不拖拉，不犹豫，因为他知道自己目前最需要做的是什么。

一个人在做事之前，首先应该保持冷静的头脑，对自己所要做的事情有一个正确的判断。盲目行事，是导致许多人失败的一个重要原因。而那些最终能够突破人生的难关，赢得成功的人，大都有着一个共性：能够在正确的决策之下，勇敢果断地行事。

对于每一个人来说，犹豫不决、优柔寡断是成功路上一个非常阴险的对手，因此在它还没有伤害你、破坏你、限制你一生的机会之前，你就要把这一仇敌置

于死地。一个人如果没有果断决策的能力，那么他的一生，就像浩瀚大海中的一叶孤舟，只能永远漂流在狂风暴雨的汪洋大海里，永远达不到成功的彼岸。

鸿门宴上，虽不乏美酒佳肴，但却暗藏杀机，项羽的亚父范增，一直主张杀掉刘邦，在酒宴上，三次举起所佩玉块，一再示意项羽发令，但项羽却犹豫不决，默然不应。范增召项庄舞剑为酒宴助兴，趁机杀掉刘邦，项伯为保护刘邦，也拔剑起舞，掩护了刘邦，在危急关头，刘邦部下樊哙带剑拥盾闯入军门，怒目直视项羽，项羽见此人气度不凡，只好问来者为何人，当得知为刘邦的部将时，即命赐酒，樊哙立而饮之，项羽命赐猪腿后，又问能再饮酒吗，樊哙说，臣死且不避，一杯酒还有什么值得推辞的。樊哙还乘机说了一通刘邦的好话，项羽无言以对，刘邦乘机一走了之。刘邦部下张良入门为刘邦推脱，说刘邦不胜饮酒，无法前来道别，现向大王献上白璧一双，并向大将军范增献上玉斗一双，请您收下。不知深浅的项羽收下了白璧，气得范增却拔剑将玉斗撞碎。

如果将一个人决定的整个过程比作下棋，每个人都有自己的一套下法，但最令人讨厌的就是“悔棋”，走棋之前不仔细想一想，出麻烦了，方知走错了一步。正是项羽在鸿门宴时优柔寡断，迟迟不肯下手，最终败于刘邦，自刎乌江。如果项羽在鸿门宴，能够果断地下决心，抓住机会杀了刘邦，那么历史就会被改写。

如果发现好的机会，你就必须抓紧时间，马上采取行动，才不致于贻误时机。不要对一个问题不停地思考，一会儿想到这一方面，一会儿又想到那一方面。你该把你的决定，作为最后不变的决定。这种迅速决断的习惯养成以后，你便能产生一种相信自己的信心。如果犹豫、观望而不敢决定，机会就会悄然流逝，追悔莫及。

在曾国藩组建湘军的时候，他的名号“曾剃头”却不经意走漏了出来。其实，人们称他为“曾剃头”并不是因为他杀太平军而获得的外号，而是因为他在长沙杀了太多的所谓湖南“土匪”而得到的外号。原来，当时在长沙，曾国藩除了组练新军，另外一件事就是“治安严打”，为此，他设立了一个机构，名为“审案局”，整个湖南省所有刑事案件，尤其是与土匪、通敌有关的案件，都必

须到“审案局”来审理。

“曾剃头”的源起是一起抢米事件，当时，曾国藩调查出其中十几人是“土匪”，当即决定将这批人杀头示众。旁边的人惊问道：“全部杀头？”曾国藩沉下脸：“全部杀头。”旁边的人说道：“其中有一个17岁的孩子、一个62岁的老头儿，是不是从宽处理？”没料，曾国藩却坚持决定，说道：“不分老少！这种人，留下一个，就留下一个隐患，与其日后危害国家，不如现在杀掉了事。”对此，民间百姓声称“这哪里是杀人啊，简直跟剃头一样”，而“曾剃头”的外号也不胫而走。

土匪横行，曾国藩果断地下了命令，不拖拉，似乎正应了那句“当断则断，不留后患”。就这样，曾国藩在几个月内，杀了200多人，很多人对他的行为不满，说他这是滥杀。不过，曾国藩信奉乱世就要用重典，只有湖南的治安好了，哪怕大家说他是“武建残酷”都行。虽然，我们姑且不去论曾国藩的这一行为是否正确，但是，他所倡导的“当断则断，不留后患”这一思想却是值得我们学习的。

犹豫不决的人可以说是世界上最可怜的人，也是最容易失败的人。威廉·惠德说：“如果一个人面对着两件事情犹豫不决，不知该先去做哪一件事好，那么他最终将一事无成。”他非但不会有什么进步，反而会后退。唯有那些具有如凯撒一般的特性——先聪明地斟酌，再果断地决定，然后坚定不移地去行动的人，才能在任何事业上，都做出卓越的成绩。

心理启示

机不可失，时不再来，这是一个浅显而又深刻的道理。在许多情况下，机遇是不允许有更多的时间让你来左顾右盼的，而且必须由你自己来拿定主意。

第11章　识时务者——顺势而为的智慧

很多事情不是人们能够凭借自己的意愿所能改变的，而要顺应事情本身的发展方向来做事情，不必去强行的改变，这大概就是“顺势而为”的智慧。在诸葛亮看来，不管是行军打仗，需要顺应时势，这样往往能起到事倍功半的作用。

审时度势，识时务者为俊杰

> 儒生俗士，识时务者，在乎俊杰。此间自有卧龙、凤雏。
>
> ——《三国志·蜀志·诸葛亮传》

在《三国志》里，司马徽说：“平庸的书生文士怎么会认清天下的大势呢？能认清天下大势的人才是杰出的人物。”的确，因为只有看清了局势，方能顺势而为。在现实生活中，我们常常用“顺”来表示美好，那些懂得顺水推舟、顺势而为的人，才能达成圆满的人生。

古人云：“天下大事，顺势者昌，逆势者亡。”在生活中，职场是一个风云变幻的舞台，几乎在每一天都有可能出现人事变动，因此，作为一名职员，我们需要看清情势，必要时顺势作出适宜的决策，如此这样，才能保全自己的位置，否则，不顺应形势，迟早会吃亏。在任何时候，只有在顺应形势的前提下谋求发展、寻找机会，才能保全自己。

俗话说："识时务者为俊杰。"当形势已经发生了变化，而你还在原地执迷不悟，那么，大势所趋，你将被不可抗拒的大流所淹没。在官场是如此，在职场也是如此，顺势而为，让自己时刻处于安全的位置，这才是智者应当有所为之事。在职场中，有可能昨天还得意的某某，今天就被勒令离职了，这是一件很正常的事情。似乎自己这小职员的命运就一直这么下去了，可是，自己能怎么样呢？只能看清情势，顺势作出权宜之计才是上策。

曾国藩凭着自己几十年的仕宦生涯，对官场的险恶看得很清楚。平定太平天国运动之后，清政府对曾国藩的弟弟最不放心，欲其速离军营而不令其赴任浙江巡抚。对此，面对这一形势所逼，曾国藩无奈，只好以病情严重为由，奏请曾国荃开浙江巡抚缺，回乡调理，以避开舆论的锋芒，不巧这却是朝廷的意思。

曾国荃回乡修养，本是曾国藩的韬晦之计，顺应形势，暂时退避是为了永久保住自己的既得利益。不过，对于曾国荃来说，他却是一个不甘寂寞的人，尤其对于朝廷有意牵制曾家兄弟的举措很不满，心中流露出憎恨。曾国藩却自有计策，他多次嘱咐弟弟不要轻易出山，如今时局严重，不必惹祸烧身，最好在家静养一年。对此，曾国藩在日记中写道："有见识的人士和相爱的朋友大多奉劝弟弟暂缓出山，我的意思是让弟弟多调养一段有病的身体，在家闭门三年，再插身而出，担当天下的艰巨任务。"同时，他还嘱咐弟弟："弟弟子素的性情就是好打抱不平，发泄公愤，同时又对朋友情谊深厚，非常仗义，这个时候告病在家，千万不要对地方公事干预丝毫。"在曾国藩的耐心劝导下，曾国荃耐着性子在湖南老家待了一年多。

直到清政府颁布诏令命曾国荃改任湖北巡抚，并帮办"剿捻"军务，这时，曾国藩认为形势已经好转，才力促弟弟出山而任事，他说："惟决计出山，则不可再请续假，恐人讥为自装身份太重。余此信已为定论下次不再商矣。"

曾国荃的退隐和出山，均是曾国藩的权宜之计，时局严重，清廷对曾氏兄弟有了疑心，这时，曾国藩看清了局势，规劝弟弟暂时退隐，如此一来，才能永久保住自己的利益。如果执意下去，有可能曾国荃的官运不长久。在曾国藩的权宜

之计下，弟弟回老家修养了一年多，这时，清廷已经消除疑心，打算请曾国荃出山。于是，在顺势的条件下，曾国藩觉得弟弟出山的时机成熟了。因此，这才有了后来曾氏家族在清廷的美名。

三国时蜀汉的政治家和军事家诸葛亮年幼时父亲就去世，依靠叔父诸葛玄过活。十六岁那年叔父也去世，于是在襄阳城西的隆中置了一点田产，盖了几间屋子，一面耕种，一面读书。诸葛亮在隆中住了十年。这期间他读了大量经史和诸子百家的著作，获得了丰富的政治、军事、历史等方面的知识。他又注意研究当时的政治形势，逐步形成了一套政治见解。

当时，刘备正依附荆州牧刘表。他觉得要成大事，必须要有智谋的人辅佐，因此一直在物色有见识的人才。后来，他听说司马徽在襄阳很有名声，便去拜访他，并问他对当今天下大势的看法。司马徽说：“平庸的书生文士怎么会认清天下大势？能认清天下大势的人才是杰出人物。这里的卧龙和凤雏，才是这样的杰出人物。”

在工作中，一个人无论有多么大的能力，他总是会受到周围环境以及诸多因素的制约，不能够为所欲为。在局势变化的情况下，如果你一意孤行，最后吃亏的只能是自己。所以，一个人要懂得认清局势，并顺应局势的变化，明时务，灵活处理自己的相关事宜。

松下幸之助说：“经营，其实就是一种顺势。”在职场中，要想成就一番事业，就必须顺势而谋，在局势变化的过程中，有许多值得我们学习的东西，而只有不断学习才能积累“能量”，就比如曾国荃在老家调养身体一样，一旦时机一到，我们就可以获得成功。

当局势发生了变化，自己之前所渴望的机遇也擦肩而过，这时候，我们该怎么办呢？怨天尤人？还是韬光养晦、蓄势待发？俗话说：“不飞则已，一飞冲天；不鸣则已，一鸣惊人。”

心理启示

如何面对既成的局面，唯有不断地提高自己的能力，等待机遇的到来，再迅猛出击，奋起拼搏。如果我们要想获得成功，就要学会顺势，做到蓄势待发，时刻准备着，积蓄能量，随时为机遇的到来做好准备。

因势而谋，顺势而为

夫行兵之势有三焉，一曰天，二曰地，三曰人。

——《将苑·兵势》

诸葛亮认为，大凡将帅领兵出征要注意三种情势：天时、地利、人和，这是战争胜利的基本因素和条件。其实，做任何事情要先分析时势，估计其发展的大概趋向，因势利导，顺着发展趋向，遵循规律来做事情。人活在这个世界上总会做很多事情，有些事情很顺利，有些事情却难以做成。于是，人们将这些归结为“运气”，如果细想，事情的成败原因可以归结为一个字——势。若顺势而为，如水推舟，则事半功倍；若逆势为之，则逆水行舟，艰难险阻。所以，再回到做事这个问题，一个人能做大事，并非这个人本事大，也不在于这个人运气好，而是这个人顺应了大势，这就是所谓的时势造英雄。

1896年，瑞典著名发明家诺贝尔，得了心绞痛和心脏病，情况非常严重。医生建议诺贝尔服用硝化甘油。此药当时试验证明有效，但诺贝尔因人体服用硝化甘油并没有理论支持，断然拒绝。大名鼎鼎的诺贝尔，以发明立身，经历了无数次的火药试验。可是到了自己的身体上，却武断地排斥事实有益的治疗方法，坚持他——没有理论依据的药物，绝不能食用的偏执观念，任他人如何解释、劝

导，却不予理睬。这种宁死不改初衷的做法，直到他去世的那一刻。

1896年12月10日，诺贝尔在意大利的圣雷莫去世，终年63岁。直到100多年后，戏剧性的一幕出现，三位获得1998年诺贝尔医学奖的科学家，发现硝化甘油中的一氧化氮——可使人体产生的一种信号分子，能够舒张血管，从而有利于血液循环，对心血管系统产生特有益处，这才使硝化甘油在医学理论上有了完备支持。但诺贝尔怎么也不会想到，自己的固执改变不了医学事实，自己的愚见正被他设立的诺贝尔医学奖获奖者推翻。

在这个世界上，即便你是非常伟大的人，也不要与大自然作对，更不要固执己见，要懂得遵循自然规律，顺势而为。在生活中，有很多人自叹“怀才不遇”，穷困潦倒，没有做成大事，其原因在于没有把握住这个大势，逆势而动，废了九牛二虎之力也无济于事，只有发出“生不逢时”的遗憾。很多时候，既然你改变不了世界，那就只有改变自己，主动适应世界，才会顺风顺水。

势是一种方向，更是一种趋势。大势决定一个时代，造就一批英雄。势就是江河，滚滚东流，任何的阻力在它面前都无能为力，对于人而言就好像小舟，不管你如何努力，也奈何不了顺流而下的势头。做人就应该如小溪，涓涓细流，遇坡而下，遇沟而聚，百转千回，依然不改变前进的方向。

从前有一座山，山上有一座庙。庙里有一个老和尚和一个小和尚，这两个师徒在山上住了很多年。

老和尚老了，为了让小和尚早日成熟，就给了小和尚一个碗，让他到山下端一碗水上来。小和尚下山去端水，因为担心水洒出来，因此小心翼翼的紧盯着碗里的水上山，生怕洒出一点，可水还没有端到半山腰就已经洒完了，连着几回都是这样，非常焦虑，于是只好上山如实禀报老和尚。

老和尚听小和尚将经过细说之后，告诉小和尚，你上山的时候不要光眼盯着碗里的水，不要指望一点水都不洒出来，而最终忽视了你最应关注的路。你只要用心看路，将很小一部分精力放在水上就可以了。小和尚依此去做，果然成功的将大半碗水端了回来。老和尚对小和尚说，将眼睛放在碗中，就会忽视路的变

化，水洒了自然是难免的，结果是什么也做不成。要做成大事就一定要眼盯着大的方向，而不理会小的波动。

上山的路径趋势，只要上山的路走对了，泼出一点水没什么，任务总是可以完成的，这就是顺势而为的智慧。老子的《道德经》曰："上善若水。水善利万物而不争，处众人之所恶，故几于道。居善地，心善渊，与善仁，言善信，正善治，事善能，动善时。夫唯不争，故无尤。"意思是，最高的善像水那样。水善于帮助万物而不与万物相争。它停留在众人所不喜欢的地方，所以接近于道。善的人居住要像水那样安于卑下，存心要像水那样深沉，交友要像水那样相亲，言语要像水那样真诚，为政要像水那样有条有理，办事要像水那样无所不能，行为要像水那样伺机而动。正因为他像水那样与万物无争，所以才没有烦恼。行为如水，岂非顺势而为吗？

"天下，势而已矣"，整个社会，整个世界，都抗拒不了前进的历史潮流，更何况芸芸众生呢？顺势而为可以说是人人皆知的道理，但关键还是这个"势"，知道了"势"，人们就会顺势而为，绝不会逆潮流而动，所以"势"是而为的先决条件。

心理启示

顺势而为，关键在于一个"势"字，要有一双慧眼，判断势头的趋势，更要领悟通透。只有看得清，心如明镜，才会顺着大方向、大趋势，知进知退。顺应、顺利，这样朋友才容你，环境才容你。当然，顺势了，就在于"为"了，顺着大趋势，只有作为才能成就事业，才能通往未来。

择机而为，乱世造英雄

> 善将者，必因机而立胜。
>
> ——《将苑·机形》

诸葛亮生逢乱世，3岁时母亲章氏病逝，8岁时丧父，与弟弟诸葛均一起跟随由袁术任命为豫章太守的叔父诸葛玄到豫章赴任，东汉朝廷派朱皓取代了诸葛玄职务，诸葛玄就去投奔荆州刘表。建安二年，诸葛亮的叔父诸葛玄病逝；汉献帝已从长安李傕手中逃出，迁到了曹操的许县。诸葛亮此时已16岁，平日好念《梁父吟》，又常以管仲、乐毅比拟自己，当时的人对他都是不屑一顾，只有好友徐庶、崔州平等相信他的才能。尽管诸葛亮在南阳躬耕十年，习得一身好本领，但却适逢乱世，忠君爱国的抱负无处施展。当时，大势三足鼎立，曹操、孙权、刘备，诸葛亮于乱世之中，早为自己谋了未来，颇具智慧的他选择了势力较弱的刘备，卧龙出山后，施展了自己一身的才能。正是“择势而为，乱世造英雄”。

在很多时候，我们会身处危机，这时候就要想办法转化，变不利为有利。马云曾说：“作为一个商人，我觉得危机中总会含有机会，我是以非常积极的态度看待金融危机的。”俗话说：“乱世造英雄。”乱世，本来就是一片狼藉、混乱，在这样一个糟糕的环境里，怎么会有机遇呢？又哪里会出英雄呢？的确，在乱世中是没有任何机遇发展而言，但是，如果将时机把握得当，自会出人头地。很多人不相信在乱世中能有什么机遇，其实，乱世就是一个创业和发展的好时机，如果你能够把握适当的时机，就可以在一片乱世中脱颖而出，一举成为乱世中的英雄。

巴菲特说：“在别人贪婪时我恐惧，在别人恐惧时我贪婪。”如何看待乱世？他却这样说：“我喜欢乱世，乱世的东西很是便宜，就像一个色鬼来到了女儿国，每次的危机都是一次买入的绝好机会。”他为什么对乱世情有独钟呢？是

的，巴菲特作为世界首富之一，他正是在危机中投资股票而发家致富的。

2008年，经济性危机席卷全球，在这样一个人心惶惶的时刻，巴菲特却发现了其中的绝好机会，他毫不犹豫地购买了许多公司的股票，比如通用、比亚迪，等等。当美国的华尔街陷入一片狼藉的时候，巴菲特却兴致勃勃地开始自己的投资，他趁此机会买下了所有之前一直看好但却没机会买进的股票。

等到经济危机平息后，巴菲特成为了最后的赢家，一跃跨入了世界首富的行列。

巴菲特发现了隐藏在经济危机中的商机，并以此跨入了世界首富的行列。其实，我们每个人都是可以的，只要你以积极的态度去看待危机，以敏锐的眼光发现其中的商机，那么，成功就是属于你的。谁说只有在顺境中才有成功的机会，事实上，危机越大，机会则越多，在很多时候，我们在危机面前一败涂地，那是因为没能发现其中的绝好机会。

胡雪岩所在的那个年代，太平运动风起云涌，市场不稳，社会动荡不安。然而，面对这样一个环境，胡雪岩并没有一蹶不振，他将更多的精力和时间都花费在生意上。胡雪岩敢于在乱世中寻找机遇，当其他的人在乱世中无所事事的时候，他的事业却已经开始了。

被信和钱庄解聘后，胡雪岩等待王有龄的归来。后来，王有龄捐官成功归来，胡雪岩在乱世中看到了商机，想亲自创办钱庄。为什么会选择创办钱庄呢？原因是多方面的，胡雪岩曾在钱庄当了几年的伙计，对这门生意自然十分熟悉，另外，胡雪岩本人对这个行业感兴趣。但是，真正促使他去行动的原因则是，这是一个绝好的商机。胡雪岩认为，在乱世中，如果能顺利开设一家钱庄，肯定会是一桩好生意。

当时，太平天国运动似乎有愈演愈烈的形势，而农民起义则密集于长江中下游以及湘、闽一代。在这样一个兵荒马乱的年代，做其他一般的生意会遭到严重的冲击。可对于钱庄这个行业来说，无疑是一个好机会，由于市场动荡不安，而随之将是银价的起落比较大，这样一来，钱庄就会有了低进高出的机会。当时，

胡雪岩说："只要看得准，兑进兑出，两面好赚。"不管是银票汇兑，还是放出，都会大赚一笔。

眼光敏锐的胡雪岩瞅准了这样的商机，义无反顾地开办了自己的钱庄。果然，由于他经营有方，再加上人们的大力支持，钱庄的生意日益兴隆，不久，便开了分店。就这样，抓住一个好的机会，胡雪岩从一个身无分文的小伙计跃身成为了大商人。处于乱世，其实，并不像我们所想的那样，没有发展的机遇，相反，如果能够善于应付乱世，把握机会，你一样可以走向成功之路。胡雪岩就是一个在乱世中脱颖而出的英雄，因为瞅准了时机，而一跃成为大名鼎鼎的红顶商人。

现代社会，当然不存在乱世，但是，我们却时常遭遇危机。很多人总是将危机看成是灾难，心中认定只要危机出现，便会出现困难与麻烦。其实，危机，顾名思义，机遇藏在危险之中。对于那些善于把握机遇的人来说，危机并不完全是灾难，其中还隐藏着许多机遇。只要变不利为有利，抓住机遇，就一定会成功，似乎，隐藏在危险中的机遇带给我们成功的可能性更大一些。

心理启示

任何事情都是可以转化的，比如机遇。在生活中，好事与坏事是可以互相转换的，甚至，一件好事里面有可能隐藏着坏的契机，而坏事里往往隐藏着良好的征兆。当危险来临的时候，不要失去信心，而要善于看到机遇和光明，这样，你才能求得更多的机遇。那么，你所遭遇的坏事有可能就变成了好事。

不待时机，乘势而上

> **夫以愚克智,逆也；以智克愚,顺也；以智克智，机也。其道有三，一曰事，二曰势，三曰情。**
>
> ——《将苑·机形》

诸葛亮说："大凡愚笨的人能够战胜聪明的人，是违反常理的偶然事件；聪明的人能够战胜愚笨的人，是合乎常理的必然事情；而聪明的人在一起交战，就全看掌握战机如何了。掌握战机的关键有三点：一是事机，二是势机，三是情机。"在战场上，并非需要等待时机，还需要自己掌握战机，不待时机，乘势而上。

与其等待机会，不妨乘势而行，这样，机会反而掌握在自己手中。很多经验告诉我们，在事情的发展过程中，升势可能在跌势中产生，衰退也会从高潮中开始，因此，时机的选定需要自己把握，与其待时，不如乘势，如此，才能做到事情的尽善尽美。成功大师卡耐基说："一个把握眼前机会的人，十有八九可以成功。"机遇来了，就应该抓住机遇，顺风而上，如此，何乐而不为呢?

一个人若是真正地把握住机会，让机会变成实实在在的财源，出手要迅速，更重要的一点就是学会乘势而行。得时，乘势。得在时，不在争；机会大小在势，能否赚到大钱要看势有多大，势大机会就大。关于时势，自有一番分别："时，需要等待，是一种天道酬勤的等待；势，可遇而不可求。时，要因时而动，时动则动；势，要顺势而为，赚足趋势。"如此，才能时势造英雄。在现实生活中，很多时候，我们总是在等待机会的来临，殊不知，形势已经变了，之前所等待的机会如今就在眼前，那么，就要学会乘势而行，抓住机会，方可成功。

胡雪岩帮助左宗棠筹办船厂就是乘势的结果，而在这之前，他对"乘势"别有一番理解。

在一次闲聊之余，左宗棠对胡雪岩说："有句话叫'与其待时，不如乘势'，许多看起来难办的大事，居然顺顺利利的办成了，就因为懂得乘势的缘故。谈到势，要看人、看事，还要看时。人之势者，势力，也就是小人势力之势，当初我几乎遭不测之祸，就因为湖广总督官文的势力，比湖南巡抚骆秉章来得大，朝中自然听他的，他要参我，容易得很。"

胡雪岩回答说："是的，同样一件事，原要看什么人说。"左宗棠接口说："也要看说的是什么事？以当今大事来说，军务重于一切，而军务之急，肃清长毛余孽，又是首要，所以我为别的事说话，不一定有力量，要谈入闽剿匪，就一定会听我的，你信不信？"在谈到筹办船厂的事情，左宗棠说道："办船厂一事，要等军务告竣，筹议海防，那才是一件大事。但也要看时机。不过，我们必得自己有预备，才不会坐视时机。你懂我的意思了吧？"胡雪岩自然深谙其中之意。

果然，胡雪岩在借款筹办船厂的时候，找准了形势，一办就成。

一件事情的成功在于天时地利人和，其中的"时"就是时机，若是时机不对，那么，事情自然会有所差池。我们常说："此一时，彼一时。"其实，所道出的就是时势之妙。在很多时候，即使是同样一件事，但是，你此时去办，有可能花费精力与财力都不能办好；而彼时去办，却是不办则已，一办即成。其中的玄妙之处在于，事情本身并没有改变，而是外在的形势变了。胡雪岩正是掌握了其中的奥妙，找准了形势发展的需要，促成了筹办船厂和向洋人借款的事情。

俗话说："借得东风好行船。"东风所指就是势，若是没有东风，行船速度缓慢，有可能白花力气不说，还会耽误了行程；相反，若是有了东风，船就能顺势而下，节省了力气，也不耽误行程，岂不美哉。

老张很早就想经营养殖业，可是，在一个穷苦的小山村，谈何容易，比如说，养鱼，只是水源就是一大难题。无奈之下，老张只好作罢，日出而作，日落而息，耕种着自己那三亩田地。

去年，经常干旱的山村竟然迎来了一场暴风雨，下了三天三夜。一场大雨过

后，山洪暴发，把老张家仅有的三亩田冲成了大坑，积满了十多米深的水。全家人见此情景，愁眉不展，感到生活没有了希望。老张围着大坑走了几圈，突然笑了起来，他对家人说："这不是上天给了我一个大鱼塘嘛，既然不能种地了，那就养鱼呗。"说干就干，他先到一个养鱼专业户那里学习了养鱼技术，又借钱买来了鱼苗，年底，他还了所有的借款，还剩下了一万多元。

从养鱼中尝到甜头的老张索性干到底，第二年，又养鱼又养蟹，一年下来挣了好几万，这可比以前土地经营划算多了。

老张因祸得福，实际上他是乘势而上，如果没有那场山洪，他就圆不了自己的梦想；如果没有失去土地，他有可能还在土地上经营，那么，只能够解决温饱，哪能发家致富呢？本来，当形势未变的时候，即使花了大量的精力，也不能将事情做好；一旦形势有所变化，那些之前看起来困难的事情也变得简单了。所以，与其待时，不妨乘势，借着东风的力量，才能将船只划得更快更远。

心理启示

在现实生活中，我们既要善于发现时机，还需要关注大形势的变化，有时候，形势一变，就可能产生很多机遇，这时就要抓住机遇，顺势而上，做事自然是事半功倍。

择机而动，顺势以致远

善将者，因天之时，就地之势，依人之利，则所向者无敌，所击者万全矣。

——《将苑·兵势》

诸葛亮说："卓越超群的将帅如果能凭借天时，就地利，依人和，就可以所向无敌，大获全胜。"顺势而为，重在择机。顺势是眼光，取势是目的，做势就是行动。大多数商人都有这样的毛病：急功近利。毕竟，商人所有的目的皆是求利，在这样的心理下，他们很容易为了求利，而错过了最佳的时机。对此，诸葛亮却不同，他说："先不必求利，先等待时机。"作为一个成功的军事家，不局限于眼前的利益，而是善于捕捉时机。正是善于捕获机会，使得诸葛亮从一场赤壁之战一跃成为刘备的左臂右膀。在生活中，做事应不急于求成，你越是着急，就越不利于事情的发展。反之，如果你先不急于求成，事情反而会朝着有利的方向发展。

在现实生活中，很多人总是抱怨没能遇到成大事的机会，事实上，机会始终是可遇不可求的，当机会来临的时候，能否以一双慧眼捕捉机遇，这才是决定一个人是否能成大事的关键。在我们身边，不是缺乏机会，而是缺少发现，如果你想作出一番成就，就必须拥有一双火眼金睛，这样，才能抓住每一个成功的机会。

在晚清时代，许多商人对打仗唯恐避之不及，但胡雪岩却不这么看。在他看来，做大生意，最好的办法就是帮军官打胜仗。他说："只要能帮军官打胜仗的生意，我都做，哪怕亏本也要做。要知道这不是亏本生意，是放资本下去。只要军官打了胜仗，时势一太平，什么生意不好做？到那时候，你是为朝廷打败太平军出过力的，公家自会报答你，做生意处处给你以方便。你想想看，这还能不发达？"做生意不必急于求成，而是等待时机，有了这样的看法，胡雪岩积极投入到帮助左宗棠军队的事业中，事实证明，最后，他真的得到了丰厚的回报。

后来，在帮助军队筹集粮饷的时候。由于阜康钱庄资金有限，于是，胡雪岩打算寻找合作伙伴。出人意料之外，他选择了大源钱庄，在旁人看来，胡雪岩应该选择信和钱庄：一方面信和钱庄资本雄厚，做生意下来肯定会大赚；另一方面，于公于私，信和钱庄都与胡雪岩有着密不可分的关系，之前早已经成了阜康的生意伙伴。对于胡雪岩如此的决定，旁人感到很疑惑，就连档手刘庆生也说：

“阜康和信和关系非同一般，你为什么不选信和来做？”如果与毫无名气的大源钱庄合作，万一失利怎么办？胡雪岩却有自己的小算盘，他希望将自己的生意做到最大，要做大生意，肯定是广结商界人士。借此这笔生意，且不论利益如何，这笔生意可以扩大自己的商业范围，无疑是在为自己的生意制造“机会”。

一个人要想成就一番大的事业，不仅需要乘势，更需要等待时机。在时不逢机的时候，唯有等待才是最好的选择。在那乱世年代，胡雪岩大力赞助左宗棠的军队，但他并不急于求成，而是善于等待。到了太平天国运动被平息，他也就成为了有功之臣，在等待中积蓄力量，寻找时机，才能取得更大的成就。

在现实生活中，我们总想做一些事情，却往往做不成。有时候，因为条件不具备，或者一些障碍。在这样的情况下，该如何办呢？坚持去做，有可能会一败涂地，那么，就选择等待吧。暂时先忍耐一下，等待最佳的时机，如此，我们才能重新奋起。扭转困难往往隐藏在我们不加注意的地方，假如我们能发现它、抓住它、利用它，那么，我们将有机会摆脱困境，获得成功。

有一天，某个农夫的一头驴不小心掉进了一口枯井里，农夫绞尽脑汁想办法救出驴子，但几个小时过去了，那头驴还在枯井里痛苦地哀嚎着。最后，农夫决定放弃，他想，这头驴年纪也大了，不值得大费周章去把它救出来，不过无论如何，这口枯井还是要填起来，以免其他动物掉进去。

于是，农夫请来了左邻右舍，大家一起帮忙将枯井填满，同时，也好免除驴子的痛苦。农夫和邻居们手拿铲子，开始将泥土铲进枯井中。当那头驴子了解到自己的处境时，眼里满是绝望，忍不住流下眼泪，并不断在枯井里发出痛苦的嘶叫声。但是，出乎意料之外的是，没过多久，这头驴子就安静了下来，农夫好奇地探头往井底一看，出现在他眼前的景象却令他大吃一惊：当铲进枯井里的泥土落在驴子身上的时候，它将泥土抖落在一旁，然后站到铲进的泥土堆上面。那头驴子将大家铲进倒在身上的泥土全部抖落在井底，然后再站上去，很快，那头驴子便出现在人们的眼前，大家都惊讶地捂住自己的嘴巴。

当意识到自己将葬身于此，那头驴着急了，挣扎、痛苦地嘶叫，可是，这

些似乎对事情一点帮助也没有。于是，它安静了下来，等待重生的机会，没想到，伴随着灾难的来临出现了转机，抓住机会，走出了枯井。在事情尚未成功的时候，困境在智者眼里往往意味着这将是一个潜在的机遇，而愚者却对此无动于衷。

在现实生活中，有的人发现了机会，却犹豫不决，在左右为难中，机会也就消失了。所谓“机不可失，失不再来”，机会，并不是你想它来就来的道理，而是来的时候要抓住它，否则，这次机会一旦错过，就没有重新再来的机会了，而诸葛亮正是抓住战机的高手。

心理启示

所以，成功者从来不急于求成，他们就像猎豹一般默默潜伏时刻准备着，伺机等待机遇重拾成功。

第12章　退避三舍——屈伸自如的智慧

退避三舍，是一种品格，一种姿态，一种谋略，是做人的最佳姿态。从诸葛亮躬耕南阳，直至卧龙出山，他总是低调做人，高调做事，屈伸自如，为人善始善终，既在卑微时安贫乐道，又在显赫时不骄不躁。

沉静做人，最高不过低姿态

> 将不可骄，骄则失礼，失礼则人离，人离则众叛。
>
> ——《将苑·将骄》

诸葛亮说：“做将帅的切勿骄傲自大，如果骄傲自大，待人接物就会有不周道的地方，有失礼之处，一朝失礼就会众叛亲离，人心愤懑相怨。”这番话给予后世深刻的启示：沉静做人，最高不过低姿态。

有人曾问苏格拉底这样一个问题：“你是天下最有学问的人，请问天与地之间的高度是多少？”苏格拉底毫不含糊地说：“三尺！”问话的人不以为然，接着又说：“我们每个人都有五尺高，天地之间只有三尺，那不是要把天戳个窟窿吗？”苏格拉底笑着说：“所以，凡是高度超过三尺的人，要想长立于天地之间，就要懂得低头呀。”苏格拉底简单的几句话，就把人生的哲理解释得清清楚楚。也许，我们从小就接受着这样的教育，那就是“做一个顶天立地的人”。但是，人生不如意十之八九，在生活中，我们难免会遭遇一些不如意的时候，这时

候，如果你硬是抬头，只会撞得头破血流。所以，不妨低头认识自己，正确地看待别人，就会跨越一切，赢得属于自己的人生。一个生活的智者，善于在恰当的时候低头，因为他明白，只要低头了就没有过不了的桥。

古人说："人在屋檐下，不得不低头。"虽然，这话语里蕴含着某种委屈，但是这一"低头"却是一种人生的智慧。这里所说的"低头"，并不是低三下四地巴结别人的那种低头，也不是委屈、被动地低头，而是一种主动低头，这一低头是一种哲理，更是一种对待人生的智慧和境界。在一个错综复杂的社会，也许每个人都或多或少存在一些长处，都有着值得骄傲的地方，但是，你不要忘了"天外有天，山外有山"的道理，谁更强、谁更高，这都是相对的。所以，把自己看得低一点，凡事都要谦虚谨慎，学会低头，放下架子，多听听别人的意见，对自己没有坏处而只有好处。有的人遇到事情就率意而为，处处碰壁，跌跌撞撞地走在人生旅途上。这时候，不妨低下头来，一步一个脚印地走路，有了强健的根基，才会生出枝繁叶茂。"满招损，谦受益"，这是放之四海而皆准的道理，即使自己到了"会当凌绝顶"的高度，也要注意不张扬，不炫耀，低头看清前面的路，只有这样才能更好地踏上人生的路途。

在一个阳光明媚的午后，一只美丽的蝴蝶欢快地飞舞着，它时而流连在花丛里，时而又徘徊在草地上。突然，它看见了一扇打开的窗子，很好奇那是一个什么样的世界呢。于是，它挥动着翅膀，从敞开的窗子飞进了一个漂亮的房间，它看着新奇而又迷人的世界，飞舞着，跳跃着，不知疲倦地飞着。可是，它感到自己累了，需要休息，它决定飞出这间屋子，回到清新的大自然。在房间里，转了一圈又一圈，却总也飞不出房间。蝴蝶开始焦急了，拼命地让自己往高处飞舞着，不停的寻找着出路，好几次差点就要飞出窗子了，却又撞在了窗子上方的天花板上。它使尽全力让自己飞得更高、更远。但它哪里知道，只要稍微飞得低一点就会飞出窗子回到外面的世界。最终，这只因为在高空不停盘旋而不肯低飞的蝴蝶耗尽全力，奄奄一息地落在了地板上。

虽然，我们会感叹蝴蝶的愚笨，但就在现实生活中，有很多人像那只蝴蝶

一样，遇事不肯低头，结果失去了大好的前程。有时候，我们会提倡“大雪压青松，青松挺且直”的精神，但是当大雪过于厚重的时候，一些枝条也会被压断。当生命的重荷负载过多的时候，不妨学会低头，卸去那份多余的沉重。

楚王韩信曾经低头，忍受着胯下之辱；越王勾践曾经低头，忍受着卧薪尝胆的滋味；刘皇叔也曾经低头，屈身恭请诸葛亮出山。他们是生活的智者，所以赢得取与舍的博弈，当他们低头的那一刻，就一定相信自己会获得成功。面对一些事情，我们的能力是有限的，如果硬撑着，只会让自己受到更大的伤害，不如学会低头，为自己争取更多的时间与机会，为成功做好准备。遇到事情，学会低头，这样在人生中就没有过不去的桥，没有跨越不了的灾难。

人生是不可能一帆风顺的，总会遇到一些困难与挫折，如果你想要有所作为，“低头”是少不了的。低头并不是一种软弱的表现，而是为了把头抬得更高更有力。美国总统富兰克林就是因为谨记着“学会低头，拥有谦逊”这样的处世准则，所以，他后来终成大器，卓有建树，被誉为“美国之父”。在处世过程中，如果一味的刚强，一味的强出头，只会给自己带来一些不必要的伤害甚至是牺牲。假如你在人生路途中，总是昂着头，那样就会看不到脚下的路，也许还会栽跟头。

心理启示

每个人都需要有一些傲骨，也需要有“低头”的勇气，只有做到了刚柔并济，才能更好的保护自己，使自己立于不败之地，最终走向成功。所以，学会低头吧，走过那座桥，跨过那道坎，踏上人生的顺利之旅。

大巧若拙，大辩若讷

> 昨观书意，足见将军忧民忧国之心；但恨亮年幼才疏，有误将军下问。
>
> ——《三国演义》

刘备三顾茅庐，诸葛亮却说：“我年幼才疏学浅，怕耽误你的大事啊。”事实上，刘备之所以三顾茅庐，是因为司马徽的引荐，才得以知道诸葛亮乃当今俊杰之士。诸葛亮这里所说的，自然是自谦而已。老子说：“大巧若拙，大辩若讷。”意思就是说那些大智慧的人、真正有本事的人，虽然有丰厚的才华学识，但平时像呆子，从来不自作聪明；有的人虽然能言善辩，但表现得就好像不会说话一样。早在几千年以前，老子就一语道破了智慧人生的玄机，那就是我们无论处于一个什么样的位置，锋芒必不可露，不要随处显示自己的聪明。

一个人绝顶的聪明，有满腹才华，那固然是好事，但在合适的时机运用才华而不被人所妒忌，避免功高盖主，这才是最大的才华。人们常常用“聪明”这样的华丽字眼儿来形容一个人的智慧，实际上，“聪明”这是个值得玩味的词，它虽然显露出“智慧”，但也隐含着“不稳重、浮躁、爱表现”的意思，所以，有时候聪明也是一个贬义词。真正的聪明人，他是不会随便显露自己聪明的，甚至给人的感觉是愚蠢笨拙的，表现得既谦虚又谨慎。有人认为谦虚或谨慎是一种消极的人生态度，实际上，倘若一个人能够谦虚诚恳地对待他人，就会赢得他人的好感；如果他能够谨言慎行，还有可能赢得他人的尊重。所以，做一个大智若愚的人，深藏自己的智慧，这才是人生至善至美的境界。

一个拥有大智慧的人，是从来不会到处炫耀自己的聪明和才华，因为他懂得更好地保护自己，这样的人才是真正有智慧的人。有人说，聪明伶俐，人见人爱！其实并不是这样，那些到处显露聪明的人实际上并没有受到人们的喜欢，相反，他们会处处受到排挤，最后郁郁不得志。我们深究其原因，那就是他们锋芒

太露，太过张扬，从来不掩饰自己的聪明，甚至为了表现自己的聪明才智，他们常常口若悬河、直抒胸臆，丝毫不考虑别人的感受；或者毫不留情地当面指出对方的错误，不给对方一个台阶下。也许，当他们表现自己时是得意的，但随后就会沦落为失意者。因为他自以为很聪明的行为，无形之中给自己的人生路上设置了莫大的阻碍，还会因为抢了人家的风头而招人妒忌，有的人因为聪明外露而限制了自己的前程，也有的人因为聪明外露而招来了杀身之祸。

汉武帝即位之初，下诏征求贤良有识之士，东方朔也赶来凑热闹，他上书说："臣自幼失去父母，由兄嫂养大，12岁开始学书法，3年之后文史知识足资运用；15岁学击剑；16岁学诗书，背诵22万言；19岁学习孙武兵法，战阵排列，也背诵了22万言，臣身高九尺三寸，眼睛明亮如宝珠，牙齿整洁如有序的贝壳，像孟贲一样勇敢，像庆忌一样敏捷，像鲍叔一样廉洁，像尾叔一样忠信。像我这样的人，可以做陛下的大臣。"这份奏章自视甚高，油腔滑调，偏偏汉武帝觉得此人比较奇特，下令东方朔待诏于公车。

有一天，东方朔陪汉武帝游上林苑，汉武帝指着苑中一棵树问东方朔："此树叫什么名字？""叫善哉。"东方朔随口答道。汉武帝暗中叫人将这棵树做了记号，并记下东方朔说的树名。几天后，汉武帝和东方朔又来到那棵树前，汉武帝问东方朔："此树叫什么名字？""叫瞿所。"东方朔随口说道。

汉武帝脸色一沉，呵斥道："你竟敢欺君，同一棵树，为何有两个名字？"东方朔不慌不忙地回答："陛下，马长大之后，我们才叫它马；在它小时候，我们却称之为驹；鸡也一样，在它小时候，我们叫它雏。这棵树也有一个生长过程，我以前叫它善哉，现在叫它瞿所，有什么好奇怪的？"汉武帝明知东方朔是在诡辩，但对他的足智多谋非常欣赏，就没有追究。

东方朔聪明绝顶，但一直没能得到汉武帝的重用，多数时间只是郎官，仅供汉武帝取乐而已。东方朔也曾满怀壮志，上书陈请农战强国的大计，但是，汉武帝始终没有采纳他的意见，而这，主要是因为汉武帝认为他小聪明太多的缘故。

聪明算得上是一件好事，但是像东方朔这样炫耀卖弄则不可取。东方朔既有

大智慧，也有小聪明，然而他并不懂得大智若愚的道理，对任何事情都喜欢耍小聪明，自然给汉武帝一种油腔滑调、难以相信的感觉，这也是他虽有大智却难以受到重用的原因。我们常说智慧人生，这里就不能不涉及聪明和智慧。虽然，在很多时候，我们喜欢把聪明与智慧混为一谈，但实际上，聪明和智慧是两回事，聪明是一种生存的能力，而智慧则是生存的一种境界。世界上真正聪明的人并不多，而智者更是罕见，连大哲学家苏格拉底都说自己是无知的。也许，我们没有办法做一个大智者，但也可以做一个大智若愚的人，掩饰自己的聪明，不妨活得糊涂一点。

郑板桥说“聪明难，糊涂更难”。其实在这里，糊涂更需要智慧，所以，“难得糊涂”实际上就是难得的智慧。生活中，我们每个人都想做一个聪明的人，更是处处展现着自己的聪明才智，殊不知“聪敏外露就是不聪明”。有人说：“聪明人能装得不让人觉得聪明，那才是真聪明。”

心理启示

那些表面上聪明的人，人们是不喜欢的，聪明并不是坏事，但外露了，就是坏事了，因为会招人嫉妒，另外还会得罪人。所以，尽可能地掩饰自己的聪明，做一个人生路上的大智者。

低调做人，以退为进

德操、元直皆当世高人，亮乃一耕夫，安敢谈天下事？将军奈何舍美玉而求顽石乎？

——《三国演义》

面对刘备的来访，诸葛亮坦言："我就是一种地的农夫，怎么敢谈天下事？刘将军你不要舍了美玉来找顽石啊？"事实上，诸葛亮在南阳求学十余年，难道就只是务农吗？如此谦虚的言论，使得刘备更加满意：水镜先生果然没有看错人。当一个人埋头做事，保持低调的姿态，其往往会引得别人的赞赏与肯定。

卢梭曾说："节制和劳动是人类的两个真正医生。"即使每个人都是块好铁，总得锻炼锻炼才能成钢，就是在你为生存而付出的劳动里，锻炼了一切与理想相关的东西，比如自信、尊严、才识和能力。沉重是生活的一部分，我们享受生活的欢乐，也要接纳生活的沉重，因为生命中有一些责任是你必须要承担的，你必须负重前行，脚步才不会太飘忽。一个人要想有所作为，首先要从清理思想、改变观念开始。如果本是穷人、新人还要"穷摆谱"，那么机会是不会主动光顾他的。而能沉下心来的人，他的思考富有高度的弹性，不会有刻板的观念，而能吸纳各种信息，形成一个庞大而多样的信息库，这将是他的本钱。

这一年，玛丽从大学毕业，她决定在纽约扎根并做出一番事业来。她的专业是建筑设计，本来毕业时是和一家著名的建筑设计院签了工作意向的，但由于那家设计院在外地，玛丽未经考虑就决定不去。如果去了，她会受到系统的专业训练和锻炼，并将一直沿着建筑设计的道路走下去。可是一想到几十年在一个不变的环境里工作，或许永远没有出头之日，这点让玛丽彻底断了去那里工作的念头。

玛丽在纽约找了几家建筑公司，大公司不要没有经验刚出校门的学生，小公司玛丽又看不上，无奈只好转行，到一家贸易公司做市场。一段时间后，由于业绩得不到提高，身心疲惫的玛丽对工作产生了厌倦情绪。但心高气傲的她觉得如果自己单干肯定会更有发展，于是她联系了几个朋友一起做起了建材生意。本以为自己是"专业人士"，做建材生意有优势，可是建筑设计与建材销售毕竟是两码事。不到一年，生意亏本了，朋友们也因利益关系闹得不欢而散。

无奈之下，玛丽只好再换工作，挣钱还债。由于对工作环境不满意，几年下来，她又先后换了几次工作，玛丽对前途彻底失去了信心。现在专业知识早已忘

得差不多了，由于没有实践经验，再想做设计几乎是不可能了。玛丽虽然工作经验丰富，跨了好几个行业，可是没有一段经历能称得上成功……现实的残酷使玛丽陷入很尴尬的境地，这是她当初无论如何也没想到的。

“这山望着那山高”的想法切不可有，如果你忽略了理想必须扎根在现实的土壤上的话，结果只能被理想和现实同时抛弃。学会沉下心来，因为你在人生的过程中会看到许多山峰，但你不可能翻越每一座山峰，拥有所有美好的东西。命运对任何人都是公平的，当你为没有得到而苦恼时，还是仔细想一下自己将会失去什么吧！

20世纪70年代初，美国麦当劳总公司看好中国台湾市场，准备正式进军台湾市场前，他们需要在当地先培训一批高级干部，于是进行公开招考甄选。由于要求的标准颇高，很多有志的年轻人都没有通过。

经过一再筛选，一位名叫韩定国的年轻人脱颖而出。轮到最后一轮面试前，麦当劳的总裁与韩定国夫妇谈了三次，并且问了他一个让人意想不到的问题：“如果我们要你去洗厕所，你会愿意吗？”

还未等他开口，一旁的韩太太便随意答道：“我们家的厕所一向都是他洗的！”

麦当劳总裁一听非常高兴，当场拍板录用了韩定国。麦当劳总裁认为一个成功的企业家不仅要能干大事，而且小事也应干得很利索。

韩定国后来才知道，麦当劳训练员工的第一堂课就是从洗厕所开始的，因为服务业的基本理念是“非以役人，乃役于人”，只有先从卑微的工作开始做起，才有可能了解“以客为尊”的道理。

洗厕所的工作只是麦当劳正常的员工培训内容之一，不分种族肤色，在世界范围内通行。中国的大男人韩定国一开始却难以接受，那是把它严重化了，上升到“折辱”的境地。这大可不必，做些清洁善后工作也是应尽的责任，一个人的层次，并不是由做不做这些小事来界定的。

许多年轻人在步入社会的初期都拥有远大的抱负，一心只想一鸣惊人，而不

去做埋头耕耘的工作。等到忽然有一天，他看见比他起步晚的，比他天资差的，都已经有了可观的收获，他才警觉到自己这片园地上还是一无所有。他这才明白，不是上天没有给他理想或志愿，而是他一心只等待丰收，忘了播种。

古人说："唯有埋头，乃能出头。"种子如不经过在坚硬的泥土中挣扎奋斗的过程，它将只是一粒干瘪的种子，而永远不能发芽成长为一棵大树。

心理启示

沉下心做事，就是要面对现实，面向未来，顺从规律，服从大势，不做拔苗助长的蠢事，不干明天后天才有可能做的蠢事。扎扎实实，一步一个脚印地走；循序渐进，一步一步登上事业的巅峰。

知进退，明得失

> **退若山移，进如风雨，击崩若摧，合战如虎。**
>
> ——《将苑·将诚》

诸葛亮说："撤兵时部队应象大山移动一样稳重，整齐，进兵时则要疾如风雨， 彻底地摧毁败军败将，与敌交手则要拿出虎一样的猛势。"打仗时，要听从命令，有进有退，前进时鼓足劲，后退时要稳重整齐。事实上，不仅仅在打仗行军，在人生之中，又岂非需要知进知退呢?

一直以来，我们都被教导着"一个劲儿地向前冲"，只有前进才能获得最后的成功。事实上，人生本是起伏不定的，如果你一直向前走而不愿意退却，极有可能就会误进一条死胡同，没有任何可以获得成功的机会。这时候，陷入进退两难之际的你该如何抉择呢？在绝大多数人看来，退一步就意味着放弃，也意味着

软弱，同时也意味着失败。其实，并不是这样，进步是人生所需要的坚实力量，但退步也是人生中不可或缺的大智慧。正是那些知进知退的人才铸就了人生的波澜起伏，才绽放了人生本来的无尽美丽。

2004年雅典奥运会，刘翔以12秒91的成绩夺冠，成为亚洲第一位田径直道项目奥运冠军。2007年国际田联大奖赛洛桑站，刘翔以12秒88的成绩打破世界纪录。大家都把目光关注在这个“飞人”身上，把所有的希冀都投向了2008年的北京奥运会。

然而，在2008年8月18日，北京奥运会男子110米栏预赛，“飞人”刘翔在出场之后突然宣布退出比赛。作为卫冕冠军、中国田径最大夺金点，刘翔退赛令人唏嘘，人们看着那个一瘸一拐走出田径场的背影。那一天，是2008年8月18日。在很多人看来，这个“黑色8·18”突如其来，因为一直以来人们看好刘翔卫冕成功。就在比赛前几天，还有关于他训练中跑出12秒80的传闻。

事实上，刘翔退赛并不突然，至少有一些先兆。从年初冬训，刘翔腿部肌肉就出现不适。经过一系列调整后，他参加了两站室外比赛，都拿到冠军，但是成绩并不理想，最好一次仅跑出13秒18。然而这两站比赛进一步加剧了刘翔腿部的不适，之后飞人放弃了美国的两站比赛。对于跨栏运动员来讲，臀大肌和起跨腿的脚踝是最容易受伤的地方，刘翔则因为踝伤上演了退赛一幕。应该说，这是刘翔近几年来成绩最糟糕的一年。不过，刘翔本人对于退赛看得很开，他说：“每个人都会碰到挫折，只是我之前的道路都一直比较顺利，没有碰到过，所以大家觉得比较严重。我觉得我很快就走了出来，人生总有起伏，不可能一帆风顺。”

虽然在万众瞩目的情况下宣布退赛，难免会有人扫兴，甚至有的人还发出了唏嘘之声。但是，如果当时的刘翔选择了继续坚持前进，那只会给自己的身体造成更大的伤害，或许我们就再也见不到“飞人”的光彩了。可见，他及时清醒地退却是为了积蓄力量，修养身体，为下一次的比赛做好准备，这样一来，我们就很理解他当时的举动了。正如刘翔所说“人生总有起伏，不可能一帆风顺”，正是这个坚强的小伙子，知进知退赢得了别样的人生，他将成为下一届奥运会的绝

对男主角。

当自己处于事业、人生的低谷时期，如果只知进、不知退，只知得、不知舍，试图处处得利，这样必定会处处被动，整体来说是失利了，最终也会殃及自己的人生。其实，在这个世界本来就需要“有舍才有得，有退才有进”，在取舍、进退之间的玄妙，令人思索。假设你能做出正确的取舍，就很有可能在事业上攻无不克，最终赢得绚丽多彩的人生。人生本来就是有起有落、跌宕起伏的，当你懂得了退一步，自然就会更进一步。

康多莉扎·赖斯，出生于1954年11月14日。小时候素有“神童”之誉的她，从小就跟着当小学音乐教师的母亲弹钢琴，4岁时就开了第一个独奏音乐会。不但学习成绩极其出色，跳了两次级，而且还把网球和花样滑冰玩得特别出色。16岁时，进入丹佛大学音乐学院学习钢琴，她梦想成为职业钢琴家。她在音乐方面独具的天赋和他人难以企及的家学，似乎没有人能够轻易地否认，大家都相信过不了几年她就会成为乐坛翘楚。

可是，出人意料地是她打起了“退堂鼓”，开始了崭新梦想的破冰之旅。原来在著名的阿斯本音乐节上，她受到了打击。“我碰到了一些11岁的孩子们，他们只看一眼就能演奏那些我要练一年才能弹好的曲子，”她说，“我想我不可能有在卡内基大厅演奏的那一天了。”于是，她开始重新设计自己的未来并发现了新的目标———国际政治。“这一课程拨动了我的心弦，”她说，“这就像恋爱一样……我无法解释，但它的确吸引着我。”她从此转而学习政治学和俄语，并找到了她一生追求的事业。

赖斯并没有追随儿时的梦想成为一名钢琴家，而是在大家都看好的情况下选择了“退却”，并开始了崭新梦想的破冰之旅。她发现了自己再坚持下去，也难以取得超越别人的成就，所以，她果断地选择了放弃，舍弃了前进，选择了退步。在一阵休憩之后，她重新设计了自己的未来，果然，她似乎更适合混迹于政坛。如果不是当初她决然地舍弃，那么就不会有现在这样出色的政治家了。

有时候，退一步是为了再更进一步做准备，进一步是为了更好地权衡取舍。

所以，当你敢于舍弃进一步，选择退一步，也并没有阻碍人生的前进，也不会影响人生的光芒。只有知进知退，才能够铸就人生的辉煌，才能赢得属于自己的人生。

心理启示

知进，就是不断地追求进步，追求更高的奋斗目标；而知退，就是懂得适时的从容，懂得放弃，懂得淡定，懂得和解，成就人生的另一种美丽。只有将这两者结合起来，才是完美的人生。知进知退，方能知人生！

不图功名，礼让功劳

古之善将者，养人如养己子。有难，则以身先之，有功，则以身后之。

——《将苑·哀死》

诸葛亮说：“古代凡是优秀的将领，对待自己的部下就好像对待自己的儿女一样，当困难来临时，身先士卒，首当其冲，站在最前面；在功劳荣誉面前，与部下谦让，把功劳、荣誉推给部下。”一位聪明的人总是显得很谦卑，他会把本来属于自己的功劳让给别人，嘴里还说：“我真的没有做什么，是他们的功劳。”这不但使他赢得了美名，也让他的同伴感到由衷的钦佩。平时生活中的人际交往也是一样的道理，没有谁会喜欢一个好大喜功、居功自傲的人。就算你是有一点小小的功劳，也要学会把功劳归功于他人，自己只是贡献了微薄之力，又何必去争着要那美誉？把功劳归功于他人，让他人得到赞誉和肯定，他也会对你充满感激。毕竟，一个谦虚的人总是很受欢迎。

古往今来，有多少人为人类的发展做出了杰出的贡献，但是他们并没有为自己请功，而是把更多的功劳让给别人：或是自己的助手，或是自己的同伴，或是劳动人民。他们并没有因为自己的功劳就请赏，而更多的觉得这就是做自己应该做的事。淡泊名利，鄙弃功名，成了他们品质高洁的彰显。更多的时候，人们关注的重点不是他做了多少的贡献，而是他对功名利禄的淡漠。他往往成为人们敬重的对象。

一位报社记者前来采访居里夫人，想把她的事迹报道出去。她坚定地回答："在科学上重要的是研究出来的'东西'，不是研究者的'个人'。"

对于研究出来的东西——镭，有几位朋友劝他们申请生产镭的专利权。玛丽·居里代表她的丈夫作出了这样的决定："不应该这样做，这是违背科学精神的。科学家的研究成果应该公开发表，不受任何限制。如果我们的发现可以获利，这只是一个偶然事件，在这上面我们不应该有什么优先权。何况镭是对于病人有好处的……依我看，我们不应当借此来谋利。"他们把这个伟大的发现交给工业界和医学界广泛利用，并不谋求个人的任何私利。

巨额的诺贝尔奖金，对于一向清贫的居里夫人来说，非常需要，但是她并不稀罕它。而是把大量的奖金赠送给了波兰的大学生、贫困的女友、实验室的助手、没有钱的女学生、教过她的老师、资助过她的亲属。

有名的学者爱因斯坦曾经这样评价居里夫人："在我所认识的所有著名人物里面，居里夫人是唯一不为盛名所颠倒的人。"

一个对人类有巨大贡献的人，他一定会被载入史册，但是他却不一定能够让所有的人都对他充满了崇敬之情。而居里夫人就做到了这一点，当然，人们敬仰居里夫人不仅仅是因为她淡泊名利，还因为她的巨大贡献。生活中，我们并不是像居里夫人一样的了不起，我们的功劳也没有什么可比性。但是，居里夫人淡泊名利而受他人敬佩的道理，也在人际关系中显现出来。居里夫人不畏盛名所颠倒的高洁品质被人们深深的钦佩，从这里我们学到了：一个人的谦卑会让所有的人喜欢。所以，学会谦卑，有了一点功劳不应该据为己有，而应把功劳归功于他

人，这会让我们之间建立友好的人际关系。

在公司中，下属总将功劳归于上司，而上司总是把功劳归功于下属。于是，下属受上司的重视，上司受下属的爱戴。显而易见的道理，把功劳归功于他人，会获得他人的感激之情。什瓦普也曾说：“只有那些能把机会让给他人的人才能称得上是伟大的商人。有很多商人因为只顾个人的利益和荣耀，所以不能建立伟大的事业。”所以，一位高明的领导总是把功劳归功于自己的下属，一位聪明的下属也总是把功劳归功于上司。

卡内基说：“如果事必躬亲，将所有荣誉归于自己，那么这种人怎么能成就伟大的事业呢？”把功劳归功于他们，会让他们有种满足感和成就感，以此来激发他们对成功的渴望，自然他们就会在工作上加倍的努力。大家都知道，真正的大人物未必时刻在追名逐利，他应该尽可能地让他人有赢得名利的机会，至少他应与他人共享这份名利，这就是他赢得部下支持和拥戴的最好的办法。所以，把功劳归功于他人，不但使自己显得谦卑，也给人们留下一个好印象，你就有可能获得交际中的成功。

心理启示

大人物，从来不会居功自傲，他在成功的那天依然没有忘记曾经为他奋斗的人们，会聪明地把功劳归功于自己手下的人。

下篇

跟诸葛亮学谋略

《汉书·艺文志》曰：『权谋者，以正守国，以奇用兵，先计而后战，兼形势，包阴阳，用技巧者也。』纵观古今中外，大凡智者都是善谋略之士，他们在竞争中，通过策划，巧用机窍而取得超常效果，最后助力成事。

第13章　隆中对策——决胜千里的智慧

《史记·高祖本纪》：“夫运筹策帷帐之中，决胜于千里之外，吾不如子房。”做一件事情时，如果做好准备，那后期的工作就能够如期顺利进行。诸葛亮不仅是智者，更是一位军事家，他善于策划用兵，指挥战争，在屡次战争中取得了不凡的战绩。

展望未来，已胸有成竹

先生未出茅庐，已知天下三分，真万古之人不及也！备虽名微德薄，愿先生不弃鄙贱，出山相助，备当恭听教诲。

——《三国演义》

诸葛亮的草庐对恍惚半日，未来局势却早已胸有成竹。自古以来，那些大凡作出巨大成就的人，他们都必须知道自己想成就的是什么？当然，他们绝不像太平洋中没有指南针的船只一样，随风飘荡。成就梦想，树立目标是第一步，然后思考：如何达成自己的目标。这道理似乎听起来好像老生常谈，但是，令人惊讶的是，许多人都没有认清：为自己制定目标以及执行计划，是唯一能超越别人的可行途径。德里克·博克曾说：“我早已致力于我决心要保持的东西，我将沿着自己的路走下去，什么也无法阻止我对它的追求。”在人生的道路上，我们做任何事情都需要有立场、有目标，这样世界才会给你让路。

三国时期，敦厚的刘备属于弱势的一方，他四处寻找谋士，希望能为自己指点迷津。当他驻扎在新野的时候，徐庶拜见刘备，推荐说：“先生知道诸葛孔明吗？他可是人间卧龙啊，你可愿意见他？”刘备说：“你让他来吧。”徐庶说：“恐怕你只能登门拜访他了，毕竟不可以委屈他。”

于是，刘备决定前去拜访这位卧龙先生。谁料去了两次都没见着，第三次总算见到了。当时刘备让身边的人退下，向诸葛先生说：“汉室的统治崩溃，奸邪的臣子盗用政令，皇上蒙受风尘遭难出奔。我不知道自己的德行是否能服众，自己的力量是否可以胜任，我想为天下人伸张大义，却唯恐自己才疏学浅，会最终失败，现在我这样的局面，应该怎么办？不过我内心依然怀着忠君爱国的志向，先生是否愿意给予一些建议呢？”

诸葛亮回答道：“自董卓独掌大权以来，各地豪杰同时起兵，占据州、郡的人数不胜数。曹操与袁绍相比，声望少之又少，然而曹操最终之所以能打败袁绍，从弱者成为强者，不仅依靠的是天时好，而且也是人的谋划得当。现在曹操已拥有百万大军，挟持皇帝来号令诸侯，这确实不能与他争强。孙权占据江东，已经历三世了，地势险要，民众归附，又任用了有才能的人，孙权这方面只可以把他作为外援，但是不可谋取他。荆州北靠汉水、沔水，一直到南海的物资都能得到，东面和吴郡、会稽郡相连，西边和巴郡、蜀郡相通，这是大家都要争夺的地方，但是它的主人却没有能力守住它，这大概是天拿它用来资助将军的，将军你可有占领它的意思呢？益州地势险要，有广阔肥沃的土地，自然条件优越，高祖凭借它建立了帝业。刘璋昏庸懦弱，张鲁在北面占据汉中，那里人民殷实富裕，物产丰富，刘璋却不知道爱惜，有才能的人都渴望得到贤明的君主。将军既是皇室的后代，而且声望很高，闻名天下，广泛地罗致英雄，思慕贤才，如饥似渴，如果能占据荆、益两州，守住险要的地方，和西边的各个民族和好，又安抚南边的少数民族，对外联合孙权，对内革新政治；一旦天下形势发生了变化，就派一员上将率领荆州的军队直指中原一带，将军您亲自率领益州的军队从秦川出击，老百姓谁敢不用竹篮盛着饭食，用壶装着酒来欢迎将军您呢？如果真能这样

做，那么称霸的事业就可以成功，汉室天下就可以复兴了。”

刘备说：“好！”从此与诸葛亮的关系一天天亲密起来。关羽、张飞等人不高兴了，刘备劝解他们说：“我有了孔明，就像鱼得到水一样。希望你们不要再说什么了。”关羽、张飞于是不再说什么了。

通过隆中对，展现在人们面前的是诸葛亮具有远见卓识的政治家和军事家的形象。他善于审时度势，观察分析形势，善于透过现状，掌握全局，高瞻远瞩，推知未来。每个人的行为特点都是有目的性的，一般来说，没有目的性的行为是很难成功的。有可能你想成为一名政治家，想成为一名流行歌手，想成为一名将军……但是，生活中没有目标的人就是可怜的糊涂虫，他们永远没有办法找到成功的途径。车尔尼雪夫斯基曾说：“一个没有受到献身的热情所鼓舞的人，永远不会做出什么伟大的事情。”一旦我们失去了目标，就意味着失去了人生的推动力，失败必将来临。当然，在追寻目标的过程中，我们应该有自己的立场，因为我们的生命不需要被保证。

美国有一个非常著名的关于目标对人生影响的跟踪调查，调查对象是一群智力、学历、环境等条件差不多的年轻人。通过调查发现：27%的人没有目标；60%的人目标模糊；10%的人有清晰但比较短期的目标；3%的人有清晰且长期的目标。

此项调查进行了长达25年的跟踪，发现那些调查对象的生活状况以及分布现象都十分有意思：那些占3%有清晰且长期目标的人，25年来几乎不曾更改过自己的人生目标，25年来他们一直朝着同一个方向努力。25年后，他们几乎成为了社会各界的顶尖成功人士，在他们当中有白手起家的创业者、行业领袖、社会精英；那些占10%有清晰但比较短期目标的人，在25年后，他们大多生活在中上层，在他们身上有着共同的特点：那些短期目标不断被达成，生活状态稳步上升，成为了各行业不可缺少的专业人士，他们的职业大多是医生、律师、工程师，等等；其中占60%目标模糊的人，25年后他们大多生活在社会的中下层，他们能够安稳地生活与学习，但没有什么特别的成绩；剩下27%没有目标的人，25

年来，他们几乎都生活在社会的最底层，而且，生活过得很不如意，常常失业，需要靠社会救济，喜欢怨天尤人。

也许你现在与别人差距不大，那是因为你们距离起跑线不远，而不是你比别人聪明，或者说上天眷顾你，你是属于那10%、60%还是剩下的部分，只有你自己最清楚，不过，希望你能努力成为那10%目标清晰的人。有目标有远见的人往往可以走得更远，因为世界会给他们让路。

心理启示

有人曾这样说，一个人无论他现在多大的年龄，其真正的人生之旅，是从设定目标那一刻开始的，之前的日子，只不过是在绕圈子而已。要想获得成功，我们就必须拥有一个清晰而明确的目标，目标是催人奋进的动力。如果你缺失了目标，即使每天不停地奔波劳碌，却还是无法获得成功，而成功者之所以能轻松地走向成功，那是因为他们的目标明确，眼光长远。

全面部署，创造有利时机

大梦谁先觉？平生我自知。草堂春睡足，窗外日迟迟。

——《三国演义》

刘备三顾茅庐，立于草庐之外等了好几个时辰，当诸葛孔明醒来时不禁感叹："大梦谁先觉？平生我自知。草堂春睡足，窗外日迟迟。"意思是，谁在大梦里最先觉醒，今生的事情我已经知道，春天我在茅草屋里睡足了，窗外的日光慢慢移动。几句诗跃然口中，一位运筹帷幄，决胜于千里之外的智者形象一下子丰盈了起来。

在很多时候，我们面对困境，前路好像一下子堵死了。但如果全面部署，从长远出发，创造有利时机，未来会不断取得突破。有一位农夫，由于勤劳发奋，善于经营，没过几年他就成了远近闻名的养牛专业户，但是，突如其来的一场大火导致了整个牛棚葬身火海，农夫一下子陷入了困境，悲痛之余他并没有放弃，他到处筹集资金买了两头奶牛，不断地繁衍，仅仅用了几年的时间，他的奶业公司又发展了起来。当未来的一片蓝图绘就，你所需要的就是不断创造有利时机，从全局出发，逐步实现理想。

19世纪，有人在美国加利福尼亚州发现了黄金，于是，出现了一股淘金热潮，许多人纷纷慕名而来淘金。当时，小农夫亚摩尔只有17岁，他也准备去碰碰运气。由于穷得买不起船票，他只能跟着大篷车风餐露宿奔向加州。

淘金完全是力气活，再加上周围环境恶劣，亚摩尔感觉很不适应。过了一段时间，他决定放弃。有一天，他无意听到了淘金人的抱怨，“谁能给我一壶凉水，我就给他一块金币。”后来，由于没有水喝，有人甚至说：“谁要是让我痛饮一顿，老子就出两个金币报答他也无所谓。”原来，矿山里气候干燥，水源奇缺，对淘金人来说，最痛苦的事情就是没有水喝。

淘金工人不经意发的牢骚却给了亚摩尔一个启发。他想：既然自己不适合挖金矿，不如卖水给找金矿的人喝，也许比找金子赚钱更快。于是，他开始挖水渠引水，再将水过滤一遍，变成饮用水，再把水装进桶里、壶里，卖给淘金工人。当时有人嘲笑他：“大家来加州是为了淘金发大财，做这种蝇头小利的生意，又何必千里迢迢跑到加州来呢？”由于淘金工人很多，对饮用水的需求量比较大。很快，亚摩尔就赚到了6000美元，这在当时是一笔十分可观的收入。

同样是一件事情，有的人觉得这就是灾难、险境，有的人却因此而看到了机遇，原因在于人们的眼光不同。如果你只是放在眼前，你会觉得事情毫无希望；但是，倘若你能将眼光看得更远，你会发现，展现在你面前的就是一次机会。

王传福说：“最关键的是要有冒险精神。”当比亚迪科技有限公司刚刚成立的时候，日本充电电池一统天下，国内的许多厂家都是买来电芯自己组装，这

样，利润少，几乎不存在竞争。经过一番思考，王传福将目光投向了含量最高、利润最丰富的电芯。如此冒险的想法，在国内还无先例。后来，比亚迪公司的镍镉电池销售量达到15亿块，排名上升到世界第4位。之后，王传福投入大量资金开始了锂电池的研发，很快便拥有自己的核心技术，并成为摩托罗拉的第一个中国锂电池供应商。

如果说这是王传福的第一次冒险，那么，决定制造汽车将是其第二次冒险。在2003年，比亚迪宣布以2.7亿元的价格收购西安秦川汽车有限责任公司77%的股份，由此成为继吉利之后国内第二家民营轿车生产企业。在2004年，深圳市有200辆比亚迪制造的锂离子纯电动汽车投入出租运营，成为全国第一家电动车示范区，真正实现了尾气零排放。

因敢于冒险，适时抓住了绝好的机遇。在短短七年的时间里，王传福将镍镉电池产销量做到了全球第一、镍氢电池排名第二、锂电池排名第三，年仅37岁便成为享誉全球的“电池大王”，坐拥338亿美元的财富。

心理启示

面对困境，我们必须明白：从全局出发，牢牢抓住隐藏在险境中的机遇，才能走得更远。同时，眼光要看远一点，不仅仅要着眼于眼前的困难，最关键的是，我们要善于在这样的困境中发掘机遇，抓住机遇。在通往成功的路上，有荆棘，有鲜花，荆棘代表着困难，鲜花预示着机遇，只要你踏过了荆棘地，就会到达美丽的花园。

欲取先予，舍小利顾大局

事无苟免，不为利挠，有死之荣，无生之辱，此之谓义将。

——《将苑·将才》

诸葛亮说："做事能不只图眼前消灾去难，还有长远打算，一丝不苟，不被利益所诱惑，宁愿为荣誉献身，也不屈辱求生，这样的将帅是义将。"人们常说："好汉不吃眼前亏。"他们总认为自己有着自己的自尊和颜面，绝不能在他人面前吃亏，不能失去眼前的点点利益。其实，这样的理解是错误的，真正的好汉一定有着锐利的眼光，他所关注的是长远的根本利益所在，而不会计较眼前的利益得失，他们宁愿舍小利而保大局。只有那些鼠目寸光的人，才吃不得眼前亏，他们心胸狭隘，容不得一点儿损失，所以，最终难以成就大事；而那些真正的好汉，就是高瞻远瞩的人，却会吃眼前亏，他们视野辽阔，容纳天地于自己的心中，所以，舍小利而促成功。有时候，在眼前的只是蝇头小利，即便是你千方百计追寻了，那也不能铸就你的成功。与其紧紧地抓住眼前的东西，还不如把眼光放长远一点，放长线钓大鱼，这样离成功就会越来越近。

美孚公司闻名于全世界，当时为了占据中国这个极具潜力的市场，总公司决定在上海开设油灯厂。当时的中国还比较落后，绝大多数的中国人还不懂如何使用煤油灯。美孚公司的负责人在上海花了很长的时间，也使出了浑身解招数，也没有收到想要的效果。后来，公司想出了一个决策：只要购买两斤煤油，就可以奉送刻有"请用美孚油"字样的煤油灯一盏。这个决策出来，很快取得了良好的效果。喜欢贪图便宜的中国人认为，两斤油本来不贵，还可以白捡一盏价格不菲的油灯，于是，购买煤油的人越来越多。只在短短一年中，美孚公司就"赔"掉了80多万盏煤油灯，这对于公司来说是个不小的损失。但是，正是这80多万盏白送出去的煤油灯，起到了广告的效应，成了美孚公司取之不竭的财源。就这样，

美孚公司迅速占领了中国的“洋油”市场，而且盛销几十年，获利无穷。

美孚公司甘愿吃眼前亏，不惜赔出去80多万盏煤油灯，这在消费者眼里却是“打着灯笼找不着的好事”，于是纷纷购买煤油，谁知，自己却给公司做了一个活广告。好汉之所以会吃眼前亏，是为了以后更好的发展，寻求更为长远的利益。虽然在很多时候，好汉是需要骨气的，不应该轻易放弃眼前的东西，但是在现实生活中，残酷的现实、生存的压力，即便是立志高远、胸怀大志，但连最基本的生活保障都没有，又何谈志向呢？好汉要学会吃眼前亏，其实就是一种忍耐，一时的忍耐并不是对命运的屈服，也不是卑躬屈膝，而是对未来的一种铺垫和积累。

2005年胡润百万富豪榜中，严介和以125亿元的资产位列中国大陆大富豪第二。即便是他今天如此的成功，但在他发迹之前，他也曾做过吃亏的事情。

在1992年的时候，严介和租赁了一家濒临破产的建筑公司。他接到了一项业务，居然是一个被承包商转包五次的建筑工程。他对这个业务进行测算后，立即傻眼了，如果自己接下了这个工程，至少得亏损五万元，这完全是一个没人敢接的工程，所以才落入自己的手中，是接还是不接呢？他陷入了沉思，因为自己没有后台也没有任何关系，在建筑业这个关系错综复杂的生态圈中，他只能得到这样的业务。于是，他决定接下这个业务，从亏本的第一笔业务开始做起。他把这个亏本的工程当成了日后发展的“招牌”，倾尽了自己的全力。当工程完成之后，验收部门不相信这样的亏本工程会有好的质量。但检测结果令人瞠目结舌，所有指标个个皆优。当然，他足足亏损了8万元，但良好的质量却为他赢来了一笔又一笔的业务，最终，他成功了。

学会吃眼前亏，虽然这其中有许多无奈，但其实也是降低了自己的“门槛”，严介和就是利用了“欲取先予”的计谋，巧妙地做了一笔一本万利的生意。人生也是一样的，当你认为吃亏是一种损失时，其实，之后就会为你谋取更多的长远利益。

心理启示

古人说：吃亏是福。吃亏从表面上说是一种损失，但从长远看来，却是一种福气。当所有人都在竭力争取的时候，你选择了吃眼前亏，不仅为自己树立良好的信誉，还会让他人对你产生莫大的好感。

反客为主，步步为营

将军既帝室之胄……若跨有荆、益，保其岩阻，西和诸戎，南抚彝越，外结孙权，内修政理；天下有变，则命一上将将荆州之军以向宛、洛，将军身率益州之众出于秦川，百姓孰敢不箪食壶浆，以迎将军者乎？诚如是，则霸业可成，汉室可兴矣。

——《三国演义·隆中对》

在隆中对中，诸葛亮为刘备绘就了一幅蓝图：先占领荆州、益州，守住险要的地方，与西边的各个民族和好，又安抚南边的少数民族，再对外联合孙权，对内革新政治，如果能够按照这样做，岂非步步为营，汉室天下就可以复兴了。本来刘备属于三国鼎立的弱势，但若按照诸葛亮所给出的计划部署，则反客为主，步步为营，自然能够完成恢复汉室大业。一个人行动之前要有目标，但仅仅有目标还不够，在把理想铺铸成现实的道路上，我们还应该做好规划，规划不仅仅是一种前景目标，一张蓝图而已，它更是你行动的路线图。

东汉末年，袁绍的势力逐渐强大起来，他一心想要统一北方。但是，让他感到苦恼的是，因为筹集不到充足的粮草，常常会为这样的事情烦心。其盟友韩馥得知消息后，主动借给他军需，帮助袁绍解决了暂时的困难。袁绍的谋士建议他

设法夺下有“天下粮仓”之称的冀州，从根本上解决粮草短缺的窘况。

冀州是韩馥的管辖地区，袁绍虽然和他是盟友，不过为了自己的政治利益，他已经顾不了许多了。袁绍知道，公孙瓒也有图谋冀州之心，便给他写了一封信，假称要和他一起攻打冀州。公孙瓒见信大喜，马上下令，准备发兵冀州。

与此同时，袁绍又派人赶到韩馥的身边，向他吹风说：“公孙瓒要联合袁绍攻打冀州。你和袁公本是盟友，何不主动联合袁公，请他带兵入城，共抗公孙瓒呢？”韩馥便邀袁绍进入冀州。袁绍入城后，暗地里把自己的亲信一个个安插在冀州的重要位子上，这样一来，韩馥便被架空了。

韩馥见大势已去，为防遇害，只好一个人逃走了。

“反客为主，步步为营”意思是客人反过来成为主人，比喻变被动为主动。袁绍就是用这个办法夺取了冀州。本来占据被动的位置，却因为巧妙应用而反客为主，占据主动位置，然后一步步按照自己部署的步骤，占据主动，打退对方。

事实上，诸葛亮使用这个计策，不仅仅在辅佐刘备光复汉室，还经常运用到行军打仗之中。哪怕自己处于劣势，但寻找敌人的空隙，趁机插足于敌人的内部，逐步壮大自己的力量或者兼并敌人的力量，最终成为掌控全局的主人，将战争的主动权牢牢地掌握在自己的手中。这个计策只要运用得当，就能够慢慢从被动位置转变成主动位置，再按照战略部署，一步步抢先占领先机，最终赢取战争的胜利。

隋朝末年，隋炀帝暴虐无道，李渊率兵三万，打着拥立代王的旗号，起义造反，并成功入关。不过，就在这时，有探子来报：“魏公李密列数隋炀帝十大罪状，昭告天下，率兵造反，手下部众约有数十万人。”李渊听到这个消息，十分吃惊，他唤来儿子李世民一起商议。李世民分析当前形势，对父亲李渊说：“李密人多势众，不可正面与之为敌。如今为图大业，一定要先与他交好，免得我军腹背受敌。”于是，李渊马上派人传信给李密，表示愿意一起结盟，共同抵抗隋军。

没料到，李密却非常倨傲，他回信表示自己才是盟主，而且要求李渊亲自去

河内才能缔结盟约。尽管李渊看到这样的回信感到十分不快，但他深知对方兵力庞大，而自己还处于弱势，不能随便翻脸。于是，李渊对李世民说："既然李密如此狂妄自大，我们不如就利用这一点，先保持谦卑的姿态，哄骗他去防守河洛一线的隋军，而我军就趁机西征。待我们一举拿下关中之后，他却与隋军鹬蚌相争，我等到时就可坐收渔人之利。"李世民听了，大赞妙计。

李渊当即写信给李密："如今天下大乱，急需明主一统江山，而您德才兼备、众望所归，这主位自然非您莫属。我李渊别无他求，甘愿追随您鞍前马后，唯一的愿望是待您登基之后，依然封我做唐王就可以了。"李密一看此信，满心欢喜，对李渊的要求一口答应，让他安心西征。李渊没了后顾之忧，一路西进，很快就攻下了长安，自立为王。

此时，李密正与隋军对峙，他企图攻下东都后自立为王。岂料李世民和李建成率军从中捣乱，暗中阻拦，所以李密迟迟不得成功。刚愎自用、急功近利的李密一心只想赶紧拿下东都，没有听从魏征等人的劝告，最后却中了隋军的诡计，原本数十万军只剩下两万多人，他只得投奔李渊希望能够得到庇护。

他一厢情愿地认为李渊会遵守盟约，尊奉自己为盟主，不料此时已掌握主动权的李渊"反客为主"，只封了他一个光禄卿的闲职，以及一个邢国公的空头爵号。李密因此心怀不满，便与王伯当勾结，起兵造反，最终全军覆没，丢掉了性命。

在战场中，谁能掌握主动权，谁就把握了最后的胜利，一开始的劣势也变为优势，这就是这一计策的妙用。当对方已经占据主动，实力过于强大，己方可以保持谦卑的姿态，缓解对方的警惕之心，在不显山露水中发展自己的力量。而当自己的势头已经超越对方时，自己就会反客为主，一举拿下主动权，从而掌控整个局势。

心理启示

在"反客为主、步步为营"这个策略中，最重要的在于目光要放长远，不能

急功近利。当自己处于劣势的时候，要分清形势，不能拿鸡蛋碰石头，哪怕该受的委屈还是要受，时刻保持谦虚谨慎的态度，等到自己在静处韬光养晦，修养完整之后，才慢慢施展实力，一举拿下主动权，让自己成为掌控局势的主人。

目光放长远，不计眼前得失

> **故今诸侯好利，利兴民争，灾害并起，强弱相侵，躬耕者少，末作者多，民如浮云，手足不安。**
>
> ——《便宜十六策·治人》

诸葛亮在《便宜十六策·治人》中提到春秋时代贫弱者开始为富者耕作，延续至今的诸侯皆争一己之私利，形成弱肉强食的社会，耕作的农人减少，纷纷改行从商，互相争利，以致人心惶惶，社会不安定。如果一个国家为了求富，而让百姓纷纷经商，那会互相争利，社会也会不安定。所以他提出："为政者要能控制财货流量，并以礼教化百姓，使之勤俭刻苦平日有积蓄，便不愁荒年时物货缺乏，这样的治民之道，不也合乎了四时的变化吗？"目光放长远，何必计较眼前得失呢？

在人生的路上，有着太多的得，也有太多的失，很多人一直都在计较着得与失，所以，每一天都在抱怨、懊悔中度过，在他们的漫漫人生之中，没有哪一天是真正的快乐。无声的年华岁月将我们带走，看尽了繁华落尽，我们才会感叹：这一路走来，自己竟然忽视了那么多的美好风景，以前只是拼了命地计较得失，到现在已经没有什么可失去的了，但也从来没有得到过什么。

每天我们都在抱怨、懊悔，如果当初自己怎样，那现在又是另外一番光景了。如果自己周末也加班了，那工资肯定能涨了不少；如果当初听父母的话，嫁个有钱男人，现在就不用辛苦做家务了。生活总是不能给予我们全部，不是这里

让我们不满意，就是那里让我们不满意，到底是我们要求太高还是生活给的太少了。其实都不是，是因为我们没有良好的心态，我们每天都在计较着自己的得与失，生活在我们的抱怨中越来越暗淡，我们的心情越来越糟糕，最终发现日子真的很难过。与其斤斤计较生活中的得与失，不如敞开胸怀，乐观豁达地生活着，这也是一件生活的美事。

在每年的七八月份，北极地区的冰雪开始大面积融化，气温也逐渐开始回升，出现短暂的春天景象，十分美丽。但是，随着气温的升高，也开始出现大量的蚊虫，另外由于当地物种稀少，那些饥饿的蚊虫就会飞到人们聚居的地方，吸食人们的血液来维持自己的生命。让人感到奇怪的是，当地的印第安人却对这些嗡嗡乱叫的蚊虫十分仁慈，从来不轻易伤害它们。有的游客会拿出杀虫剂喷洒，还会被当地居民所制止。这是为什么呢?

原来，一种被称之为驯鹿的动物是当地居民过冬的主要肉质动物来源。可是，在天气比较暖和的时候，大批的驯鹿会自发地成群结队向低纬度地区迁移，因为那里有大量的水草。如果没有人驱赶它们，它们就不愿意在严寒到来的时候准时回来。但是，在北极地区，如果你想靠人力来驱赶，这根本是不可能的事情。这时候，那些讨人厌的蚊虫就显示了它们的威力。天气开始降温，这些蚊虫就会飞到低纬度地区逃命，自然会与驯鹿不期而遇。那些吸食血液的蚊虫是驯鹿无法抵御的天敌抵御不了蚊虫的进攻，又无处躲藏，并且那边的气候还不适宜生存，于是那些驯鹿走投无路之下只能往回跑。这一跑，正好钻进了人们事先已经设计好的包围圈里。

聪明的印第安人掌握了自然界物物相克的规律，所以甘愿忍受蚊虫吸食的痛苦，来求得长远的生存。在他们看来，眼前的得失并不需要挂在心上，那些长远的考虑才是智慧者的生存之道。所以，在那些被蚊虫吸食的痛苦日子里，印第安人并没有过多的埋怨，而是保持着一份乐观豁达的胸怀，因为他们知道有了蚊虫的存在，这个冬天就不用愁食物了。

《淮南子·人间训》记载了一个故事：

在靠近边塞的人中，有一位精通术数的人。他家的马自己跑到胡人那里去了，大家都来安慰他。这个老人说："这怎么就知道不是一件好事呢？"

过了几个月，他家的马带领着胡人的骏马回来了，大家都祝贺他。这个老人说："这怎么就知道不是一个祸患呢？"家里多了匹良马，他的儿子又喜欢骑马，有一次从马上摔下来折断了大腿。大家都安慰他，这个老人又说："这怎么就知道不是一件好事呢？"

过了一年，胡人大举侵入边塞，青壮年男子都拿起弓箭参战，靠近边塞的人绝大部分都因战争而死去。唯独他的儿子因为腿摔断了的缘故免于征战，父子得以保全性命。

豁达乐观的人，他并不没有把眼前的得失放在心上，他们坚信：只要拥有一份良好的心态，那些失去的会再回来，那些不想得到的会主动离开，所以，他们怡然自得，坐在院子里闲看花开花落、云卷云舒，细细数落走来的日子，有一大片美好，此生足矣。

心理启示

如果只顾眼前利益，最后获得的只是蝇头小利；如果把目光放长远，才能真正笑到最后。诸葛亮真正着眼全局，把目光放长远，才得以辅佐刘备征南蛮、北伐中原。事实上，不管是做人还是做事，都应该将目光放长远，从全局出发，做好事情，从而实现人生价值。

第14章　知己知彼——揣情摩意的智慧

揣摩对方，这是诸葛亮的重点战术，他在《将苑·察情》中详细地论述了如何观察敌军，如何获得其真实意图。在察情之后，一次次地引诱其作出反应，耐心地等待其上钩，在不知不觉之间获得成功。正所谓知己知彼，了解了敌人才能更好地应对。

察其内情，探其心理

> 夫知人之性，莫难察焉。美恶既殊，情貌不一。
>
> ——《将苑·知人性》

诸葛亮说："世界上没有比真正地了解一个人的本性还要困难的事情。每个人的善、恶程度不同，本性与外表也是不统一的。"尽管可以通过交流观察与分析他人的心理，不过容易受到各种因素的影响，有时所获得的信息会不够精确，不够深刻，没办法让人获取更深层次的信息。当然，了解他人的深层次心理以及相关信息，除了多角度的观察方法以外，还需要策略性的试探技巧，投其所好地进行测探。

在纷繁复杂的人际交往中，有时候，前一刻还如胶似漆，彼此如同手足一般，但下一刻就翻脸不认人，彼此水火不相容了。其实，有这样的情景，就在于我们没能看透对方的真伪，没有掌握识人心的真正本领。君子般坦荡荡的理想

交际，是每一个人都期盼的，可在现实生活中，我们却很难找到一个吐露心事的人。俗话说："人心隔肚皮。"对方心里在想什么，对自己到底是真情还是假意，我们都无从得知。那么，如何才能分辨出对方的真伪呢？这就需要我们从日常言行、外貌下手了，仔细揣摩对方的言行，观察其貌相，从中窥探对方的真伪，以此看破人心，这样，我们才能真正地识破人心，辨清真伪，从而牢牢地把握人际交往的主动权。

战国时期的韩昭侯为了试探人心，在剪指甲的时候，故意将一片剪下的指甲屑放在手中，然后命令近侍："我刚剪下的指甲屑不见了，心里毛毛的，很不舒服，快点帮我找出来。"众人手忙脚乱地找了一阵之后，谁也没找到。这时，有一位近侍偷偷剪下自己的指甲呈上，禀报说找到了。韩昭侯由此发现他是一个会说谎的人。

又有一次，韩昭侯命令属下四处巡视，察看是否有事发生。结果属下回报说没有动静，经昭侯再三追问，属下才告知说："南门之外，有牛进入旱田偷吃了谷苗。"韩昭侯听完之后，命令报告的人不准泄露这个消息，然后派遣其他的人出外巡视，并且告诉他们："近来发现有违反禁令，让牛马牲畜践踏旱田的行为，你们速去探知，快来回报。"

不久之后，所有的调查报告都呈了上来，但其中并没有一件是关于南门外事件的报告，韩昭侯于是大发雷霆，命令属下重新严加调查，终于查出了南门外发生的事件。从此，属下都畏惧韩昭侯料事如神的能力，再也不敢马虎从事了。

魏武侯曾问吴起大将军："和敌军对阵之时，如果不明敌情，应该采取什么策略？"吴起回答说："应该采取诱敌之策，当两军交锋的时候，我们先虚应一下，然后退下阵来，借机观察敌军反应。如果敌军依然阵容严整，不轻易追赶的话，表示敌军将领很有智慧；相反，如果他们一点儿也没有纪律地追赶的话，就显示出这个将领是愚笨无能的。"通常情况下，我们观察其行动和言语就可以了解其内情。不过，假如对方一直没有行为表现，我们就不能一直被动地等待下去，必须积极地采取行动，诱使对方有所行动之后，再加以观察，以明辨真伪或

控制他人。

苏轼是一个识人的高手，我们可以从其平生一二事来窥其识人的本领以及过人的洞察力。

当时，有一个叫谢景温的人，与苏轼关系很不错，两个人常常在一起谈论诗文，褒贬古今。有一次，苏轼与谢景温到郊外游玩，无意间看到了一只受伤的小鸟从树上掉下来，苏轼刚想把小鸟拾起来，谢景温却抬脚就将那只小鸟踢到一边。他这个看似漫不经心的动作，苏轼的心却凉了半截：这样一个轻贱生命，损人利己的人，不可深交啊。后来，他渐渐疏远了谢景温。果然，后来谢景温为了讨好王安石，全然不念之前的交情，加害苏轼，诬陷苏轼运售私盐，企图将其治罪。

早年，苏轼还有一位姓章的朋友，和苏轼过从甚密。在苏轼任凤翔府节度判官的时候，两人在山中游玩，游到仙游谭的时候，眼看前面是悬崖峭壁，只有一根独木桥相通。这位姓章的朋友提出让苏轼过桥，在绝壁上留下墨迹，苏轼不敢。却没想到，那位姓章的朋友神色平静地轻松走过，然后用绳子系在树上，以高难度的手法在陡峭的石壁上写下了“苏轼章某来此”几个大字。苏轼长叹曰：“能自拼命者能杀人也！”后来，章某当上了宰相，有了权势，对人毫不手软。因与苏轼政见不合，对曾经的朋友也大下棘手，将其贬至偏远的惠州，再贬他到更偏远的儋州。

从上面两个故事中，可看出苏轼过人的洞察力。只凭一个踢小鸟的动作，看出朋友是一个轻贱生命、损人利己的人；凭着朋友脸色平静过独木桥，只为留下几个大字，可看出朋友是一位为了求得目的不惜杀人的人。苏轼对这两个朋友的判断，事实证明，都是极其准确的。而苏轼能有如此的识人本领，就在于其高超的洞察力。

人都是善于伪装的动物，每个人都生活在一个伪装的世界里。无论我们接受与否，这一点都是客观存在的。在现实生活中，每个人都扮演着不同的角色，随着对象的不同，那么，其角色与言行也是不同的。如何才能揭开对方的真面目？

这就需要一定的洞察力，看透其表面的掩盖，洞悉对方的真实意图。

心理启示

通过其不经意表露出来的言行、神态，窥探其真面目。识人心最关键的一点就是你能够看出对方是如何掩饰自己的，所谓透过现象看本质，只要你具备一定的洞察力，就能够从对方的言行中窥出端倪、看出破绽了。

察人于无形，决胜于千里

有温良而为诈者，有外恭而内欺者，有外勇而内怯者，有尽力而不忠者。

——《将苑·知人性》

诸葛亮说："有的人外貌温良却行为奸诈，有的人情态恭谦却心怀欺骗，有的人看上去很勇敢而实际上却很怯懦，有的人似乎已竭尽全力但实际上却另有图谋。"

在这个世界，并没有独立存在的个体，因而，人与人之间的交际是不可避免的。随着科技的日新月异，人们的物理距离越来越近，甚至，彼此之间只有一堵墙或者一层楼板，但是，彼此之间的心理距离却越来越远了，我不知道你所想，你亦不知道我所思，交往之中总是觉得少了点亲近，多了份阻碍。其实，这种存在的距离感，实际上就是人们彼此互不信任、互不理解而造成的。这样所造成的后果，不仅仅使人与人之间的关系变得越来越扑朔迷离，而且，还会给我们带来麻烦与困惑，因为彼此戒备，交往势必更困难。那么，如何才能轻轻松松做一个交际达人呢？秘诀只有一个，即察人心通人性，识破他人的心理，再以相应的策略迎合，如此一来，才能使你在交际场上左右逢源。

当然，察人心并不能靠一面之词，还需要用眼睛、用心去辨认，这样，我们才不至于被假象所蒙蔽。如何识破那些隐藏起来的心理呢？有人归纳出来了一个看透人的方法：“看一个男人的品味，要看他的袜子；看一个女人是否养尊处优，要看她的手；看一个人的身价，要看他的对手；看一个人的底牌，要看他身边的好友；看一个人是否快乐，不要看他的笑容，要看清晨梦醒时的一刹那表情；看一个人的胸襟，要看他如何面对失败及被人出卖；看两个人的关系，要看发生意外时，另一方的紧张程度。”虽然，这样的总结并不是那么准确，但对我们察人心多少有一些帮助。人心是一本书，一本复杂的书，我们读起来时会感到吃力，但是，惟有读懂了这本书，我们才能游刃有余地应对复杂的人际交往。

齐王后去世的时候，后宫有十位齐王宠爱的嫔妃，其中有一位会继任王后，但是，究竟是哪一位，齐王却不做明确的暗示。宰相田婴开始动脑筋，他想：如果自己能确定哪一位是齐王最宠爱的妃子，然后加以推荐，肯定能博得齐王的欢心并且对他倍加信赖；同时，还能赢得新王后的信任。不过，万一弄错的话，事情反而会糟糕，所以必须想个办法，试探一下齐王的心意。

于是，田婴命工人赶紧打造十副耳环，而其中一副要做得特别精巧美观。田婴把这十副耳环献给了齐王，齐王则分别赏赐给了十位宠妃。第二天，田婴再拜谒齐王的时候，发现在齐王的爱妃之中，有一位戴着那副特别美观的耳环。田婴明白了齐王的心意，赶紧向齐王推荐了那位戴着美观耳环的妃子，果然，齐王大喜。不久之后，那位新继任的王后，确实就是那天田婴推荐的那位妃子。

田婴虽处于乱世，但是，由于懂得处世之道，懂得识人心，这使得他没有被卷进是非之中，反而能够保全自我。为人处世，与人相处，半分钟看破人心极为重要，这样，我们才能在片刻之间，看透身边的人与事，看破一个人的真伪，洞悉对方内心深处所隐藏的心机。看破人心，才能以不变应万变，窥探出其心理的微妙变化，辨别出其真实的心理，让自己在交际场合中左右逢源、轻松自如。

纵观古今中外，凡成大事者，无一不是察人心的高手。不能识风浪，就不能扬帆沧海；不能察鸟兽，就不能纵横山林；不能察人心，就不能左右逢源。也

许，你能够在职场驰骋纵横、无往不胜，但是在面对纷繁复杂的人际交往，却会一样困惑、迷茫。

一个善于识人心的人，他一定是一个观察力敏锐的人。如果你没有一定的观察能力，就无法察觉对方在表情、动作、语言上的变化，对方心里在想什么，你也根本无从知道。所以，要想看透他人，识破人心，就必须学会察言观色。不仅如此，还需要拥有缜密的心思，没有一个人会完全地袒露自己，让自己处于人们的视线之下。所以，我们必须练就较强的识人能力，拥有敏锐的观察力和缜密的心思。这样，你就可以看透你身边的人，你就可以在众人中不露痕迹地分辨出真朋友还是假朋友；你还可以准确无误地判断出上司的意图；你可以在朋友的语调中读出他的隐衷；你可以在对你微笑的人一转身间发现他的谎言。熟知了这些察人的技巧，我们才能轻松应付复杂的人际交往。

心理启示

在我们身边，没有人会完完全全地把自己呈现出来，他们将自己隐藏在面具后面，不过，其眼神、举动、行为、习惯，都会暴露出其心理与性格。而我们只需要找到这些透露出来的细枝末节，就能识破对方心理了。

无酒不成席，以酒观人性

醉之以酒而观其性。

——《将苑·知人性》

诸葛亮说："利用喝酒的机会，使他大醉，以观察他的本性、修养。"现代生活中，我们经常说以酒桌看人品，原来这种识人方法很早以前就被诸葛亮提出

来了，可以看出诸葛亮确实是一位伟大的智者。

中国人常说："无酒不成席"，中国的酒文化也博大精深，无论是结交朋友还是做生意、宴请等，都离不开酒，现代社会，不仅男人喝酒，有些女人也喝酒，可以说，中国人的生活中离不开酒，其实，酒的作用并不仅仅在于结交友谊，更能帮助我们看出一个人的真品性，酒品如人品，一个人在醉酒的状态下呈现出什么样的姿态，是与其内心世界息息相关的。

小王是一名外企职员，负责市场部的信息工作。最近，小王接到了经理分配的一个任务，那就是探清楚合作公司的虚实，因为该公司有利用这种商业联谊窃取商业机密的嫌疑。

这可把小王急坏了，这根本是件没突破口的任务，因为在对方公司，小王也没有认识的熟人。苦苦的思索以后，小王豁然开朗，既然没办法让他们自己承认，就只有主动出击了，他想到的办法就是让对方代表"酒后吐真言"。

那天，小王把那位代表约出来，两人很快就称兄道弟了，然后小王慢慢的给对方灌酒，那人的酒量不好，不到一会儿，就开始"胡说八道"了，小王乘机问："你们和我们公司合作到底是为了什么？"从那个人"口供"中，如小王和所有领导的预料，他们公司只不过是为了获得第三方的资料。

"酒后吐真言"，案例中的小王之所以能识别出对方的真实目的，就是让自己在醉酒后不打自招的。的确，现代社会，人们结交朋友。积攒人脉，多半都是有一定目的的，其中也不乏对我们不利的目的。我们只有识别对方的目的，才不会在交际中被人利用，像小王一样，如果我们能采取投石问路的方法，用点小计谋，对方的意图就能一目了然。

因此，酒桌上，我们可以通过"醉态"来了解他的真本性，因为人们在"毫无防备"的情况下往往会暴露真实面目。

1.呼呼大睡型

这种人多半是工作和生活中的"好好先生"，平时，他们对他人的要求来者不拒，因此，他们常常感到身心俱疲，一到酒桌上，他们便找到了发泄的方

式——喝酒，而喝完酒的他，一旦醉倒，便呼呼大睡。

2.酒后话唠型

这种人，在日常生活中，多半因为性格内向、古板而在与人沟通中产生种种障碍，这一点，他们感到非常苦恼，因此，一旦喝醉后，他的胆量便大了，就会找人一诉衷肠，滔滔不绝地说话。

3.无精打采型

这种人虽说酒后会变得毫无生机，但生活中，他们的性格却正好相反，他们充满力量、性格活泼。因此，你不要被这些酒后的表象所迷惑，他们实质上是比较积极的人。

4.手舞足蹈型

这种人饮酒后似乎就如同一只被松绑的动物一样，会变得动作夸张，行如蟹状，拿着酒杯或酒瓶晃来晃去，一看就知道他“醉了”，其实他还“没醉”。这种人的反叛性很强，当然他对现实有太多的不满、而他往往又非常压抑自己。

5.适可而止型

不论何时何地，不管与任何人一同饮酒，都能做到适可而止的人，作为工作上的伙伴绝对没错，他良好的天性就是能与共事的人密切合作。

6.彬彬有礼型

一般来说，人们醉酒之后，都会一反常态，但这种人却是一个例外，这是因为他们思想方法上也未免含有某些僵化的教条，并已经根深于他们的血液里。所以，这种彬彬有礼的动作，莫过于对有这种酒后行为的人的本性是种极大的讽刺。或许这种人应学得灵活一些、开明一些、大方一些、坦诚一些。

7.热泪盈眶型

这种场面很让人感动，一边饮酒一边与你交谈，他的眼泪却不由自主地掉下来，“心软”的人很可能不知如何是好。

8.引吭高歌型

这种人很会享受自己的生活，喝酒就是喝酒，忙碌的工作后总会很好地轻松

一下。这种人是一种可以值得信赖的人，特别是在工作上。

心理启示

俗话说：“人心隔肚皮”“防人之心不可无”，不是所有人都会把自己内心的想法公之于众，尤其是那些社交老手，更是隐匿的深藏不露。对此，我们不妨通过对方在无意识的状态——醉态来看其真品性，这是一种极其有效的识人心理策略。

旁敲侧击，探索对方实情

> 夫兵起而静者，恃其险也；迫而挑战者，欲人之进也。
>
> ——《将苑·察情》

诸葛亮认为，将帅领兵打仗需要根据一些现象判断敌人的真实情况。如果敌人在与我军争战时按兵不动，一定是凭借了险要的地势；如果敌人不断地向我军挑战，一定是想引诱我军首先出击。如此，旁敲侧击，不断探索对方的实情。

在平时的生活中，假如对方很内向、城府很深，我们可以采取感动对方或引起对方注意的办法，让对方暴露真情，以更多地了解对方。一旦了解了对方，就会找到正确的办法和切入点，自然双方就容易达成共识，那之后的沟通也会顺利很多。

古代有这么一个国王，一天晚上做了梦，满嘴的牙都掉了。这个时候，他就找了两位解梦的人。这两人一来，国王就说：“满口牙怎么全掉了，到底是怎么一说？”第一个破解梦的人就说：“皇上，在你所有的亲属都死去以后，你才能死，一个都不剩。”这个梦给解出来了，这是第一个解梦人这么说的。这皇上一

听，心里非常不高兴。第二个解梦人这样说："至高无上的皇上，您将是您所有亲属当中最长寿的一位呀！"大家看一看，同样的内容，同样的事情，两个人就两种不同的说法。第一个把皇帝说生气了，皇帝龙颜大怒，杖他一百棍；然后，拿出一百个金币，奖给第二位破解梦的人。

上面这个案例中，同样的一件事情，两人表达的同一个意思，为什么一个挨打，一个却受赏呢？那是因为后者更灵活多变，他所说的话更中听，这样的话才是国王感兴趣的话，如此才会引起国王的注意。人们常常青睐于那些能够说出自己感兴趣话题的人，他们更愿意对这种人敞开心扉。

美国著名的柯达公司创始人伊斯曼，捐赠巨款在罗彻斯特建造一座音乐堂、一座纪念馆和一座戏院。为承接这批建筑物内的坐椅，许多制造商展开了激烈的竞争。但是，找伊斯曼谈生意的商人无不乘兴而来，败兴而归，一无所获。"优美座位公司"的经理亚当森也在竞争者之列，希望能够得到这笔价值9万美元的生意。秘书却事先申明："我知道您急于想得到这批订货，但我现在可以告诉您，如果您占用了伊斯曼先生5分钟以上的时间，您就完了。他是一个很严厉的大忙人，所以您进去后要快快地讲。"亚当森微笑着点头称是。

亚当森走进伊斯曼的办公室后，看见伊斯曼正埋头工作，于是静静地站在那里仔细地打量起这间办公室来。过了一会儿，伊斯曼抬起头来，便问道："先生有何见教？"刚开始亚当森没有谈生意，而是说："伊斯曼先生，刚才我仔细地观察了您这间办公室。我本人长期从事室内的木工装修，但从来没见过装修得这么精致的办公室。" 伊期曼回答说："哎呀！您提醒了我差不多忘记了的事情。这间办公室是我亲自设计的，当初刚建好的时候，我喜欢极了。但是后来一忙，一连几个星期我都没有机会仔细欣赏一下这个房间。"亚当森走到墙边，用手在木板上一擦，说："我想这是英国橡木，是不是？意大利的橡木质地不是这样的。""是的"，伊斯曼高兴得站起身来回答说："那是从英国进口的橡木，是我的一位专门研究室内橡木的朋友专程去英国为我订的货。" 伊斯曼心情极好，便带着亚当森仔细地参观起办公室来了，一边参观一边做详细的介绍。此时，亚

当森微笑着聆听，他看到伊斯曼谈兴正浓，便好奇地询问起他的经历。伊斯曼便向他讲述了自己苦难的青少年时代的生活，母子俩如何在贫困中挣扎的情景，自己发明柯达相机的经过，以及自己打算为社会所做的巨额的捐赠……亚当森由衷地赞扬他的功德心。结果，亚当森和伊斯曼谈了一个小时，又一个小时，一直谈到中午。

虽然亚当森直到告别的时候，都没有谈到生意的时候，但最后，他不但得到了大批的订单，而且还和伊斯曼成为了好朋友。如果他刚开始就大谈生意，肯定会面临被拒绝的困境。亚当森成功的诀窍，就在于他灵活应变，善于挖掘出共同的话题，从伊斯曼的办公室入手，巧妙赞美了对方的成就，这样使伊斯曼的自尊心得到了极大满足，最终亚当森也达到了自己的目的。

心理启示

在交际过程中，我们应该率先向对方传递友好的信息，激起对方说话的欲望。当你的话题使对方产生了浓厚的兴趣，对方就会不由自觉地打开话匣子，使谈话能够持续下去。

巧妙试探，契合对方心意

> 古之善用兵者，揣其能而料其胜负。
>
> ——《将苑·揣能》

诸葛亮认为，古代善于用兵的将领，往往能在掌握了敌我双方实力的虚实后就对双方交战的结果有了基本的认识。对方实力究竟如何，需要仔细探究。事实上，在日常交际中也是如此，只有不断巧妙试探，才能契合对方心意。

做任何事情都需要善于揣摩，善于试探，假如揣摩的实情不够全面，就不可能掌握事物暗中变化的征兆，也就难以预先制定应变的策略。在生活中也是这样，不管我们面对的是什么人，都需要懂得巧妙试探，探明对方的真实心意，你才能顺着对方的心意做事，才会赢得对方的信任。一个人即便再睿智，也不知道别人在想什么，他的决策是什么，因此，巧妙试探、揣摩才是最佳的办法。有的人说话做事十分直接，结果经常在搞不清楚状况之下已经出错，为此吃了不少苦头。

西安事变前夕，张学良和杨虎城经常见面，彼此都有心向蒋介石发难。但是，对于这样一件关系到自己性命和国家前途的大事情，彼此都有所顾忌，在对方没有表明态度之前，谁也不敢轻易开口。眼看着时间越来越近，可两人一见面，却是一副欲说还休的状态。

在杨虎城将军手下有位共产党员名叫王炳南，这个人张学良也认识。在一次见面中，杨虎城有意试探：“王炳南是一个激进分子，他主张扣留蒋介石。”张学良接口回答道：“我看这也不失为一个办法。”于是，两个人开始商谈行动计划，最后促成了西安事变。

原来，在当时张学良的实力比杨虎城大得多，而且，张学良又是蒋介石的拜把子兄弟。杨虎城明白，如果自己直接说出了想法，但是，又得不到张学良的认同，那么，后果将不堪设想。于是，杨虎城假借了不在场的第三者之口传出心声，巧妙试探张学良的心意，即使不能成功也能全身而退，另谋他策。如此一番试探，其实就是一张保全自我的“挡箭牌”。

在日常工作中，我们经常会碰到话不好直说的状况，这时，不妨绕个圈子，巧妙试探，等到探明了对方的心意，再做打算，即使事情不能成功，也能全身而退。所以，要想将事情办得漂亮，就要懂得运用一点心机，学会试探，弄清楚对方的心意，才能对症下药，从而达到自己的目的。

曾国藩可以从识人、识事中恰到好处地修炼自己，坦然应对不利的局面，巧妙试探，化不利为有利。

曾国藩组建湘军之后，因锋芒太露，处处遭人嫉妒，受人暗算，甚至，就连咸丰帝也不再信任于他。正在这时，其父亲曾麟书病逝，朝廷给了他三个月的假期，令他假满后回江西带兵作战。休假期满以后，曾国藩想要实权，但是，又怕遭拒绝，随机上书试探咸丰帝，在奏书中，曾国藩这样说道："自问本非有为之才，所处又非得为之地。欲守制，则无以报九重之鸿恩；欲夺情，则无以谢万节之清议。"看见了这样的奏书，咸丰帝明白了曾国藩的意图，他看到江西的军务已经有所好转了，这时的曾国藩为朝廷效命是可以，至于授予实权是不行的。于是，咸丰帝批道："江西军务渐有起色，即楚南亦就肃清，汝可暂守礼庐，仍应候旨。"曾国藩已明白朝廷对自己并不信任，虽内心悲苦，但是，却断了要权的念头。

后来，熟悉官场的曾国藩在向朝廷提出请求的时候，总是避免正面提出，而是巧妙试探，旁敲侧击，以此达到自己的目的。在九江劳师后，曾国藩以试探性地递上了一份奏折，在奏折中，体现出了几层意思："在奏折中，他不说自己是李续宾所部水陆师的司令，却在奏篇中为其请饷，其实就是以指挥者自居；他在奏折中反复强调了李续宾所率领的部队原是自己的湘军，言下之意是请求政府将这些部分调拨给自己；赞赏旧部李续宾的战功，实则为自己脸上贴金；强调旧部李续宾的部队力量强大，借此抬高自己的地位。"巧妙试探，最后，清政府果然准了将旧部李续宾归还给曾国藩。

纵观曾国藩的奏折，没有哪一次是明确地表示自己想要什么，而是绕来绕去，巧妙试探，曲意示衷。面对上级领导，保持低调，做事委婉才是明智之举。如果你需要向领导提出什么样的请求，就学习曾国藩的委婉之术，巧妙试探，探明了对方的心意，再去办事，这样才能得到他人的认同。

我们要善于揣摩他人的心理，懂得去试探对方。据说，有一种以鱼类为生的鸟类，它的嘴型直直的，上下部分又长又宽阔。在吃东西的时候，它们常常把鱼儿往空中一抛，让那条鱼儿头朝下尾朝上落下来，然后，一口接住就咽了下去。因为，这样的吃法使鱼儿在经过咽喉时，鱼翅的骨头由前向后，不会卡在喉

咙里。其实，做事也是一样的道理。在日常生活中，做任何一件事情都有可能碰到“刺儿”，这时便不能生硬处理，而是想办法去试探几次，绕个弯子，避开钉子，这才是做事的基本策略。

心理启示

其实，不管是说一句话，还是做一件事，都需要小心翼翼，先试探，弄清楚了对方的心意，再去办事，这样才能符合对方的心意。

探其对方气质，了解其性格

将之器，其用大小不同。

——《将苑·将器》

诸葛亮认为，将帅的气质、气度有不同，其本领、作用有大小之分。生活中，每个人的气质性格也大不一样，在交际中要善于探其气质，了解对方性格。何谓气质？从心理学上说，气质就是表现在心理活动的强度、速度、灵活性与指向性等方面的一种稳定的心理特征。其主要表现在情绪体验的快慢、强弱、因此，通过气质，我们能够了解一个人的心理活动。当然，气质与我们常说的“脾气”、“性格”、“性情”是差不多的。不过，在日常交际中，气质更多地表现为人格魅力，比如修养、品德、行为举止、待人接物，等等。不同的人，有不同的气质表现，有的人高雅恬静，有的人温文尔雅，有的人豪放大气，有的人不拘小节。

对此，心理学家结合了大部分人的气质特征，并将其分为四种：多血质、黏液质、胆汁质、抑郁质。在这四种气质特征中，都有其鲜明的特征显现，比如敏

感孤僻的抑郁质，情绪粗狂的胆汁质，等等。在我们与对手接触的过程中，通过观察其言行举止，就可以判定对手属于何种气质特征。

双方的谈判代表进入了会客室，王总吩咐服务员将沏好的茶端上来。不一会儿，服务员将热腾腾的茶送进来了，不料，正要放在桌上的时候，却一不留神，脚下一滑，身子一斜，热茶倾泻了出来，有几滴滚烫的茶水溅到了坐在桌前的谈判代表张总身上。王总身边的小柯想上前整理，王总却示意他坐着别动，王总想看看那位张总到底有什么反应。

出人意料之外，张总只是用桌上的纸巾擦了擦衣服，面对服务员的连连道歉，他面带笑容，好像什么事情都没发生过，反而关切地问道："小姐，你没事吧，下次可要小心了！"服务员点点头，这时，王总才站起来身来："张总，没什么事吧？"张总回答说："只是小事，小事，我们赶紧进入正题吧。"王总心中一动，看张总这样的表现，应该是情绪丰富的多血质，这样的人善于交际，容易适应环境的变化，做事很灵活，不过，内心比较骄傲。有了这样的认识，王总笑了，他知道下面该如何去应对这位谈判"对手"了。

对服务员无意中的错误，张总始终面带微笑，表现得异常平静，而如此的表现正与情绪丰富的多血质相对应。没想，谈判过程中发生的一件小事，却成了王总识破对手气质特征的突破口。

一般而言，胆汁质的人情绪比较粗狂，多血质的人情绪丰富，黏液质的人情绪贫乏，抑郁质的人多愁善感。那么，如果这样四种人遇到相同的事情，又是如何表现呢？对此，苏联心理学家进行了研究，以"看戏迟到"为特定情境，发现这四种人都有不同的行为表现："胆汁质的人很生气，与检票员争吵起来，甚至，想推开检票员，冲过检票口，直接跑到自己的座位上，他们一边吵架一边埋怨戏院的钟走得太快；多血质的人看到检票员不让进去，就悄悄地跑到楼上，自己寻找了一个位置来看戏剧表演；黏液质的人心想，反正第一场不怎么好看，还是先到外面待一会儿，等休息的时候再进去；抑郁质的人对此闷闷不乐，没想头一次来看戏，就这样倒霉，垂头丧气的他干脆回家了。"

其实，在这四种气质特征的人身上都是有迹可循，有特征供识别的。下面，我们就简单地介绍这四种常见的气质特征，希望你借鉴一二，以此识别不同气质特征的对手。

1.多血质

这类人情感与行为来得比较快，去得也比较快，个性温和，感性大于理性，善于交际，很容易适应新的环境。其语言表达很有感染力，姿态多样，面部表情丰富，个性比较外向。聪明机智，思维灵活，不过，对于某些事情，他们不愿意问个清楚、明白。而且，其注意力与兴趣很容易转移，不稳定，做事缺乏毅力。

2.胆汁质

这类人有着较强的反应能力，且反应速度很快。他们在情感与行为上若是有强烈的体验，则会表现得异常明显。性格开朗、乐观，待人热情，为人直率，不过，脾气比较暴躁，喜争强好胜，容易意气用事，在冲动之下往往做出一些错误的决定。他们有着较强的精力，往往以最大的热情与精力投入到工作中，不过，在工作中偶尔会缺乏耐心。思维多灵活，不过，理解问题多是粗粗略过，不够细。

3.抑郁质

这类人情感与行为反应缓慢，感性大于理性。多愁善感，感情喜欢内置而不外露。喜欢想象，机智聪明，有着敏锐的观察力，能够察觉到别人未能发现的东西。意志力薄弱，胆小怕事，做事优柔寡断，在失败后往往心神难安。对人际交往比较冷漠，个性孤僻。

4.黏液质

这类人情感与行为反应迟钝，缺乏应有的灵活性。情绪稳定，没有太大的波动，即使心中有情绪，他们也不轻易外露，即使遇到了难过的事情也不动声色，一个人默默承受。其注意力与兴趣比较稳定，难以转移。喜欢思考，有较强的自制力，能够控制自己。平时沉默寡言，办事谨慎细微，不冲动，不鲁莽。不过，适应能力较差，常常活在自己狭小的空间里。

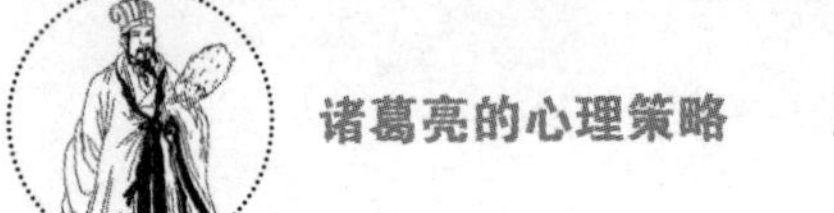

心理启示

在日常工作中，我们会接触到不同的客户，而那些不同的客户身上却展现出不同的气质特征，如果我们能识别其气质特征，再逐一对应，那对于我们与之建立融洽的谈判关系很有帮助。

第15章　巧借东风——善假于物的智慧

做事的过程中善于借助他人力量的人也是一个聪明的人。当自己的力量还没有足够强大的时候，借助他人的力量，是走向成功的捷径。而对于诸葛亮而言，不管是行军打仗，还是自我发展，都需要善假于物的智慧。

善借形势，四两拨千斤

善知天时人事。

——《将苑·将善》

诸葛亮认为，擅长利用对自己一方有利的时机，即要善于借助形势。古往今来，那些成就大事业的人并非在于其个人的能量有多大，而是善于整合资源，巧借形势。曾经有个小孩在院子里搬一块石头，父亲在旁边鼓励：“孩子，只要你全力以赴，一定能够搬起来！”不过石头太重，最终小孩也没能搬起来，他告诉父亲：“石头太重，我已经用尽全力了。”没想到父亲却说：“你没有用尽全力。”小孩感到很不解，父亲笑着说：“因为我在你旁边，你都没有请求我的帮助！”做任何事情，你以为自己全力以赴了吗？事实上，所谓的全力以赴，不仅仅是尽自己的全力，还应该借助形势，增强自己的力量。

周瑜提出让诸葛亮在十日之内赶制十万支箭的要求，诸葛亮却出人意外地说：“曹操大军即日将至，若候十日，必误大事。”他表示：“只需三天的时

间，就可以办完复命。”周瑜一听大喜，当即与诸葛亮立下了军令状。在周瑜看来，诸葛亮无论如何也不可能在三天之内造出十万支箭，因此，诸葛亮必死无疑。

诸葛亮告辞以后，周瑜就让鲁肃到诸葛亮处查看动静，打探虚实。诸葛亮一见鲁肃就说：“三日之内如何能造出十万支箭？还望子敬救我！”忠厚善良的鲁肃回答说：“你自取其祸，叫我如何救你？”诸葛亮说：“只望你借给我二十只船，每船配置三十名军士，船只全用青布为幔，各束草把千余个，分别竖在船的两舷。这一切，我自有妙用，到第三日包管会有十万支箭。但有一条，你千万不能让周瑜知道。如果他知道了，必定从中作梗，我的计划就很难实现了。”鲁肃虽然答应了诸葛亮的请求，但并不明白诸葛亮的意思。他见到周瑜后，不谈借船之事，只说诸葛亮并不准备造箭用的竹、翎毛、胶漆等物品。周瑜听罢也大惑不解。

诸葛亮向鲁肃借得船只、兵卒以后，按计划准备停当。第一天，不见诸葛亮有什么动静！第二天，仍然不见诸葛亮有什么动静！直到第三天夜里四更时分，他才秘密地将鲁肃请到船上，并告诉鲁肃要去取箭。鲁肃不解地问：“到何处去取？”诸葛亮回答道：“子敬不用问，前去便知。”鲁肃被弄得莫名其妙，只得陪伴着诸葛亮去看个究竟。

凌晨，浩浩江面雾气霏霏，漆黑一片。诸葛亮遂命用长索将二十只船连在一起，起锚向北岸曹军大营进发。时至五更，船队已接近曹操的水寨。这时，诸葛亮又教士卒将船只头西尾东一字摆开，横于曹军寨前。然后，他又命令士卒擂鼓呐喊，故意制造了一种击鼓进兵的声势。鲁肃见状，大惊失色，诸葛亮却心底坦然地告诉他说：“我料定，在这浓雾低垂的夜里，曹操决不敢毅然出战。你我尽可放心地饮酒取乐，等到大雾散尽，我们便回。”

曹操闻报后，果然担心重雾迷江，遭到埋伏，不肯轻易出战。他急调旱寨的弓弩手六千多人赶到江边，会同水军射手，共约一万多人，一齐向江中乱射，企图以此阻止击鼓叫阵的“孙刘联军”。一时间，箭如飞蝗，纷纷射在江心船上的

草把和布幔之上。过些时间，诸葛亮又命令船队头东尾西，靠近水寨，并嘱加劲擂鼓呐喊。等到日出雾散，船上草把排满密密麻麻的箭支。此时，诸葛亮才下令船队返回。还命令士卒齐声大喊："谢曹丞相赐箭！"当曹操得知时，诸葛亮取箭船队因顺风顺水，已经离去20余里，曹军追之不及，曹操懊悔不已。

船队返营后，共得箭十几万支，为时不过三天。鲁肃目睹其事，极称诸葛亮为"神人"。

难道诸葛亮真的有那么神奇，料准曹操会送箭而来？当然不是，事实上诸葛亮不仅能通天文，知地理，也知奇门，晓阴阳，他料定三天之内必有大雾，所以借助了天势，完成了自己的计划，令周瑜自叹不如。

牛顿自诩站在巨人的肩膀看世界，没有前人铺设的道路，他也达不到那样的高度。在自然世界中，有很多借助形势的例子：树藤借助木杆，盘旋而上，能够沐浴在阳光下；大海浮游生物借助漂流，漂泊于海洋，一日千里；蒲公英借助微风，繁衍生息。当自身的力量达成目标，善于借助形势又能使他们的成功锦上添花。善于借助形势，可以使人们有更多的机会、更强的实力，甚至变劣势为优势。

心理启示

善于借助形势，一个"借"，天地广阔，大有作为。对于生活中的我们，善于借助形势不仅是一种能力，更是一种勇气，更是一种智慧，需要我们认真地琢磨和践行。

善借时机，好风送青天

时作天不作而人作，是谓逆天；天作时作而人不作，是谓逆人。

——《将苑·智用》

诸葛亮认为，在作战中，在顺应了天候、也具备了相应的战斗力，但时机却不成熟的情况下出兵是逆时，在具备了相应的战斗力，有了成熟的战机， 但不具备天候条件下出兵是逆天，在顺应了天候、抓住了战机，但却不具备士兵相应战斗力的条件下出兵是逆人。善于借助时机，恰似好风凭借力，送我上青天。

那些所谓的成功者之所以获得成功，并不是因为机会青睐于他们，而是他们善于去发现机会，进而抓住机会。而且，机会只有对于那些善于发现机会并且能很好地利用机会的人，才能成为机会，才能为己所用。培根说："善于识别与把握时机是极为重要的。"在胡雪岩所在的商场，存在的机会并不少，但唯一缺少的就是发现，胡雪岩作为一个成功的商人，具备了一双"火眼金睛"，抓住了每一次商机，最后，终成大事。在现实生活中，机会永远青睐于有准备、有把握的人，只要善于发现机会，其实，机会就在我们身边。

胡先生说："做生意要有机会，更要靠过硬的本事。"他善于将发现的机会，经营成一个实实在在的财源。

朋友捐官回来后，得到了海运局坐办的官缺，就在上任时却遇到了麻烦，于是，他请胡先生帮助自己渡过难关。于此，胡先生有了一个奔走于杭州与上海的机会，当时，他所雇用的是隔壁阿珠家的船，而阿珠的娘恰好懂一些蚕丝生意，胡先生得到了一个请教的机会。他了解到，丝绸纺织需要大量的原料，洋人则需要从中国进口大量的蚕丝，这样看来，做外贸或者销给洋桩，都能赚大钱。在胡先生心中，有了做蚕丝生意的念头。

在帮助朋友的过程中，胡先生有幸结识了古先生和尤先生。不久之后，胡先

生又发现了一个机会，原来朋友调任了湖州知府，而湖州正是蚕丝的主要产地。然后，胡先生这个丝绸行业的门外汉开始做起了蚕丝生意，将朋友古先生、尤先生也拉了进来，合作大干一场。

其实，说到做蚕丝生意，信和钱庄的张胖子，以及丝行的老板庞二无疑算是沾点边。因为，张胖子经常往返于杭州与上海，似乎比胡先生更熟悉蚕丝生意，而有信和钱庄如此雄厚的资本，做生意自然是不用发愁的；再说说庞二，他可是蚕丝生意中的高手，却没能想到控制市场、操纵价格。而他们没有做的，都被胡先生做了，原因就是他们没能发现机会，即时，也错过了成功的机会。

张胖子和庞二没能发现的机会，被胡先生发现了，不仅发现了，而且还将其利用了起来。他利用阿珠家在湖州且熟悉蚕丝生意的关系，出资让阿珠的父亲在湖州开丝行；利用朋友调任湖州知府的关系，着手生丝收购，又联系了洋商，结交了丝业巨头庞二，做起了蚕丝销洋庄的生意。这样一来，机会被自己所用，想不成功都不行了。

在现实生活中，许多人抱着“天上掉馅饼”的态度，坐等机会的到来，没想，那些机会眼看着从手中偷偷溜走了。机会是需要发现的，而不是坐享其成，在我们身边，可能潜藏着无数的机会，你是否能成功，就在于你是否能发现，是否具有一双慧眼。一个人如果不善于发现隐藏在身边的机会，那么，上帝给你再多的机会，也是枉然。

有一个人信仰上帝，每天他都在为上帝祈祷祝福，希望上帝能够眷顾自己。在他看来，上帝应该随时随地帮助他的每一个信徒，为了证实这样的想法，他做了一个大胆的决定：不会游泳的他拿着救生圈来到了海中央，看上帝是否能给自己生存的机会。

做了一番祈祷后，他将救生圈扔掉了，他一边在水中挣扎，一边大喊：“上帝，救救我，救救我！”这时，过来了一条渔船，船上的人抛下了救生圈，对他说：“抓紧，我们拉你上来。”但是，他一边挣扎一边喊道：“不用啦，上帝会救我的！”原来，在他心底一直坚信上帝会真的来救他。

过了一会，来了一艘快艇，有人抛下了救生圈，告诉他："抓紧，我们拉你上来。"但是，他还是放弃了求生的机会，他喊着："不用了，上帝会来救我的。"快艇开走了，一会儿，又来了一架直升机，飞机上的人放下了软梯，大声对他喊道："抓紧软梯，我们拉你上来。"那人拒绝了，依然喊道："不用，上帝会来救我！"刚说完，他就沉了下去，淹死了。

见到了上帝，他生气地质问："我每天都在祈祷祝福你，对你那么的忠诚，你竟然对我见死不救。"上帝笑着说："我派去了两条船和一架飞机救你，但是，你却没能把握每次机会，这能怪我吗？"

在现实生活中，并不存在什么幸运之神，机会也从来不主动敲响我们的门，机会从来都是属于那些有准备，敢于拼搏的人，他们发挥自己的能力来把握机会，并很好地利用机会。机会，本是无时无刻不存在的，重要的是在于你是否具备一双火眼金睛。

心理启示

发现了机会，而不选择把握机会，那么，最终的结果肯定是惨败。或许，一个人的成功是多方面的，但是，是否能发现机会，抓住机会，将机会被己所用，这对我们能否成功有着必然的联系。

善借贵人，助己一臂之力

故善将者，必有博闻多智者为腹心，沉审谨密者为耳目，勇悍善敌者为爪牙。

——《将苑·腹心》

诸葛亮说："明智的将帅，一定要选用学识渊博、足智多谋的人做自己的心腹，要选用机智聪明、谨慎保密、有很强的判断力的人做自己的耳目，还要选择勇敢、彪悍的士兵做自己的爪牙。"即便是富有智慧的将帅，也能懂得借助他人来辅佐自己；对于普通人而言，更需要借助贵人之光，助己一臂之力。

如果有人告诉你"今天将有贵人光临你身边"，你会相信吗？许多人似乎并不相信生活中会存在"贵人"这样的好运，然而，贵人光顾还真的会给当事人的生活和命运带来意想不到的影响。所谓的贵人，实际上就是赏识自己的人。或许，一个人不努力，缺乏真本事，别人不可能赏识、栽培你，即便有人来推举你、提拔你，最后也会因为你缺乏能力而作罢。不过，假如是真的有本事的人，一直没有人赏识你，那是否也容易受委屈呢？有本事而又愿意努力的人，加上有人提拔，会不会平步青云、早日获得应有的表现机会呢？尤其是年轻人，他们未来的成功虽然离不开自身的努力，但假如善于借助贵人的帮助，将会事半功倍。

安妮在著名跨国公司工作，英文极佳，自诩用英文写东西比中文还清楚。安妮大学毕业后，应聘进了著名的跨国公司，自知英文很差，便死记硬背了所负责产品的英文解说词。有一天下班后单独留在公司，办公室进来一个中年人，找了个座位坐下来就开始用电脑工作。

这时，一个客户的电话打进来，正好碰上是安妮所负责的产品，因为熟练，她流利地用英文"精彩"地解说了一番。电话挂断，中年人抬起头，说了一句："你是安妮？英文很棒嘛！"

几句话聊下来，安妮才得知，眼前的是大中国区的董事长。从此以后，受到大老板鼓励的安妮信心大增，英文进步很快。而董事长也常常问起那个英文很棒的女孩子的工作如何，出色与否，引得安妮的老板同事们惊讶无比。然后就是在董事长的光辉照耀下，灰姑娘变天鹅之类的职场成功故事了。

年轻人初涉职场，在职场中抓住身边的贵人，是职业发展的窍门之一，同时也是职业成功较快的标志。贵人就是可以带给自己幸运，能够给自己提供帮助的人，能够给自己排除危险和危机的人。当然，贵人大多是有能力和身份的人，

在自己的朋友圈中，假如你是最成功的一个，你就难以再发展。跟冠军在一起，自然容易成为冠军；与普通人混在一起，时间长了，你也就变普通了。与优秀的人和成功者进行交往，这就是年轻人应该做的，因为你的贵人也许就在这群人中间，别怕与大人物打交道，有时，你只是需要一些勇气。

年轻人之所以容易失败，是因为不善于和前辈交际。第一次世界大战中法兰西的陆军元帅福煦曾说过："青年人至少要认识一位深谙世故的老年人，请他做顾问。"萨加烈也说了同样的话："如果要求我说一些对青年有益的话，那么，我就要求他们时常与比自己优秀的人一起行动。就学问而言或就人生而言，这是最有益的。学习正当地尊敬他人，这是人生最大的乐趣。"

不少年轻人总是乐于比自己差的人交际，这确实很容易得到安慰，因为在与朋友交际时，能借此产生优越感。但是，从不如自己的人身上，明显是学不到什么的。而结交比自己优秀的朋友，可以促使自己更加成熟，我们可能会从比自己差的人那里得到安慰，不过也必须从比我们优秀的人那里得到帮助。

一个人的生命中有贵人出现，是成功道路上的一大转机。一切从困厄到顺利的转变，都将随着贵人的出现而发生。年轻女孩只有凭借贵人的帮助，事业才会拨云见日、步步高升。可以说，借贵人相助，是赢得成功最简捷、最有效的途径。

心理启示

年轻人不管有多么聪明，具备多么优越的条件，假如没有人帮助你，或者有人故意刁难你，那你就很难成为一名成功人士。每个人都盼望遇上贵人，但经常会有人感叹自己运气欠佳，一辈子遇不上一个贵人。实际上，这并不是因为你运气欠佳，而是你还没有敞开容纳贵人的心灵之窗。

借力生力，以巧取胜

善知山川险阻。

——《将苑·将善》

诸葛亮在作战中非常擅长利用山川地形的崎岖险阻，以他物之力来达到自己的要求。从小我们就被教育要努力奋斗，自己的事情需要自己去做，不要把希望放在别人的身上，凡事都要自力更生。虽然，这么多年以来，我们从来没有否定个人奋斗的重要性，但当我们个人付出了很多的努力却难以得到回报的时候，就会难免产生一种忧闷的情绪，甚至灰心丧气、一蹶不振、自暴自弃。实际上，假如我们从另外一个角度去想，想想如何借力行事，从而永远保持着积极向上的心态，这无疑是一条通往成功之路的蹊径。当然，这样的借力行事，并不是说我们完全摒弃了个人奋斗，任何事情都需要依靠外力来帮忙。真正的借力行事，就是在我们原有的努力基础之上，巧妙外借他人之力，顺应天势，以此来达到我们所期望的目标，这就是人生中的大智慧。

荀子在《劝学》中就说道："假舆马者，非利足也，而致千里；假舟楫者，非能水也，而绝江河。君子生非异也，善假于物也"。寥寥数语道出了人生的大智慧，君子其实与其他人并没有大的差别，就是因为他们善于借助和利用外物而已，这就是一种善于借助外力的大智慧。因为一个人的能力往往是有限的，你就必须借助外界的力量来达成自己的目的，借他人之力来促使自己的成功。

在我们的现实生活中，一个人要想成就一番事业，仅仅凭他单枪匹马是不足以获得成功的，他或多或少都会依靠外来的力量，比如地位、名望、财富或者权力，否则他就会显得举步维艰。比尔·盖茨曾经说："一个善于借助他人力量的企业家，应该说是一个聪明的企业家，在办事的过程中善于借助他人力量的人也是一个聪明的人。"因此，在人生的路途中，当你觉得一个劲儿地向前冲并不能

为自己解决问题时，就学会舍弃一些坚持，一个人横冲直撞并不能成功，必须借助他人的力量来增强自己的力量。

成吉思汗被世人赞誉为“一代天骄”，可是，成吉思汗在历史上几次大规模的战争中都处于劣势，为什么大多数都以胜利而结束呢?

其实，成吉思汗善于利用外力来为自己打天下。他利用了札木合、王罕与蔑儿乞人之间的宿怨，利用塔塔儿人与王罕的旧仇，利用札木合与王罕之间的新隙，成功地分化了阿兰人与钦察人，然后各个击破，最后征服了整个东欧草原。他面对每一个敌人的时候，他又利用敌人内部矛盾，如利用札木合与他一些下属的矛盾，利用王罕父子的矛盾等。在扩张过程中，他利用金夏之间的矛盾，攻下西夏，从根本上清除了两国联合御敌的可能；而在攻打曲出律时，他又利用西辽的阶级矛盾与宗教矛盾，分化瓦解了曲出律的势力，使强大的西辽变得不堪一击。

每当成吉思汗征服一个地区，就把所俘获的俘虏杀了，妇女掳为己有，儿童抚养长长成就蒙古的新生力量，不杀的男丁、士兵则编入了军队，充当伪军去进攻敌人。所以，在随着蒙古大军的扩张过程中，成吉思汗的军队不减反而多了起来。另外，他还常用俘虏去攻打敌人，当攻下了一个地方之后，他就把那些俘获的百姓放在军队前面，让那些百姓充当挡箭牌，一般守城的人见了自己的同胞都会手软，不忍下杀手，自然大大减轻了对方军队的战斗力。

成吉思汗借助了敌人的力量，成就了一代天骄的美名。在他兵力还不是很雄厚的时候，他就先后联合了草原雄鹰札木合和王罕，依靠联合他人的力量来成就自己的事业，最后成为草原霸主。事实上，许多历史上成大事者都很善于借助他人力量来使自己获得成功。三国时期，草船借箭的故事几乎家喻户晓，试想，如果当时孔明坚持自己造箭，那肯定会以失败告终，所以，他借助外力完成了任务，也让周瑜刮目相看。

无数的例子告诉我们，借力行事成为了通往成功之路的法宝。我们一个人的力量毕竟是有限的，而你要想在人生的道路上获得成功，除了靠自己的努力奋斗

之外，有时候还需要借助他人的力量，就像是三月里的风筝，凭借好风力，才得以望尽大好河山。所以，在必要的时候，我们要放下“一意孤行”的固执，而善于借助外力来获得成功。

自古以来人们就讲究“天时、地利、人和”，方能成就大事。实际上，这都是借外力而为，顺势成事才是真正的大智慧。所以，当我们直接向前行却难以取得大的成就的时候，不要太过坚持，借力行事，顺势而为之，必将成大事。

心理启示

孙中山曾说过：“世界潮流，浩浩汤汤，顺之者昌，逆之者亡”。世间的任何事物都有其规律可循，顺势而为，才能事半功倍，即使是伟人，他们也不能逆势而为。

善借威名，扩大影响力

> **因人之力以决胜，则汤武不能与争功矣。**
>
> ——《将苑·审因》

诸葛亮说：“如果能借助百姓的力量，群策群力获得胜利，那么就是商汤、周武王也不能与这样的功劳相比。”为什么借助百姓的力量，这实际上是一种影响力。在生活中，我们也可以善于借助威名，从而达到扩大影响力的目的。

众所周知，一些诸如名人、权威等的影响力是巨大的，假如我们在做事时巧借其影响力，那岂不是唬住一群人呢？比如在1964年，尼克松在大选中败给了肯尼迪，百事可乐公司认准尼克松的外交能力，以年薪10万美元的高薪聘请尼克松为百事可乐公司的顾问和律师。最后尼克松接受了，利用自己当副总统的关系，

周游列国，积极兜售百事可乐，最后使得百事可乐在世界上的销售额直线上涨，特别是尼克松还帮助百事可乐占领了中国的台湾市场。这就是借助名人效应的故事，名人效应是一种常见的社会现象，同时也是令人梦寐以求的无形资产，只要我们找到了“借”的好点子，那就获得了打开“宝库”的金钥匙。

汉高祖刘邦共有八个皇子，生母不一，为了争夺太子之位，展开了子与子、母与母之间的明争暗斗。刘邦有位爱姬戚夫人，她想要刘邦废除太子，改立自己的儿子如意为太子。可吕后想保住自己的儿子刘盈的太子地位，于是她找张良帮忙。张良献上一计：“皇上一直想招聘四个隐居的贤人出山，但他们始终不肯，若将他们迎为宾客，太子常请此四人赴宴，必会被皇上看见而问其原因。”果然不出张良所料，高祖以为刘盈为人恭敬仁孝，天下名人慕名而来，终于打消了废去太子的念头。

刘盈的成功完全是因为借助了四大贤人的盛名，借助他们的名望保住了太子的地位。一个人的力量毕竟是有限的，更何况是一个手无缚鸡之力的女人呢？对我们而言，更需要借助他人的力量来获得成功。

美国一出版商有一批滞销的书久久不能脱手，他忽然想出来了一个主意：给总统送去一本书，并三番五次去征求意见。忙于政务的总统不愿意与他多纠缠，便回了一句：“这本书不错。”出版商便借总统之名大做广告，“现有总统喜爱的书出售”，于是，这些书一抢而空。不久之后，这个出版商又有书卖不出去，又送一本给总统，总统上过一回当，想奚落他，就说：“这书糟透了。”出版商听了，脑子一转，又做广告“现有总统讨厌的书出售了”，不少人出于好奇争相抢购，书又售尽。第三次，出版商将书送给总统，总统接受了前两次的教训，便不做任何答复，出版商却也大做广告：“现有令总统难以下结论的书，欲购从速。”居然又被一抢而空，总统哭笑不得，商人却借总统之名大发其财。

没有了人气，财气又从何处来呢？人气旺了，才有可能聚集财气。就好比上面这个案例，借名人来扬名，算得上是制造商机的一条捷径。这个故事告诉我们：只要你策划得当、巧借名目，美国总统也照样可以为你的市场竞争活动增添

爆炸新闻。

美国心理学家们曾经做过一个实验：在给某大学心理学系的学生们讲课时，向学生介绍一位从外校请来的德语教师，说这位德语教师是从德国来的著名化学家。试验中这位“化学家”煞有介事地拿出了一个装有蒸馏水的瓶子，说这是他新发现的一种化学物质，有些气味，请在座的学生闻到气味时就举手，结果多数学生都举起了手。

本来那只是没有任何气味的蒸馏水，但由于“权威”的心理学家的语言暗示而让许多学生都认为它有气味。通过这个实验，直接体现了人们所具有的“安全心理”，同时，人们还有一种“认可心理”，也可以称为“崇拜心理”，他们总认为自己的言行要与权威人士保持一致性，自己只有相信权威人士的言论，才能得到各方面的认可。所以，这两种心理就诞生了权威效应。

在我们现实生活中，利用“权威效应”的实例很多，比如在做广告时，请权威人物赞赏某种产品，在辩论说理时引用权威人士的话作为论据，等等。相传，南朝的刘勰写出《文心雕龙》后由于无人重视，他想请当时的大文学家沈约审阅，但沈约却不予理睬。后来他装扮成卖书人，将作品送给沈约。没想到沈约阅后评价极高，于是《文心雕龙》成为中国文学评论的经典名著。

1.借用名专家的话，比如“某专家认为”

很多健康专家认为，晚上身体向右侧睡才是最健康的睡姿。于是，当你在向朋友或家人证实这言论真实性的时候，不妨可以这样说“健康专家都这么说，难道还有假？”比如，在每一支牙刷上面都会标明“牙医建议，三个月更换一支牙刷”。

2.借用位高权重人士的话，比如“市场认为”、“权威人士说”

最近几年国家经济飞速发展，但物价也猛涨，对此，国家相关权威人士表示会抑制部分的经济泡沫。于是，在平日闲聊中，邻居大妈可能更愿意相信物价不跌反涨，你就可以搬出权威人士的话“央行行长都发话了，要出台一系列措施，抑制物价……”

3.借用各行业权威人士的话

在每个行业都有相应的权威人士，比如文学领域里的茅盾、鲁迅，艺术领域里的梵高、贝多芬，等等。当我们再强调语言是多么重要的时候，不妨搬出语言大师林语堂的言论，“语言不是一般的工具，使用起来不同于其他工具”。

4.借用上司的言论婉拒对方

很多时候我们不知道该如何拒绝，可以借助上司的言论进行拒绝，比如“前几天经理刚宣布过，不准任何顾客进仓库，我怎么能带你去呢”，或者说“这件事我做不了主，我会把你的要求向领导反映一下，好吗”。

心理启示

聪明人要想在事业上获得成功，除了靠自己的努力奋斗之外，还需要借助他人的力量，只有“好风凭借力”，才能“送我上青云”。

善借智慧，为己所用

无腹心者，如人夜行，无所措手足；无手足者，如冥然而居，不知运动；无爪牙者，如饥人食毒物，无不死矣。

——《将苑·腹心》

诸葛亮说：“没有心腹之人，就好比人在黑夜中走路， 手脚不知该迈向何处，没有耳目之人，就好比盲人安静地生活在黑暗中，不能做自己想做的事，更不能为达到某种个人目的进行钻营活动；没有爪牙之人，就好似一个人饥不择食，吃了有毒的食物，中毒身亡。”为什么需要心腹，在于借助其才能与智慧。

聪明人做事不会生硬地去模仿别人，不过，他会敏锐地发掘他人思想中的亮

点，并为己所用。在生活中，我们会听到关于别人思维中的好点子，而我们所需要做的就是整合各种信息和智慧，让它们附在自己的奇谋妙计之中。我们应该明白，绝妙的思考不会是空穴来风，必须是众多知识、观念的整合、提炼。也许，他人的智慧可能就是激起你灵感火花的那一撞。现代社会越来越开放，信息传播越来越快捷，企业的结构越来越庞大，专业分工越来越仔细。仅仅是依靠一个人单枪匹马闯天下的时代已经成为了过去，如果我们想要成功，那就要借助他人的力量而不是自己一个人艰苦奋斗。换而言之，就是要调动外界一切能为我所用的资源，从而提高自己的做事效率，快速达到自己的预定目标。

谁又能想到，今天大街上流行的牛仔裤的产生是源于140多年前淘金者的借用外力之举呢?

当年美国的淘金热将很多有发财梦的人们吸引到了西部，1850年，利瓦伊·施特劳斯还是一名商贩，他随着淘金者来到了西部经营帐篷等淘金者需要的商品。有一天，一个淘金者抱怨说，他们最需要的是结实的裤子而不是别的东西。利瓦伊灵机一动，请裁缝用做帐篷时的帆布缝制了一批裤子，由于其结实耐穿受到了矿工们的青睐，滞销的帐篷变成了畅销的裤子。

三年后，他集资成立了“利惠”牛仔裤公司，并依据矿工劳动特点不断改变裤子面料和样式，最终形成了特有的风格。100多年后的今天，“利惠”公司已经跻身于世界大公司的行业。

施特劳斯的发迹主要源于对信息的敏捷反应，当别人还只是停留在信息表面时，他已经窥测到了其背后的无限机会。在做事的过程中，几乎每个人都会遇到难题，尤其是年轻人，对生活充满热情，但又缺乏经验，那怎么就可以从别人的经验中寻找灵感。

清初皇太极打算留下明将洪承畴为己效力，便派范文程去劝洪承畴投降。洪承畴当时正在跺脚大骂，范文程心平气和地与他交谈，内容涉及古今之事。房梁上的尘土偶然落下，沾到了洪承畴的衣服，他用手掸出灰尘。范文程回去将此情告诉皇太极，他说：“洪承畴肯定不会求死，连衣服尚且那么珍惜，更何况他的

性命？”

皇太极亲自去看望洪承畴，解下自己身穿的貂皮大衣给洪承畴穿上，说：“先生是否觉得不那么冷了？”洪承畴膛目而视许久，叹息道：“这真是老天选定的明主啊！”于是叩头请求接受他投降。

对此，皇太极异常高兴，不仅当天的赏赐不计其数，还设置了酒宴，摆上了戏台。将领们有的对此很不高兴，说：“皇上待洪承畴太好了！”皇太极劝他们说：“我们这些人风风雨雨几十年，是为了什么？”将领们回答说：“那谁不知，是为了入主中原！”皇太极听后笑道：“这就譬如行路，我们都是盲人，如今好不容易得到一个向导，我怎能不高兴？”

在这里可以看出皇太极的做事技巧，范文程是汉族的大学者，是一位极有见识之人；洪承畴更是明朝的大官，学识也有过人之处。而这两个人都为皇太极所用，为清军入关，特别是制定统治方略方面，起到了重要作用。

借力指的是借他人之力，比如名人、亲戚、朋友、同学等的地位、名望、财富或权力等，他人有时是你接近成功或走向成功的桥梁与阶梯。关系网中的“借”字是核心，把握了“借力”这个核心元素，就把握了关系网的精髓。一个人要想顺顺当当把事情做成功，除了靠自己的努力之外，有时还需要借助他人的力量才能扶摇直上。

心理启示

“借”是一种生活智慧，是一种人生谋略，是一种成功艺术。学会巧借别人的智慧，转化为自己的智慧。善于借助一些可以借助的力量，将“借”的智慧发扬光大，去创造属于自己的人生辉煌。

第16章　智取零陵——将计就计的智慧

一般人不可为的将计就计，对于智圣诸葛亮而言，就如同家常小菜。有人做过统计，在《三国演义》中，诸葛亮使用该计11次，且次次成功，无一失手。就连智慧过人的周瑜、司马懿也被其将计就计搞得颜面尽失、狼狈不堪。

将计就计，以智取胜

是故勇而轻死者，可暴也。

——《将苑·情势》

对待仅有匹夫之能的将帅，要设法使其暴躁起来，然后消灭他。将计就计，就是利用对方的计策，向对方施计。如果要实施这个计策，需要具备一些条件，对方的计策必须是己方计策的基础，若不是以对方的计策为基础进行设计，而是各搞各的一套计策，这也不能称之为将计就计；以破解取胜对方计策为己方计策的直接目的，这才是将计就计。

邢道荣是零陵太守刘度的上将，打不过请降，被赵子龙缚于刘备帐下，刘备喝教斩首，被诸葛亮拦住。诸葛亮令其回去捉了刘度的儿子刘贤再准降。

邢道荣马上献计说他回到刘贤军寨后做内应，让诸葛亮率军去劫寨，一举抓获刘贤。诸葛亮爽口答应。邢道荣回到刘寨后不是落实他的承诺，而是与刘贤商量如何将计就计地伏兵于寨外，待孔明来劫寨时就而擒之。

诸葛亮早就料到邢道荣回去之后会采取将计就计之法对付自己，于是来了个将计就计之上的将计就计：以佯装中计的形态派一彪军去劫寨。邢道荣、刘贤大喜，待其刚到寨口，便起伏兵围歼，不料这彪军疾速退去。他们奋起追赶十多里，却不见这彪军的踪影，惊讶之余急回本寨，不曾想寨子已被张飞所夺。他们当即决定去劫孔明寨，途中却遭遇赵云埋伏，邢道荣被赵云刺死于马下，刘贤被背后赶来的张飞生擒。

邢道荣与诸葛亮同时用将计就计之法，但优劣却大有差别。邢道荣之劣，在于机械地套用此法，他丝毫没有想到诸葛亮会看穿他的心思，能够预知他的将计就计，并在预知的基础上再设一计。诸葛亮计高一筹，不仅准确地判断到邢道荣会伏兵于寨外来对付自己的劫寨之军，而且还预测到邢道荣在回不了本寨的情况下，会来劫自己的寨子，于是让赵云守株待兔地伏击。足以可见，诸葛亮思虑多么深远而周全。

明朝天顺年间，河南布政使丰庆为官清廉，经常到下面的各个州县走访，调查百姓生计，看看地方官员是不是称职。

有一回，丰庆来到一个县巡视，知县是一个大贪官，当他得知丰庆来访时，大为不安，深怕对方会查办他，于是想到要贿赂丰庆，便打算给丰庆送一箱银子。

但这个知县又深知丰庆向来清廉，若是硬给他送，他肯定是不会收的，于是知县心生一计——他把白银全做成蜡烛的样子，外面再用一层不透明的纸包裹好。

见了丰庆，县官拍马道：“您就像这一根根为百姓照明的蜡烛，卑职实在是敬佩不已，特奉上这份薄礼，以示敬仰之情呀！”

由于外面有纸包裹着，丰庆一时便没有察觉出这一箱子的蜡烛是用银子做的，他觉得反正又不是什么贵重东西，更何况寓意还很好，便欣然收了下来。

可没过几天，丰庆的一个侍从发现了蜡烛有异样，于是赶紧向丰庆汇报：“这些蜡烛应该不是真蜡烛，更像是银棒。”

丰庆心中一惊，立即明白了过来，但他立刻镇定下来，淡淡说："那咱们点一点，不就知道这是不是真蜡烛了吗？"

侍从疑惑地问："大人，这些蜡烛全都是用银子做的，怎么可能点得燃呢？"丰庆便顺势说："既然蜡烛无法点燃，那要它还有何用？谁送来的，就通知让谁来领回去吧。"

第二天，那知县灰头土脸地来领"银蜡烛"。丰庆告诉他："你送的蜡烛我很喜欢，可惜是它们点不着，照不了明。你若真敬佩我，拿回去再换一箱能燃着的蜡烛来吧！"县令听后顿时羞得恨不得钻到地缝里去。

知县使用了掉包计，用银子充当蜡烛贿赂丰庆大人，希望自己能从中受到格外的照顾。没想到，当丰庆大人识破计策之后，便将计就计，既然你认为是蜡烛，就是蜡烛，所以还给对方，理由是"你送的蜡烛我很喜欢，可惜是它们点不着，照不了明。你若真敬佩我，拿回去再换一箱能燃着的蜡烛来吧"，此举不仅不伤大雅地拒绝了县令，更让县令羞愧万分，终于明白自己的贿赂是多么愚蠢。

正确使用将计就计，首先，要有极强的判断力，即通过观察分析、想象推理，能够正确判断对方准备或者正在实施于我有害的计谋，而且是个什么样态的计谋也有个基本的了解。其次，要有快速、高超的设谋能力，针对对方准备特别是正在实施的计谋，必须快速，若不快速，再高超的谋略也因时过境迁失去意义；但是，如果只有快速而没有高超，就不能将对方套进己方设下的圈套之中，搞不好会落得弄巧成拙的结局。

心理启示

将计就计，在于利用对方所用的计策，反过来对付对方，更在于一个巧字。在使用这个计策时，需要找准对方计策的漏洞，利用对方的计策为己所用，才能达到计中计的目的。

将错就错，谬趣横生

周瑜的计策，瞒不过我，我有办法，既让主公娶得吴候的妹妹，又保荆州万无一失。

——《三国演义·东吴迎亲》

周瑜设计请求孙权假意将妹妹许配给刘备，骗刘备到江东，再扣下刘备，换回荆州。当刘备看到信之后，踌躇不前，诸葛亮却说："周瑜的计策，瞒不过我，我有办法，既让主公娶得吴候的妹妹，又保荆州万无一失。"既然如此，不如将错就错，结果确实妙趣横生——周郎妙计安天下，赔了夫人又折兵！

"以谬制谬"，也就是面对对方的谬论，我们有时可以用确凿的事实、严密的论据去反驳，但以谬制谬的方法却并不是这样，而是用跟对方同样荒谬的言语进行反击，这同样也能达到制服对方的目的。用简单的话来说，也就是当对方说出错误的言论时，不要去纠正他，而是顺着对方的错误言论，推出错误的结果。一旦结果呈现在对方面前时，对方的错误言论也就不攻自破了。这种方法的巧妙之处在于，相当于是对方主动开口承认自己的言语是错误的，对论敌来说，无疑是自己打自己的耳光。当然，正因为如此巧妙，这一方法才会在辩论中发挥出强有力地作用，让对方没有办法还击，只能哑口无言地呆愣在那里。

朗宁，加拿大外交官。1893年出生于中国湖北襄樊，其父母是到中国传教的传教士。朗宁从小是喝中国奶妈的奶水长大的。30岁时，他在国内参加省议员竞选，他的竞选对手竭力寻找攻击他的把柄。当他们得知朗宁曾喝过中国奶妈的乳汁时，一时如获至宝。在正式竞选的那一天，当朗宁发表了成功的竞选演说后，反对派们便齐声起哄："朗宁喝过中国人的奶汁，身上有中国血统。怎能让一个具有东亚病夫血统的人当选为加拿大的议员呢？"全场顿时一片哗然。

朗宁镇定地登上演讲台，目光炯炯地扫视一周，声音洪亮地回答："我朗

宁不回避小时候喝过中国人乳汁的事实，但按照刚才几位先生高明的逻辑，喝什么奶就具有什么血统的话，那么，在座的先生如果喝过加拿大的牛奶，那是否意味着你们有加拿大牛的血统呢？假如刚才这几位发话的先生既喝过加拿大人的乳汁，又喝过加拿大牛的乳汁，那你们是具有加拿大人的血统呢？还是具有加拿大牛的血统？抑或是人与牛两种血统的混血儿？”

那几位站起来发难的反对派给驳得哑口无言，旁听席上，掌声雷动。

朗宁的智慧之处在于遭受嘲讽、挖苦的时候，能够从容应对，不乱方寸，而且坦然承认自己喝过中国人乳汁的事实。既不去否认这个事实，更不用为此辩解，然后抓住对方荒谬的观点推导出更加荒谬的结论，如此峰回路转，赢得最后的胜利。

楚庄王钟爱一匹马，这匹马穿的是华丽锦缎，住的是华丽房屋，睡的是床铺，吃的是切好的干枣。后来这匹马死了，楚庄王决定用棺椁装殓它，以大夫的礼仪来替它风光大葬。大臣们议论纷纷，都认为楚庄王的做法很不妥。楚庄王不听众人的劝解，说谁敢再为葬马的事情劝说他，就要杀头，群臣都不敢再劝了。

这时，楚国田的乐官优孟听说了这件事，大哭着走进皇宫。楚庄王奇怪他为什么哭，优孟回答说：“这匹马是大王最喜欢的，就凭楚国这样大的国家，有什么事情办不到？大王却只用大夫的礼仪来安葬宝马，太不够档次了，大王应该改用人君的礼仪来葬马。”楚庄王问：“怎么样用人君的礼仪葬马呢？”优孟说：“臣请求大王用雕饰过的玉做棺材，派甲士挖穴，让老人和孩子背土。齐、赵两国陪侍在前面，韩、魏两国护卫在后面。庙堂祭祀用太牢为祭品，封给万户大的地方作为它的奉邑。”

说到这里，楚庄王已经觉得这样的方式好像太过分了，优孟见时机已经成熟，便下结论说：“诸侯听到了这件事，都知道大王您轻视人而重视马。”楚庄王一听，马上说：“寡人的过错竟到了这种地步吗？太不可思议了，我该怎么办呢？”优孟笑着说：“请大王将这匹马当做一匹普通的牲畜来埋葬吧，在地上挖个土灶，用铜铸的大鼎作为棺材，赏赐给它姜枣，再用木兰树的皮铺在棺材里，

用粳米做祭品，用大火炖煮，将它埋葬在人的肠胃里。”楚庄王觉得优孟说的话在理，于是叫人把马交给了宫里主管膳食的官员。

楚庄王要给马办丧事，这本来就是很荒唐的，而将马的葬礼办得跟大夫的葬礼一样简直就是胡闹。但在楚庄王自己看来却不觉得有什么过错，因为他太爱那匹马了，面对楚庄王如此的决定，大臣们如何好反驳呢？这时优孟先不指出楚庄王的错误，而是顺着他的想法，推理出一系列结论，让楚庄王意识到自己的想法是荒谬的，而优孟则达到了“以谬制谬”的目的。

我们可以知道，以谬制谬的方式只针对对方的言论是谬的，假如你明明知道对方的言论是正确的，还使用这个方法，那无疑就是给自己难堪，因为你所推理出来的结论会证明你的言论是错误的。

心理启示

即便发现对方的言论是极其荒谬的，也不需要说破，而是先假设对方观点是合理的，然后将对方貌似合理的论点加以引申，推出一个明显错误的谬论。以其人之道还治其人之身，有力驳倒对方的观点，这样的反击才是大快人心的。

顺着对方的套路，施展计中计

有叛者怀之，有冤者申之，有彊者抑之，有弱者扶之，有谋者亲之，有谗者覆之。

——《将苑·将诚》

《三国演义》描述赤壁之战前蒋干充当曹操之说客，企图劝说周瑜投降。而当时，不想周瑜正担心蔡瑁和张允帮助曹军训练好水军，将计就计，摆下“群英

会”，诱导他盗走假的张、蔡二人的“投降书”，以反间计除去了这二人，后却自以为立功，成为笑柄。在这里，周瑜顺着对方的套路，施展了计中计，令人防不胜防，最终他获得了最后的胜利。在三国时期，周瑜也算是智慧过人，也施展过“将计就计”这样不凡的谋略。不过，最后甘拜在诸葛亮的“计中计”之下。当时，周瑜设计假言出兵取西川来换荆州，想借机夺取荆州。诸葛亮将计就计，设伏大败吴军。气得周瑜箭疮复裂，坠落马下，以致长叹而亡。

当时曹操正在邺郡庆贺铜雀台落成。在铜雀台上大宴文武百官，并将一件西川锦袍挂在树上，下设箭靶，射中箭靶的人就可以得到战袍，武将们个个争先，想展现自己的武艺。武将射毕，曹操又让文官吟诗作赋，记录铜雀台落成之事。曹操正在兴头上，也赋诗吟唱。

忽报东吴使节华歆前来。曹操看罢表章，与谋士定计使孙、刘相吞并。便上表奏周瑜为南郡太守，程普为江夏太守，华歆为大理寺少卿。周瑜就职南郡太守后，便想报仇，遂上书孙权。要鲁肃讨还荆州，鲁肃无奈，只好前往荆州。

鲁肃来到荆州，刘备依孔明之计放声大哭，孔明从旁说还了荆州，便无处安身。触动刘备心中伤处，而大哭不止，孔明于是要鲁肃转告孙权，暂缓讨回荆州。

鲁肃将实情告诉了周瑜，周瑜说：“你又中了诸葛亮的计了。”便要鲁肃再去见刘备，说东吴将取西川给刘备，但刘备要把荆州交还东吴。并解释说：“我不过以此为名，要刘备无所防备罢了。我军以攻取西川为名借道荆州，便可乘势杀了刘备，夺取荆州。”

鲁肃再到荆州，说周瑜将率兵攻取西川以换荆州。刘备忙谢说：“我很感激，雄师到时，一定远迎犒劳。”鲁肃暗喜，辞别而去。

周瑜引水陆大军五万，往荆州出发，快到荆州时，看见城上插两面白旗，并无一人。周瑜将船靠岸，带领二十名骑兵到城下察看。

突然听到一声梆子响，城上一齐竖起刀枪。赵云站在城楼上喊叫：“孔明军师已知都督的计策，所以留我在此守候。”探马又来报，关羽、张飞、黄忠、魏

延四路兵马，从四面杀来。周瑜大叫一声，旧疮复裂，从马上坠了下来，众将急忙将他救回。

周瑜被救回船，军士报告说刘备、孔明在前面山顶上饮酒取乐，周瑜更加愤怒，咬牙切齿说："你道我取不得西川，我偏要去取。" 便令船队上行，到巴丘时，探子报说："上流有刘封、关平两人领军截住水路。"

周瑜正要出战，孔明忽然差人送信来。劝他不要去取西川，如曹军乘虚而攻江南，江南就不保了。周瑜读完信，口吐鲜血，他知道自己活不长了，便上书孙权，推荐鲁肃代替他的职位。死前叹了口气说 ："既生瑜，何生亮！"连叫数声而亡，死时寿三十六。

当然，和所有的计谋一样，计中计的使用也必须注意隐蔽性，要将自己的真实目的隐藏起来，当对方使用计策的时候，己方要假装被蒙蔽，不能使敌人生疑。等待对方已经完全相信的时候，再施展计策，这样才能使计策发挥出效果。如果出现了疏忽，就会引起对方的警觉，造成牵一环而动全局、缺一计而前功尽弃的后果。因此运用计中计，一定要注意精心策划、周密布局，不留一丝一毫的破绽与漏洞。只有这样，计中计才能完美无缺地得以施展，才不会有"百密一疏而功亏一篑"的遗憾。

张先生是一位资深的人事经理，目前正负责一家合资企业的人事改革。张先生接受任务后，并没有急着着手改革，而是先进行了细致深入的调查。调查结果显示，需要调整的人员大部分集中在公司的"守旧派"身上。所谓"守旧派"，就是那些不甘心自身利益受损、为企业合资设置种种障碍的人。而"守旧派"中的核心人物便是企业的副总周先生，企业的各个主要部门里都有他的人。这个人很不好对付，怎么办呢?

张先生苦思冥想了几天几夜，终于有了一个好办法：将计就计，即借周总的手先送走那些"守旧派"，然后再借机赶走周总。

于是，张先生首先请示总裁后，成立了一个机构变革小组，请周总担任组长。张先生与周总谈心，说："您现在可是国企改革的标杆、旗手，上上下下多

少双眼睛都关注着您哪！这是第一炮，打响了，周总您的前途就无量了！”周总毕竟是个有私心的人，为了获取更大的利益，哪里还顾得上他人？张先生不管周总用什么方式，只要他能把局面收拾好就行。很快地，各部门的“守旧派”都被清理得差不多了，张先生趁机开始安排自己早已选好的人，当然，都是一些锐意进取的“革新派”。

虽然周总看似很顺利地完成了任务，但他心中始终惴惴不安：自己翻脸不认人，说不定很快就会遭到报复。即便那些人明里不敢，谁能保证暗里不来呢？但他的不安很快便被一个找上门来的人打消了，这人竟然是一家著名猎头公司的说客。

周总简直不相信自己的耳朵：“竟然还会有人来挖我？”

“啊？您自己都不知道？您现在可是鼎鼎大名的‘铁腕改革家’啊！有多少亟待变革的国企期盼着像您这样的人才前去进行大刀阔斧的改革呢！”

周总觉得这简直是“喜从天降”，一方面自己的离开可以给那些得罪过的“兄弟们”一个交代，另一方面自己的身价竟然涨得那么高了。于是，他很快递交了辞呈，喜滋滋地去另一家国企赴任了。

张先生接到猎头的电话：“感谢您给我们提供信息。”听到这样的话，张先生的脸上绽开了舒心的笑容。

在这里，张先生先是将计就计利用对方瓦解部分守旧派，再利用对方惧怕的心理请来了猎头公司，如此一来，计中计的施展可谓是一举多得。

“计中计”不但可以用在敌人身上，也可以用在自己身上。在人际交往中，人与人之间难免会有争论，假如自己被对手咄咄逼人的攻势已逼到墙角时，与其奋起反抗、拼命挣扎，不如将计就计，竭力抓住对方的观点中与自身观点相连带的关系，运用联想、想象等思维活动巧妙地提出一个关联性命题，令对方的荣辱与自己的荣辱紧密相连，不可分割。这样，矛盾的双方就被紧紧地捆绑在了一起，一荣俱荣、一辱俱辱，使得对方不敢再出言挑衅、刁难或提无理要求。

心理启示

顺着对方的套路来，将计就计，绵里藏针，往往是战胜对手最好也是最轻松的方法。做任何事情也是如此，在生活中，要跟随对方的脚步，摸清对方的套路，这样就能让自己立于不败之地。

以彼之道，还施彼身

智者，礼而禄之，勇者，赏而劝之。

——《将苑·哀死》

诸葛亮认为，对待有才智的人，以礼相待，并委之以高官，对待英勇擅战的部下，他会给予恰当、及时的奖赏并勉励他再立新功。对优秀的部下应该以其能力给予相同的奖赏，反之，对待敌人则应该以彼之道，还施彼身。

如果对手的手段极其阴险，而又毫无章法，他们的行为既不受道德规范约束，也不遵从游戏规则。因此，我们在面对他人的陷害时，常常毫无准备就掉进其挖好的陷阱之中，使其奸计得逞。其实，我们要想躲过对方的陷害，就需要随机应变地采用一些合适的方法，当我们无法应对诡计多端的人，不妨将计就计，巧妙地躲过对手的陷害。

对于对手，不能进行正面交锋，这样只会使自己处于一个极为被动的境地，不如反而行之，借助小人自己的阴谋将计就计，巧妙躲过小人的陷害。有时候，面对小人的计谋，你可以从其异常的行为中觉察出一些端倪，这时候，你不要声张开来，也不要当面拆穿小人的伎俩，而是将计就计，使自己巧妙躲过小人的陷害，也使小人得到一个深刻的教训。

公司的王经理坐火车到外地出差的时候，坐在他对面的一位中年男子自称是港商，这次是来大陆投资做生意。当即还掏出自己的名片递给王经理，王经理接过来，见名片上只留了该男子的姓名和电话，连职位也没有标注，他不禁有点怀疑。

这位港商似乎看出了王经理的疑惑，他解释说："我们公司对于职位那些都不注重的，只注重你的工作成绩，而且我自己的公司，并不需要标上我的职位。"王经理笑了笑，既不表示反对，也不表示赞同。这位港商并没有因为王经理的沉默而沉默，他反而对自己的公司大谈特谈起来，介绍完了自己的公司和产品，他有点好奇："请问王先生是做什么生意的？"王经理有意隐瞒自己的身份："我只是出去跑跑业务的，推销一些产品。"随机把自己公司的产品介绍一番，那位港商立即表示出极大的兴趣，似乎有很浓厚的合作意向。

王经理见对方十足的诚意，表示说自己会回去汇报上级领导，考虑其合作的可能性。那位港商对王经理十分热情，由于两人前往的目的地是相同的，于是热情的港商更是邀请王经理住同一个旅馆，王经理不便直接拒绝，就一同前去。第二天，王经理有事外出，与一位客户谈成了一笔生意，当即取出了大笔现金放在包里，当时港商也在场。下午回去，王经理多了个心眼，趁着港商回到自己的房间，他把所有的现金装进另外一个皮箱里，把原来装现金的那个皮包里塞满了报纸。

晚上，港商来到王经理的房间，天南海北地与王经理聊起了天，不久王经理借故起身去了卫生间，故意在里面磨蹭了一会再出来。等到他回来时，港商和那个装满报纸的皮包都不见了，王经理笑了笑。几天之后，王经理通过报纸看见本市最近破获了几起诈骗案，其中那位自称港商的人也被抓了，原来他并不是什么港商，而是一个职业骗子。

王经理利用自己的聪明才智躲过了对方的陷害，原来这之前王经理就觉得那位港商不对劲，自己更是故意创造了"港商"偷钱的机会，正是将计就计躲过了职业骗子的骗钱术。"港商"的骗术在于：他交出假心，以此诱骗你交出真心。

如果你不知江湖险恶，误信小人，心实厚道地什么都对他说了，那就免不了会上当受骗。所以，在这一点上需要我们细心观察对方的一举一动，能够在别人的计策中将计就计躲过其陷害。

有一天，小明家里来了客人，小明的父亲叫他去附近小店买一瓶茅台酒。等到酒买回来之后，父亲一看，发现酒居然是假的，父亲顿时明白了，店主欺负儿子小不懂得如何辩证真伪，于是卖了假酒给他。父亲感到十分气愤，等到自己慢慢平静了下来，他不禁想起了一个好主意。

父亲将假酒倒在酒杯中，径直去了小店，让店主拿过一瓶茅台酒来。父亲拿着酒瓶仔细审视并自语道："唉，这年头假茅台太多了，不知你这儿……"店主抢过话头："你放心，我这里绝对全是真货！"

父亲还是感叹道："前几天，我在市中心一家店铺买了一瓶，店主还不是打包票说绝对是真的，绝对不会假。谁知一打开来——是一元钱一斤的高粱酒！"店主道："你去找他呀！"父亲故意哭丧着脸说："已经打开好几天了，他还会认账吗？"店主有些惋惜道："你要是当时发觉就好了，他敢不认账！"父亲向店主认真请教："要是当时发觉了，他还是不认账咋办？"店主指教说："找工商局去呀！人赃俱获，他能不怕吗？"

父亲见时机已到，他向躲在一旁的儿子招手，而后从怀中摸出那假酒来："那好！请你看该咋办吧？"店主一下傻了眼："实在……对……对不起，对不起！我退款，我退款！"

聪明的父亲为了让奸诈的店主主动认罪，他并没有直接去与之发生正面冲突，而是巧妙地把店主引入了话题，等到店主钻进了自己的圈套之后，他才不失时机地把自己的问题提出来。这样，在拿出确凿的证据之后，店主即使想抵赖也赖不了了，只好主动承认错误。

俗话说："明枪易躲，暗箭难防。"而小人惯用的伎俩就是暗箭伤人，这是我们防不胜防的，与其在毫无预备之下受伤，还不如先发制人，使小人断了陷害于人的念想。其实，当你与小人经过一番较量之后，你会发现小人并不像传说中

的那么难以应付，只要你能拿出对方使坏的确凿证据，抓住小人的把柄，也会使他乖乖就范，收敛嚣张的气焰。

心理启示

总而言之，我们在面对敌方计划好的阴谋时，千万不要误以为就没有回旋的余地，傻傻地看着小人的奸计得逞。很多时候，只要你有敏锐的观察力和灵活的应变能力，就一定能在千钧一发之时，以不变应万变之势，以彼之道，还施彼身，将计就计躲过小人的陷害。

积极行动，速战速决

利在疾战，不可久师也。

——《将苑·南蛮》

诸葛亮认为，行军打仗只能速战速决，不可以久留。在这里，行动很重要，对于施展任何计策都是如此。科学家卡莱尔曾经说过：“要迎着晨光实干，不要面对着晚霞幻想。”这句话形象而准确地告诉我们：人不能沉迷于美好和远大的理想之中，还应该付出比别人更多的努力。当我们发现一个良机的时候，就要敢于付诸行动，而不是犹豫不决。

确实，在这个世界上，许多伟大的成功者都属于那些敢想、敢做、敢成败的人，而那些所谓智力高超、才华横溢的人却始终犹犹豫豫、瞻前顾后，不知道付出行动而最终一无所获。人们常说“高风险意味着高回报”，只有那些敢于冒险的人，才会赢得人生的辉煌。当然，那些面临风险依然可以果断做出决定的人肯定胆识过人，他们不仅拥有过人的胆识，而且始终将行动放在第一位，敢想敢

做，逆流而上，结果往往获得出人意料的成功。

有一天，一位园艺师傅向井植岁男说：“社长先生，您的事业如日中天，而我却像一只蚂蚁一样在地上爬来爬去，根本没有出息，您教我一点创业的秘诀吧！”井植岁男说：“这样吧，我看你比较精通园艺，在我工厂边有2万平方米的空地，咱们合作来种树苗吧。那么，你告诉我，一棵树苗多少钱买得到？”园艺师傅回答说：“40。”

井植岁男说：“那么以一平方米地种两棵树苗计算，扣除道路，如果是两万平方米就能够种植2.5万棵树苗，树苗成本是100万元，你算算，3年后，一棵树苗能卖多少钱？”园艺师傅回答说：“大约3000元。”井植岁男说：“那么，这样，那100万元的树苗成本与肥料由我来支付，你就负责浇水、除草和施肥，3年后，我们就有600万元的利润，到那个时候，我们每个人从中就能取得一半。”那位园艺师傅听了吓了一跳，拒绝说：“哇！我不敢做那么大的生意，我看还是算了吧。”

一句“算了吧”让园艺师傅错失了一个成功的机会，或许，我们每天都在梦想着成功，然而，当自己有了好的想法，即将投入实践的时候，却没有勇气去尝试，在心中有的只是对失败的顾虑，导致最后失去了成功的机会。巴菲特的投资事业告诉我们：成功是离不开行动力和勇气的，相比较智慧，我们更需要果断尝试。

在职场中，许多人想改变自己的处境，想比现在做得更好，甚至，梦想着做一番事业，但是，他们往往是有了想法却总是瞻前顾后，犹豫不决，以至于许多好的想法、计划都死于腹中，最后，依然一事无成，在职位上平平庸庸地度过一生。同样是一些敢想的人，他们没有犹豫，而是马上将自己的想法付诸于实践，最后，他们成功了。出现这样截然相反的情况，是什么原因呢？因为前者缺少了行动力，他们只愿意想，而不敢去做，因此，成功的机会总是与他们擦肩而过。

孔子说：“君子耻其言而过其行。”意思是说，君子认为说得多而做得少是可耻的。在现实生活中，总是有这样一些夸夸其谈的人，他们口若悬河，说尽了

大话，到最后，一件事情都没有完成，给上司和同事留下“浮夸”的印象。一个人如果想要去做一件事，无论计划多么完美，倘若没有付诸实际行动，就不能体现出它的价值。

人们常常会陷入这样的境地：想得多，做得少。事实上，当我们大脑中有了灵感就应该付诸于实践，现在就去，马上就去，“现在”这一词语可以推进成功，可是，“明天”、“以后”、“某一天”就代表着“永远也做不到”。

大多数聪明的人，他们遇事冷静，他们不想自己的智慧被淹没在平淡的日子里。因此，一旦他们脑中有了好的想法，总是敢于去实现它，无论最后的结果是成功还是失败，他们总是先做了再说。

在现实生活中，有许多人渴望成功，但却从未想过自己应该下怎么样的决心才能达成成功。那些坐在办公室里无所事事的职员，永远都在等待机会自动来到自己眼前，唾手可得，自己毫无费力。在他们身上，缺少强大的决心，缺乏行动力，只会在等待中碌碌无为地过一生。

心理启示

如果现在你的脑海中有一些好的计划，那么，就应该对自己说“我现在就去做，马上开始”，而不是说“我总有一天会去把它完成的”。

第17章 七擒孟获——攻心为上的智慧

《孙子兵法·谋攻篇》:“故上兵伐谋,其次伐交,其次伐兵,其下攻城。”所谓不战而屈人之兵,恰是如此。攻心为上的谋略,是诸葛亮统领将士的法宝,更是克敌制胜的武器。所谓“人心所向”,赢得人心就能赢得一切。

欲晓之以理,须先动人以情

士未坐,勿坐,士未食,勿食,同寒暑,等劳逸,齐甘苦,均危患;如此,则士必尽死,敌必可亡。

——《将苑·出师》

诸葛亮在《将苑·出师》里说道:“部下还没有坐下来休息时,身为将帅不能自己先坐下来休息,部下还没有吃饭时,身为将帅也不要首先进餐,应该与部下同寒暑,等劳逸,齐甘苦,均危患,做到了这一切,手下的将士必会竭尽全力,敌人也一定会被打败。”

人都是有情感的,情感是每个人都存在的一种心理活动,正是由于人们都有情感,才产生了人与人之间的相互影响和交流。人的某些行为都是在情感的支配和影响下产生的,情感也起着重要的桥梁作用,它可以促进人们之间的交往,协调和改善人际关系,维持彼此关系的稳定与和谐。交往中,时刻保持亲切的话语、温和的笑容、善良的调侃,都是以情动人,使人心悦诚服。“动之以情,晓

之以理”，就是用充满感情的方式打动别人，用讲道理的方式告诉别人。说服一个人心甘情愿地为你效劳，最好的办法就是用情去打动他。

吴起是春秋战国时期一位有名的将领。他身为主将，却跟最下等的士兵穿一样的衣服，吃一样的食物；睡觉不铺垫褥，行军不乘车马；亲自担草背粮，和士兵们同甘共苦。

有一次，一个士兵生了毒疮，吴起居然亲自替他吸吮流脓。这个士兵的母亲听说后，放声大哭。有人责备：“你儿子只是个无名小卒，将军却替他吸吮流脓，你怎么还哭呢？”那位母亲说：“你有所不知啊，往年吴将军替他父亲吸吮流脓，他父亲勇往直前，战死沙场；如今吴将军又给他吸吮流脓，我不知道他又会战死在什么地方。我怎么不哭？”

吴起是何等聪明的将军，不需要威逼利诱，就可以让士兵心甘情愿地为他在战场上奋勇杀敌，勇往直前，甚至不惜牺牲自己宝贵的生命。他的秘诀就是“动之以情”,他身为主将，却没有高高在上的架子，而是与士兵们同甘共苦，时刻让士兵们觉得将军和他们同在一起。吴起亲自为一小卒吸吮流脓，更是深深打动了小卒的心，在一个普通的士兵眼里，将军对自己的关心让他觉得没有什么比这更好的殊荣了。士兵在那刻已经暗暗下决心，为了将军不惜肝脑涂地，于是才有士兵母亲的放声大哭。

当鸡蛋掉在石头上时，鸡蛋很容易破碎；当皮球掉在石头上时，它会弹起而保持完好无损。为什么会出现这么大的反差？是因为皮球对强大的外力能以柔韧化之，而鸡蛋却不能，所以才有“以卵击石，自不量力”的说法，而这其中蕴含的就是以柔克刚，以情动人的道理。所谓以情动人，就是耐心、信心、恒心、毅力的比较。在这些方面，谁占了上风，谁就是真正的胜利者。做到“虚怀若谷”，对自己充满信心，胜不骄、败不馁。

一大师某日问其徒弟，曰：“棉与石同为实物，二者各有其用，但若比攻守之道，谁更胜之？”众徒皆曰石头较之刚硬，攻守俱备，当然石也。然大师却言差矣，众徒百思不得其解。

棉所特有的就是柔软，它能比石头还刚硬，用的就是以柔克刚之道。而石头是坚硬的，如果以硬碰硬，石头也算不上最具有攻击性的。而棉却不一样，无论怎么发力，它都能以力还力，使自己毫发无损，这不能不说是它的过人之处。当然，人亦如此，最能攻入他人心里的，无疑是情，情亦可动人，又可伤人，杀伤力都是巨大的。我们不妨学一学棉物以柔克刚之道，巧妙的以情动人，以情感化他人，这样，说服他人就显得容易多了。

“四两拨千斤”这个成语说的好，它讲的正好是以情动人的道理。俗话说：“百人百心，百人百性。”有的人性格内向，有的人性格外向，有的人性格柔和，有的则性格刚烈。古往今来，我们不难发现，大凡刚烈之人容易被柔和之人征服利用。人与人相处，应以己之长，克其之短。

心理启示

面对刚烈火暴之人，我们最好的方式就是以情以柔之姿去面对避其锋芒。这就恰似细雨之于烈火，烈火熊熊，细雨蒙蒙，虽然说不能当即将火扑灭，但是却很有效地控制住了火势，并一点一点地将火灭掉。生活中，以情动人无疑是最好的说服他人的方式。

感人心者，莫乎于情

古之善将者，养人如养己子……伤者，泣而抚之，死者，哀而葬之，饥者，舍食而食之，寒者，解衣而衣之，智者，礼而禄之，勇者，赏而劝之。将能如此，所向必捷矣。

——《将苑·哀死》

诸葛亮认为，将帅对下属需要以情动人："古代凡是优秀的将领，对待自己的部下就好像对待自己的儿女一样。对待受伤的士卒，百般安慰和抚恤，当部下为国捐躯时，又能厚葬他们，并妥善地安排好后事，在粮食不够吃时，主动地把自己的食物让给下级，在天气寒冷的时候，把自己的衣服让给士卒穿用，对待有才智的人，以礼相待，并委之以高官，对待英勇擅战的部下，他会给予恰当、及时的奖赏并勉励他再立新功。身为一名将帅，做到了上面的几项内容，就会所向披靡，百战百胜。"

孟子曰："天时不如地利，地利不如人和。"这里的"人和"就是关系、感情，孟子早在几百年前就知道了感情的重要性。实际上，人际关系的实质就是一种情感互动，人们能从人与人的交往中得到温暖、友情和爱，从而对生活充满热情。每个人都需要爱和感情的慰藉，感情投资正是通过满足人们人性的需要、感情的渴望而进行的投资。古往今来，无论是英雄豪杰还是企业成功人士都十分注重感情投资。

胡雪岩说："欲无办大事之难题，必先倾全力做到圆世道、圆身心。"在胡雪岩的眼里，处理好人际关系是经商成功的一半。在这个处处需要人情的社会，人与人之间的关系大多是靠情来维系的。这就需要人们不自觉的进行感情投资，"没有春风，唤不来秋雨"，就是这个道理。作为一个企业的管理者，如果有人问你：世界上什么投资回报率最高？你会如何回答？日本麦当劳的社长藤田田的答案是：在所有投资中，感情投资花费最少，回报率最高。

藤田田在自己所著的畅销书《我是最会赚钱的人物》中提到，日本麦当劳每年支付巨资给医院，作为保留病床的基金。当职工或家属生病、发生意外，可立即住院接受治疗。即使在星期天有了急病，也能马上送到指定医院，避免多次转院带来的麻烦。

有人曾问藤田田，如果员工几年不生病，那这笔钱岂不是白花了？藤田田回答："只要能让职工安心工作，对麦当劳来说就不吃亏。"

藤田田的信条是：为职工多花一点钱进行感情投资，绝对值得。感情投资能

换来员工的积极性，由此所产生的巨大创造力，是其他任何投资都无法比拟的。

藤田田成功的秘诀就是对自己的员工进行感情投资，每个员工都希望自己能够得到上司的肯定，如果受到了来自上司的关心，他就会受宠若惊，发誓加倍的努力工作。而藤田田正是洞察了员工这样的心理，感情投资换来了员工们的积极性，也保证自己企业的成功。感情投资所产生的巨大创造力，是其他任何投资都无法比拟的。有人说过："世界上最难征服的是人心，世界上最易打动的也是人心。"感人心者，则莫乎于情。

每个人都有爱的需要，感情投资正是通过满足这样的需要，针对感情的饥渴而进行投资，是迎合别人内心的渴望，因此，感情投资也是一种最有效的投资。

安德鲁·卡内基明白如何适当地去向他人发问，在与人交谈中，他总会在适当的时刻顺便问你一两句你的私人事情，以表示他在记挂你正在做的事、你的喜好以及那些你认为他早就该忘记了的小事。对他来说，或许别人并不重要，但是他在见到别人总会问些类似的问题："最近，你还打牌吗？""你有去那什维尔了吗？""你的那个孩子又赢了几次赛马？"

安德鲁·卡内基也这样对待任何行业的人，对每个人的名字，他都表示出由衷的尊敬。

卡内基看似不经意的问候，其实都是平常生活中对他人的感情投资，一句简单的问候就会让他人对你产生信任感。当你需要帮助的时候，你平时的感情投资就会换来莫大的帮助。你希望别人怎么对你，你就以怎样的方式对别人。如果你在银行开个账户，会把你平时闲散的资金储蓄起来，以备不时之需。你储蓄的愈多，你的财富就越富足。同样的道理，也可以为你的感情开个账户，为了维系你们之间的关系，而存入真诚的关怀、亲切的问候。你的感情账户存得越多，你们之间的感情就越深厚，那么你得到的回报就越多。

生活中，学会关爱他人，善待他人，帮助他人，感染他人。一次真诚的探望，一束漂亮的鲜花，一条温馨的信息。看似你很平凡的举动，都将在他人的情感上引起不平凡的震撼。平时热情得体的言谈举止，哪怕是对他人的一句赞美或

一个微笑，都是我们有意识或无意识地在进行着感情投资。我们付出了真实的感情和友谊，必将会收获无限的感情和友谊，也会获得更多的回报。

心理启示

人是感情的动物，你在感情账户中的储蓄，就会赢得对方的信任。那么当你遇到困难时，就可以通过这种信任换来鼎力的帮助。

攻心为上，不战而屈人之兵

> 用兵之道，攻心为上，攻城为下；心战为上，兵战为下。
>
> ——《三国演义》

孙子云："不战而屈人之兵。"孙子认为，能够百战百胜，还不算是最高明的将帅；只有不战而使敌人屈服，那才称得上是高明中之最高明者。同样的道理，在交际中攻心为上：从心理上、精神上分析对方，从而瓦解对方，达到目的。攻城为下，攻心为上。攻城即是以武力去征服，当我们需要说服别人的时候，用简单粗暴的方式往往会起到反作用，即便对方勉强被说服，也是在强力胁迫的情况下。所以，攻城是有副作用的，首先对方会反抗，不管是默默反抗，还是表面反抗，都会导致其心不向；其次，己方在攻城过程中，由于是硬攻，难免有损伤，怒火伤身，急火攻心，事半功倍。

攻心，在于找准对方的心理，从外界入手，通过语言、行为来达到令人信服的目的，或将人打败的目的。攻心，主要在于心，所以在采取行动之前一定要认真分析对方的心理，以便能够准确"攻心"。

225年，蜀汉丞相诸葛亮决定亲自率军平定南中叛乱。参军马谡为诸葛亮送

行时候提出平定叛乱要采取“攻心为上，攻城为下，心战为上，兵战为下”的战略，诸葛亮亦接纳此建议，遂分兵三路，他率主力大军，作为西路，从成都由水路出发，进军越巂郡，讨伐高定；东路又派马忠由僰道出发，进攻牂柯郡，攻击朱褒；中路由李恢从平夷，攻向建宁。

诸葛亮听到孟获为当地人所信服，便想通过生擒迫使他归顺，从而达到收服南中民心的目的。于是，大军渡过泸水，与孟获军战，成功俘虏孟获，诸葛亮带他到营阵观赏，问他觉得蜀军如何，孟获回答他：“我之前不知你军虚实，所以才战败。现今蒙赐观看营阵，原来只是如此，必定可以胜利了。”

诸葛亮便笑着将他放走再战，在对孟获七擒七纵后，仍要继续放他走，孟获及其他土著首领终于对诸葛亮彻底信服了，不肯离去，孟获说：“您代表着天上的神威，南中人不会再反叛了。”于是带领蜀汉大军到滇池，与诸葛亮盟誓，蜀军成功平定南中。

从诸葛亮七擒孟获这个历史典故中，真正展现了“不战屈人之兵”的谋略。哪怕己方武力太雄厚，迫使对方战败，但对方心依然坚定，所谓的“信服”也只是表面上的信服，等到他日羽翼渐丰，便会东山再起。但是，如果是攻心为上，则大有不同。尽管前前后后经历七擒七放，但诸葛亮以自己的人格赢得了孟获的甘拜下风，这就是诸葛亮一直提倡的怀柔政策。

王平虽然一生识字不过十，但是能口授作书，还能颇有意理；不曾读过兵书，但是作战中极善兵法谋略。他在诸葛亮去世之后，巧用“攻心计”，成功平魏延。

诸葛亮北伐去世之后，按照他的遗嘱把兵权交给自己的嫡系杨仪和姜维领兵。由于之前魏延和杨仪关系比较差，而且诸葛亮在世时，魏延一直以为自己能顺利地接班蜀汉军事，没想到非但不能接班，还需要给这两人断后。魏延非常生气，他请求费祎帮助自己夺权，后又上表杨仪造反，自己先一步班师，在路途中越想越生气，破坏了途中栈道，最后直接在南谷口安营扎寨伏击杨仪大军。

杨仪知晓情况后，命令王平出战。当前情况非常复杂，地形不利、兵力有

限、后有司马懿大军追击、前有魏延伏击，王平整理思绪，当即实施两大策略：一方面先登造势，攻破魏延中军，大涨士气；另一方面先登打出自己军心，震慑住魏延大军军心，再用“丞相身尚未寒，汝辈何敢乃尔！”来反间瓦解魏延和士卒的军心及二者的信任，致使魏延大军被彻底弱化，全军溃散，魏延只能接受自己和儿子等几个人逃亡汉中的失败命运，而后不久魏延被杨仪指使的马岱斩杀三族。

如果想在现代社会中占据优势，必须努力赢得人心。争天下，胜败决定在于人心向背，所以才说“得人心者得天下”。人心则包括民心、军心、将相之心，这三者是相互联系的，缺一不可。

心理启示

生活中，我们要擅长使用攻心计，使用“攻心”的技巧来打动对方，这才是最高明的技巧。比如给对方一个好的夸赞、一个好的名声，都会令对方心花怒放，将话说到对方的心坎上，将行为做到讨人欢喜的分上，攻心大计自然就成了。

疑中之疑，巧施反间计

> 吾知高定乃忠义之士，今为雍闿所惑，以致如此。我现在放你回去，让高太守快快归降，免遭大祸。
>
> ——《三国演义》

诸葛亮在征孟获前先平定叛乱，所采用的就是反间计，制造矛盾，使其互相攻杀，叛乱得以平定。他先争取高定，然后在高定与雍闿、朱褒之间制造种种矛

盾，借刀杀人，坐收渔翁之利。

万事万物都存在着裂缝，这是不可不研究的问题。既然万事万物都存在漏洞，假如在敌我较量过程中，我们完全可以从细微之处发现敌人的矛盾和漏洞所在，在疑中再布下疑阵，使敌人内部产生矛盾，那我们就可以万无一失。核心就是分化离间，在敌人之间或内部挑拨是非，引起纠纷，制造隔阂，破坏敌人内部团结，使之反目成仇。假如敌人内部团结一致，就会形成强大的力量，难以分出胜负。而反间计就是要把敌人分散开来，不管是哪部分遇到危难，其他部分只能袖手旁观。

公元1134年，韩世忠镇守扬州。南宋朝廷派魏良臣、王绘等去金营议和。二人北上，经过扬州。韩世忠心里极不高兴，生怕二人为讨好敌人，泄露军情。可他转念一想，何不利用这两个家伙传递一些假情报。等二人经过扬州时，韩世忠故意派出一支部队开出东门。二人忙问军队去向，回答说是开去防守江口的先头部队。二人进城，见到韩世忠。忽然一再有流星庚牌送到。韩世忠故意让二人看，原来是朝廷催促韩世忠马上移营守江。

第二天，二人离开扬州，前往金营。为了讨好金军大将聂呼贝勒，他们告诉他韩世忠接到朝廷命令，已率部移营守江。金将送二人往金兀术处谈判，自己立即调兵遣将。韩世忠移营守江，扬州城内空虚，正好夺取。于是，聂呼贝勒亲自率领精锐骑兵向扬州挺进。

韩世忠送走二人，急令“先头部队”返回，在扬州北面大仪镇的二十多处设下埋伏，形成包围圈，等待金兵。金兵大军一到，韩世忠率少数兵士迎战，边战边退，把金兵引入伏击圈。只听一声炮响，宋军伏兵从四面杀出，金兵乱了阵脚，一败涂地，先锋敲擒，主帅仓皇逃命。金兀术大怒，将送假情报的两个投降派囚禁起来。

反间计的妙处在于，可以巧妙地利用敌人的间谍反过来为我所用。在《孙子兵法》里就尤其强调间谍的作用，认为将帅打仗一定要事先了解敌方的情况，要准确掌握敌方的情况，而这些不要靠鬼神，不要靠经验，需要靠间谍去完成。

三国时期，赤壁大战前夕，周瑜巧用反间计杀了精通水战的叛将蔡瑁、张允，就是个有名例子。

曹操率领号称八十三万的大军，准备渡过长江，占据南方。当时，孙刘联合抗曹，但兵力比曹军要少得多。

曹操的队伍都由北方骑兵组成，善于马战，可不善于水战。正好有两个精通水战的降将蔡瑁、张允可以为曹操训练水军。曹操把这两个人当作宝贝，优待有加。一次东吴主帅周瑜见对岸曹军在水中排阵，井井有条，十分在行，心中大惊。他想一定要除掉这两个心腹大患。

曹操一贯爱才，他知道周瑜年轻有为，是个军事奇才，很想拉拢他。曹营谋士蒋干自称与周瑜曾是同窗好友，愿意过江劝降。曹操当即让蒋干过江说服周瑜。周瑜见蒋干过江，一个反间计就已经酝酿成熟了。他热情款待蒋干，酒席筵上，周瑜让众将作陪，炫耀武力，并规定只叙友情，不谈军事，堵住了蒋干的嘴巴。

周瑜佯装大醉，约蒋干同床共眠。蒋干见周瑜不让他提及劝降之事，心中不安，哪里能够入睡。他偷偷下床，见周瑜案上有一封信。他偷看了信，原来是蔡瑁、张允写来，约定与周瑜里应外合，击败曹操。这时，周瑜说着梦话，翻了翻身子，吓得蒋干连忙上床。过了一会儿，忽然有人要见周瑜，周瑜起身和来人谈话，还装作故意看看蒋干是否睡熟。蒋干装作沉睡的样子，只听周瑜他们小声谈话，听不清楚，只听见提到蔡瑁、张允二人。于是蒋干对蔡瑁、张允二人和周瑜里应外合的计划确认无疑。

他连夜赶回曹营，让曹操看了周瑜伪造的信件，曹操顿时火起，杀了蔡瑁、张允。等曹操冷静下来，才知中了周瑜反间之计，但也无可奈何了。

周瑜之所以能成功，就是因为他知道曹操是一个多疑的人，只要让他产生一丝的怀疑，那就会有利于自己。有时候，我们需要去发现敌人内部之间的矛盾，使其成为我们进攻的漏洞。假如对方没有矛盾或缝隙让我们有机可乘，那我们就要随时注意捕捉和利用敌人阵营中的内部矛盾，人为地给对方制造裂缝、矛

盾，使之互相猜疑，瓦解内部团结，使其形成内乱，比如周瑜适用的反间计就是如此。

凡事有漏洞，那我们就不妨以此攻之，这就是反间计。反间计可以分为几种，有的是利用敌方阵营中的同乡亲友关系打入敌人内部，探测消息；有的是收买敌方的官员充当间谍，比如战国时期秦国贿赂收买赵王的宠臣郭开，借刀杀人除掉名将李牧；有的是用乾坤大挪移的方法，借力打人，让敌方的间谍为我所用；还有就是故意散布一些虚假的情报，以牺牲自己的间谍为代价，诱使敌人上当，进入自己谋划之中。

心理启示

"反间计"非常有效果，且实施起来好像并不费什么劲。不过，人们在使用反间计时还须大胆谋划、小心行事，只有这样，才能用最小的代价换取最大的胜利。

比之自内，布离间计

亲而离之。

——《将苑·将诚》

诸葛亮在《将苑·将诚》中说道："亲而离之。"意思是说，对于内部和睦的人，要想办法离间它。离间计是孙子兵法三十六计中反间计的孪生计，指用计策使敌人互相猜疑，疏远敌人之间的关系，离间敌人，破坏敌人的统一战线，找到间隙，各个击破消灭敌人。在古代，人们用离间计是利用敌人营垒内部的矛盾，使其互相猜忌，形成内耗。现代社会，随着人际关系的复杂化，不管是军事

战争、商业、经济文化等领域的斗争也越来越错综复杂，离间不仅仅用于竞争、取胜，还可以用来挖掘人才，达到自己的预期目的。当然，在实施离间计的时候，关键在于找准对方内部的矛盾，再故意编造虚假情报，迷惑对方，使其判断失误，从而达到自己的目的。

诸葛亮是一个使得计谋的好手，在天水郡战役中，虽然战败，但他发现了姜维。他曾对人说："得十个天水郡都不如得姜维一人。"他想收降姜维，一方面由于姜维文武兼备，确实是难得的人才；另一方面他一直希望自己死后能有一位继承大业的人，他选中了姜维。于是诸葛亮使用离间计收降姜维，先是调虎离山调开姜维，再用诈术、谣言等策略离间姜维和魏军，再派遣将领置姜维于绝地，使走投无路的姜维真心降服诸葛亮。

1943年，意大利与德国结盟，但是当时德国许多将领看不起意大利人，而意大利又害怕德国人，又依靠德国人。而希特勒为了阻止英美联军登陆意大利，制定一系列地中海计划，德国与意大利将进行秘密谈判，这一消息被英国海军上将坎宁得知。于是，他决定用离间计来破坏德意联盟，运用对外广播发动宣传攻势，挑拨德意之间的关系，促使他们互相猜疑。

于是，英美用大功率电台，向意大利进行了长达17个月的"电波轰炸"：德国人认为意大利海军指挥不当，士气低落，不堪一击……而且英美广播还播出了一些事情的细枝末节，对此墨索里尼感到非常震惊，因为他确实遭受到了德军上下的蔑视。

虽然英美这些离间德意联盟的广播内容真假不一，但总体是宣传意大利如何被德国蔑视，如何被利用等等，而且一播就是17个月。意大利人不能不听，听后又生气，这使得本来貌合神离的德意联盟发生了越来越多的摩擦。意大利不希望再为德国卖命，甚至希望德国战败。后来，当英美海军攻占直布罗陀时，意大利海军也不尽全力阻挡，听任德国人失败。

如此看来，英美的离间计产生了预期的效果。

所谓"离间"之计，前提是敌方必须有"间"可"离"，即存在可以离间的

基础。假如敌方亲密无间，上下同欲，离间计断难成功。比如，高纬和李元昊都是历史上有名的昏君、暴君，荒淫无耻，心狠手辣，而且都性好猜忌。他们身边总是围绕着一大批奸佞之徒，小人当道，正直之士自然难以共存，对于这样的组合，施展离间计估计没什么效果。

蒋干是曹操身边的谋略人士，此人巧舌如簧，自以为非常有本事。曹操领大军南下江南，欲缴平天下，成万世基业。不巧的是孙权与刘备不答应，欲以少抗拒操之众，操孙两军摆于赤壁，两相苦无破敌良策。此时，蒋干甘愿效忠曹氏，并自愿以自己与周瑜的同窗关系去劝服孙权的大都周瑜。

周瑜正在为曹氏手下有两位深得水军之战谋略的两位将军犯愁，而蒋干竟然送上门来，周瑜马上就明白蒋干的意图，于是安排妥当。等到蒋干来的时候，便规定只准述朋友之情，而不得谈论军事，结果使得空有一身本事的蒋先生没有发挥的余地，闷闷不乐。

酒饱饭余之后，两人同塌而眠，到深夜蒋先生清醒过来，便偷看周瑜的公文，发现蔡瑁、张允呈周瑜愿意投降的文书。蒋干见到蔡、张二人竟然私通周瑜，于是便想，既然过来劝说周瑜没有成功，但发现这一天大的秘密也可回去向丞相交待。果真周郎借蒋干之手达到了战场上不能达到的目的。后来又借该人向曹丞相进献诈降计、连环计。终于使得周瑜成为千古名人，而蒋干却成千古笑谈。

周瑜在这里采用的方法是假装不知不觉，然后将虚假的情报不动声色地透露给蒋干。敌人不辨真伪，又对自己人深信不疑，因此极其容易上当。蒋干不自知，但是却被周瑜所利用的方法，无须“重金”，但是却更加可靠。

心理启示

实施离间计，往往针对的是信息不明的团体，离间计要想成功，更要利用主事者处断不明和人性弱点。因此，这种计谋多使用于信息很不透明的敌对双方，或缺乏信息传播手段的传统社会。

第18章　舌战群儒——滴水不漏的智慧

一说到诸葛亮，人们首先想到的是其卓越的智慧、政治才华和军事谋略。实际上，诸葛亮还是鲜有的卓越谈判家。“一人之辩，重于九鼎之宝；三寸之舌，强于百万之师”，用这几句来评论诸葛亮“舌战群儒”，真是恰如其分。

对症下药，各个击破

古之善斗者，必先探敌情而后图之。

——《将苑·兵势》

诸葛亮说，古代善于用兵的将领，一定会首先打探敌人的情况然后再采取相应的对策，正所谓对症下药，就是如此。在诸葛亮舌战群儒中，他又一次展现了因人而异的辩术。由于张昭是东吴重臣，又是第一谋士，诸葛亮采用的是以理说服，娓娓道来，逻辑严密，使张昭无言以对；对一些不是很重要的谋士，则以简洁明快的对答迅速结束，不与之多说。在整个辩论过程中，他将其口才展现得淋漓尽致，非常冷静，时而引经据典，时而大声责问，时而反唇相讥，使用各种辩论方式，可谓是得心应手。比如以韩信之谋，扬雄之死来作为论据帮助申明观点；对步骘的“孔明欲效仪、秦之舌，游说东吴耶？”之论弃之不理，而从苏、张二人豪杰本色入手，转守为攻；对薛综则厉声责问：“薛敬文安得出此无父无君之言乎！”

俗话说：“求神要看佛，说话要看人。”人上一百，形形色色，每个人都有自己的性情，每个人都有不同的心理。这时候，我们的语言表达方式也需要因人而异，需要迎合对方的性情、心理特点，才有可能影响对方心理。否则，一味地强势或一味地退却，只会使我们在交流中处于越来越被动的位置。所以，我们在与他人交流的时候，需要讲究看准人下“话药”，如此这般，才能使自己在人际交往中如鱼得水、应对自如。

两千多年前，孔子的学生仲有问：“听到了，就可以去干吗？”孔子回答：“不能。”这时，另一个学生冉求也问了同样的问题：“听到了，就可以去干吗？”孔子回答说：“那当然，去干吧！”公西华听了，对于老师孔子的回答感到很疑惑，就询问孔子：“这两个人问题相同，而你的回答却相反，我有点儿糊涂，想来请教。”孔子回答：“求也退，故进之；由也兼人，故退之。”

孔子的意思就是，冉求平时做事喜欢退缩，所以我要给他壮壮胆；仲有好胜，胆大勇为，所以我要劝阻他，做事要你三思而后行。孔子诲人也不是千篇一律，更何况是说话呢？我们在面对不同的说话对象，需要看准人下“话药”，时而强势，时而退避三舍，这样才能达到游说的目的。

如果你自己在谈话时，只挑自己感兴趣的话题，或者不识时务地谈起对方心里的要害之处。那么，对方就跟你谈话显得无聊之极，特别是你谈到他的痛处，他不仅对你没有什么好感，还会对你更加厌恶，因为你的话无形之中像一把利剑刺入他的心脏。

《红楼梦》里林黛玉抛父进京城，小心翼翼初登荣国府的时候，王熙凤先是人未到话先到：“我来迟了，不曾迎接远客！”尚未出场，就给人以热情似火的感觉。随后拉着黛玉的手，上下细细打量了一回，仍送至贾母身边坐下，笑着说：“天下竟有这样标致的人物，我今儿算见了！况且这通身的气派，竟不像老祖宗的外孙女儿，竟是个嫡亲的孙女儿，怨不得老祖宗天天口头心头一时不忘。只可怜我这妹妹这样命苦，怎么姑妈偏就去世了！”一席话，既让老祖宗悲中含喜，心里舒坦，又叫林妹妹情动于衷，感激涕零。而当贾母半嗔半怪说不该再让

她伤心时，王熙凤话头一转，说道："正是呢！我一见了妹妹，一心都在她身上了，又是喜欢，又是伤心，竟忘了老祖宗。该打，该打！"

短短几句话，王熙凤把初次见到林妹妹悲喜爱怜的情绪，表演得淋漓尽致。而那一字一句都值得细细品味，这些语言都彰显着其性格特征。她知道黛玉是贾母最疼爱的外孙女，先恭维"天下竟有这样标致的人物，我今儿算见了！况且这通身的气派，竟不像老祖宗的外孙女儿，竟是个嫡亲的孙女儿，怨不得老祖宗天天口头心头一时不忘"，看似称赞林黛玉，实际上却是讨好贾母，还捎带博得了迎春等嫡孙女的欢心。然后提到黛玉的母亲，硬是"抢先用帕拭泪"，看见贾母笑了，她也由喜转悲。她拉着黛玉的手问这问那，主要是为了炫耀自己在贾府中的地位和权势，同时，又在贾母面前表现出对黛玉的关心。

春秋时期，陈国国君灵公有一次在夏徵舒家里饮酒，几人一边喝酒一边闲聊。当时他看到孙宁、仪行父的时候，就想嘲弄他们。于是他对孙宁、仪行父两大夫说："徵舒像你俩。"而两大夫也不客气地回敬说："也像您。"不言而喻，其意是指三人均和夏徵舒的母亲"有染"。结果，陈灵公被夏徵舒用箭射死。

陈灵公在说话的时候非但没有"对症下药"，反而在谈话之间对别人嘲弄，于是，引来别人的嫉恨，最后连自己的命也搭进去了。所以，在平时谈话之间，如果你想获得别人的好感，获得别人的青睐，就要学会在谈话中对他投其所好。

如果你不知道怎么来"对症下药"？那么你可以在与他交谈之前，通过他的朋友或是他身边的人来对他有一个大致的了解，比如他的性格，他的爱好，他的优点。这样，你就会在谈话中游刃有余地对他"下药"，或是针对他的优点赞赏一番，或是迎着他的性格说些漂亮的话，或是把他所爱好的事物在他面前随便说说。这样就会无形中拉近你和他之间的距离，他就会对你充满了好感，甚至愿意与你有下一次的交谈。

心理启示

聪明人要明白这样一个道理：“对失意人，不谈得意事；处得意的，莫言失意时。”对人说话，应该投其所好。能够投其所好，你的话才能在对方心中产生作用。

绵里藏针，犀利语言显气势

> **鹏飞万里，其志岂群鸟能识哉？**
>
> ——《三国演义》

舌战群儒，诸葛亮语势磅礴，促使对手慑服于自己的语言气势，毫无招架之力。他反问张昭：“鹏飞万里，其志岂群鸟能识哉？”“豫州不过暂借以容身，岂真将坐守于此耶？”“昔高皇数败于项羽，而垓下一战成功，此非韩信之良谋乎？”反击步骘：“君等闻曹操虚发诈伪之词，便畏惧请降，敢笑苏秦、张仪乎？”对陆绩：“且高祖起身亭长，而终有天下；织席贩屦，又何足为辱乎？”……一连串的追问，语势强烈，咄咄逼人，在以理服人的基础上，诸葛亮更以其语言的气势压倒了对手。

语言是人们进行思想情感交流的重要工具，而语言的表达方式则是多种多样，时而柔和，时而犀利，时而强势。在这其中，“舌战”是人们语言激烈的形式之一，同时，舌战也是一场智力的较量，这时候我们需要运用“犀利”的语风，适时说一些“硬话”。犀利的语风是指在语言表达的内容中有比较犀利的成分，相应地对语调、语气都有特殊的要求。把犀利的语风隐藏在话语中，通过语言真正击中对方的要害，使其有所顾忌，令其知难而退，最终达到影响他人心理

的目的。

春秋时期，秦国准备袭击郑国，走到渭同时，这个消息被郑国的商人弦高知道了。弦高原打算去周国做买卖，但他不忍心自己的国家蒙受损失，便打算劝秦国主将改变主意。弦高知道，如果以硬对硬，肯定会适得其反。于是，他带着4张熟牛皮作礼物，又赶了12头牛去犒赏秦军。他故作恭敬地说："我国国君听说您将行军经过敝国。特地派我来犒劳您的随从。"

虽然弦高这话说得十分客气，但字里行间却透露出犀利的语风，他的弦外之音是"你们要偷袭郑国，但这个消息已经走漏出去了，郑国早已经有了准备，由于秦强郑弱，郑国才派出了使者慰劳秦军，以尽礼仪之道，如果秦国不识相，那就只好兵刃相见了。他那软中带硬的语气，无一不透露出犀利的语风，语言内容中带着比较强硬的成分，令秦军刮目相看。

1984年，里根为了竞选总统，与对手蒙代尔展开了一场电视论辩。在论辩中蒙代尔自恃年轻力壮，竭力攻击里根年龄大，不适宜担此重任。里根回答说："蒙代尔说我年龄大而精力不充沛，我想我是不会把对手的年轻、不成熟这类问题在竞选中加以利用的。"如此一句绝妙的回答立即间博得全场的热烈掌声，到了论辩结束之后，里根胜利地当选总统。

面对蒙代尔的攻击，作为年长者的里根如果以牙还牙，开口大骂，这样会有失身份，但如果装聋作哑，那么在蒙代尔的锐气面前又显得气势低下了。于是，里根客气地予以反击，犀利的语风中抨击了蒙代尔作为年轻人的浅薄和狭隘。貌似客气的一番说辞，却毫不客气地一针见血地指出了对方的"不成熟"，有力地反击了对手，在观众面前树立了自己更能胜任总统的印象，他那犀利的语风，使得自己最终赢得了胜利。

那么，如何在语言中表达出犀利的语风呢？

1.柔中带硬的语气

为了使整个语言表达彰显出犀利的语风，我们在说话时需要使用柔中带硬的语气。换句话说，我们说话的态度是柔和的，但话语中却包含着强硬的成分，这

样犀利的语风会令对方刮目相看，比如“听你这么一说，我确实没有见过你们这样独特的礼貌方式”。

2.巧用“绵里藏针”

我们在说话时需要巧用“绵里藏针”，关键在于你的“针”既要硬，又要扎得准，这样才能击中对方的要害，令其刮目相看。

3.委婉含蓄的表达

犀利的语风隐藏在字里行间，不需要直接用强硬的话说出来，因而，我们在进行语言表达的时候，需要使用委婉含蓄的表达方式，把话说得很艺术，又能对他人心里造成影响，让对方明白你话里的锋芒所在。

心理启示

犀利语言源于理直气壮，“理直”是因，“气壮”是果。在生活中，需要多读书，以广博的学识、缜密的逻辑、娓娓道来的理据，使对手在气势上先输了三分。

言语刺激，迫使对方做出决策

昔田横，齐之壮士耳，犹守义不辱。况刘豫州王室之胄，英才盖世，众士仰慕。事之不济，此乃天也。又安能屈处人下乎！

——《三国演义》

诸葛亮舌战群儒，最后见孙权，当他看见其碧眼紫发，仪表堂堂，暗想，此人相貌不一般，只能用话激他，不能只讲道理。孙权道：“若像先生说的这样，刘备为什么不投降曹操呢？”孔明道：“过去，像齐国的田横那样的壮士都能坚

守大义，不容屈辱，何况刘备是汉室宗亲——事之不成乃是天意，怎么能自己就先屈服于他人之下呢！”用这话刺激孙权，再道出自己的真实意图，成功地说服了孙权。

在游说过程中，如果想要探明对方内心实情，不妨适当加强语言的刺激度。通过言语刺激，迫使对方展露出真实心理。人是一种情绪化的动物，人们的情绪很容易因为周围的一些人和事而发生变化，比如，人们就有不服输和害怕被否定的逆反心理，越是被否定，越是要证明自己；越是受压迫，越是要反抗等。正因为人们有这样的心理，也就产生了言语刺激的游说方式。我们在游说的时候，便可以抓住对手的弱点，在对方摇摆不定时，采取这种策略迫使对方快速做出决策。

2005年8月，百度公司正式在美国挂牌上市。李彦宏亲赴浙江大学主持校园招聘，并与在百度程序大赛中获奖的17名学子共进早餐。尽管有的同学有到百度工作的想法，但是并不坚定，因为国外大企业更吸引他们。

席间，李彦宏诚恳地邀请道：“我想问问大家，你们是想做一条舒服的虫，还是做一条骄傲的龙？面临IBM、微软、Google以及本土公司百度，同学们将如何作出选择？”

在大家思索时，李彦宏说道：“你们梦想去那些国外大公司，无非是想过舒舒服服的日子，不想奋斗，不想实现自我价值，这样的人永远是一条小虫子，没有什么影响力和成就感。而在百度工作，你必须全力以赴，发挥最大能力，因为对手是全球著名的公司，这有利于激发个人潜能，让优秀人才在短短几年获得快速成长，干出成就。因此，在百度工作就如一条骄傲的龙，充满了自豪与自信。”

李彦宏的话语，使面临职业选择的学子产生了强烈共鸣。他们很快就接受邀请，跟百度签了约。

李彦宏的话语不落俗套，他将去国际大公司工作看作是“做一条舒服的虫”，到国内小公司工作看作是“做一条骄傲的龙”，是做一条舒服的虫，还是

做一条骄傲的龙？两种选择的结果不言自明，二者对比之下，不由得使同学们在他阐述的两者不同的工作意义和价值中做出正确选择。

阿里巴巴集团每年都会主办一次“西湖论剑”活动，邀请一些政界名流、文体明星、业界大腕来到杭州西子湖畔，共商发展妙计。2010年9月，马云把邀请的对象瞄准了一位重量级人物——好莱坞电影巨星、美国加利福尼亚州州长阿诺德·施瓦辛格。

这天，两人见面后，马云真诚地说：“我是您的粉丝，我几乎看过您主演的所有电影。您强健的肌肉让人看到一种无穷的力量。我练了20多年的肌肉都‘突’不出来，请问您有什么秘诀？”短短几句话就把两人的感情拉近了，施瓦辛格愉快地分享了自己的健身秘诀。

接着，马云说：“我的‘西湖论剑’活动马上就要开始了，去年我请来了克林顿和科比，今年我想到了您。您曾是世界健美冠军、好莱坞电影明星，后来又成为拥有亿万资产的成功商人，现在是美国的一位州长。可以说，您是一位成功的‘多面体’，一个人就代表了政治、文艺、体育、环保、商界等多个方面，因此说，我邀请您这样一个多才多艺的嘉宾就可以代替多个嘉宾，这就是我请您来‘论剑’的理由。”听了这番话，施瓦辛格非常高兴地接受了邀请。

对于名人来说，当然在意自己的知名度，这就是施瓦辛格的“弱点”。这里，马云在谈判前，先摆出去年的“佳绩”——成功邀请到克林顿和科比，让施瓦辛格意识到，能够参加这次“西湖论剑”活动是一件很荣幸的事情，极大地激起了对方的兴趣。接着，马云透露着对施瓦辛格的“欣赏”和“赞美”，表达了他对对方惺惺相惜的真挚感情，使得施瓦辛格愉快地接受了邀请，不远万里来到中国与马云“论剑过招”。有时候，我们可能也有经常遇到这样一些情况，正面与之交涉，对方似乎总是不肯做决策，总是处于斟酌中，推三阻四，讨价还价。而此时，如果你能对他进行激将，则会产生意想不到的效果。

除此之外，我们在运用激将法的同时，还得要了解对手，因人而用，要摸透对方的性格脾气、思想感情和心理。对那些老谋深算、富于理智的“明白人”，

不会屈服于他们，不应该使用此方法；对于自卑感强、谨小慎微和性格内向的人，也不宜使用此法，因为这些人会把那些富于刺激性的语言视作奚落和嘲讽，因而消极悲观，丧失信心，甚至愤怒。同时，你还要掌握分寸和火候，语言不能“过”。如果说话平淡，就不能产生激励效果，如果言语过于尖刻，就会让对方反感；语言不能过急，也不能过缓。过急，欲速则不达；过缓，对方无动于衷，无法激起对方的自尊心，也就达不到目的。

心理启示

当然，我们在使用激将法的时候，也不是无章可循的，这需要你在游说之前做足准备工作，而最重要的部分便是对谈判对手的了解，通晓其弱点，才能恰到好处地“激”到对方。“请将不如激将”，也要了解“将”的“致命伤”在哪里。

抓住对方需求，迎合其心理

> 今刘皇叔乃汉室之胄，兄若能去东吴，而与弟同事刘皇叔，则上不愧为汉臣，而骨肉又得相聚，此情义两全之策也。不识兄意以为何如?
>
> ——《三国演义》

本来诸葛瑾奉周瑜之命想办法说服诸葛亮，最后却反被诸葛亮说得无言以对，堪称辩论的经典。沟通中，言投意合，往往会成就你的说客之名。比如，《战国策》中触龙说赵太后就是很经典的故事：大臣们劝说赵太后为了国家利益把儿子长安君送到齐国当人质，赵太后不但不肯，还立下毒誓禁止别人再来劝说自己。触龙却独辟蹊径，见到赵太后，先从自己的脚有毛病，身体也不太好开

始，说饮食、日常起居，然后拉近与赵太后的心理距离。然后，触龙以自己的小儿子不争气，想在自己死之前把他安顿好为切入点，慢慢诱导赵太后意识到，把长安君送到齐国是为了赵国好，也是为了长安君好，就这样，触龙因言投意合，成功地说服了赵太后。

诸葛瑾径投驿亭来见孔明。孔明接入，哭拜，各诉阔情。瑾泣曰："弟知伯夷、叔齐乎？"孔明暗思："此必周郎教来说我也。"遂答曰："夷、齐古之圣贤也。"瑾曰："夷、齐虽至饿死首阳山下，兄弟二人亦在一处。我今与你同胞共乳，乃各事其主，不能旦暮相聚。视夷、齐之为人，能无愧乎？"孔明曰："兄所言者，情也；弟所守者，义也。弟与兄皆汉人。今刘皇叔乃汉室之胄，兄若能去东吴，而与弟同事刘皇叔，则上不愧为汉臣，而骨肉又得相聚，此情义两全之策也。不识兄意以为何如？"瑾思曰："我来说他，反被他说了我也。"遂无言回答，起身辞去。

尽管诸葛亮与诸葛瑾是个人之间的谈判，但他们所代表的确是两个不同的团队。双方的谈判出发点都是为了满足某种需要，并以此决定策略。诸葛瑾以兄弟情义出发，希望能说服诸葛亮弃刘备而事东吴；而诸葛亮则以公私兼顾、情义两全的方案让诸葛瑾选择，结果造成其无言以对。

诸葛亮的谈判策略告诉我们，在搞清楚对手的真实意图以后，需要先下手为强，以堵住对方的嘴，展现自己强硬的态度，让对方感觉没有再继续说下去的必要，从而达到自己的目的。

三国时期，邓芝受命出使东吴。他到了东吴，孙权对他很怀疑，因此不肯接见。过了两天，邓芝给孙权写了一封书信。孙权一看，只见书上写道："臣今到此，非但为蜀，并且为吴。若大王不愿见臣，臣就走了。"孙权犹豫不定，一些大臣也都想刁难一下邓芝。后来，孙权采纳了张昭"先给邓芝个下马威"的意见，在殿前放一个沸腾的油鼎，命武士各执兵器，站立在两侧，召邓芝入见。

邓芝听孙权召见他，便从馆舍出来，毫无惧色，昂首走入大殿。邓芝进入殿内，就对孙权说："我特为吴国利害而来，大王却设兵置鼎，以拒一儒生，可见

大王度量太小。”孙权听后，觉得很惶愧，忙令人赐坐。邓芝问道：“大王欲与魏和呢？还是与蜀和呢？”孙权说：“孤非不欲和蜀，但恐蜀主年幼国小，不足敌魏。”邓芝侃侃道：“大王为当世英雄，诸葛亮亦一代豪杰。蜀有山险关隘，吴有三江，若互为唇齿，进可兼并天下，退可鼎足峙立。如大王甘心事魏，魏必然会征大王入朝，索王子做质子，一不从命，便起大兵讨伐，那时蜀国再顺江东下，臣恐大王两面受敌，江东之地不能复有了，请大王熟思！”为赢得孙权的信任，表示诚意，邓芝又说：“若大王以为愚言是不可取的谎言，吾愿立即死在大王面前，以杜绝说客之名。”说着，撩起衣服，就装做向油鼎跳去。孙权忙令人将邓芝拦住，请入后殿，以上宾之礼相待。

在整个过程中，邓芝言语中透露出蜀国因地势险要而有一定的“利用价值”，做到了言投意合。最终邓芝凭着敏捷的思维，灵利的口齿，终于说服了孙权。

在日常沟通过程中，让对方畅所欲言是为了判断对方的实情；让对方沉默，是为了结交对方的诚意，言语之间使对方与自己情投意合。

心理启示

在言语交流过程中，我们要想对方所想，急对方所急，充分表达出自己对他的同情和理解之情，而目的就是拉近双方距离，为后面的沟通打下基础。

乘胜追击，说服对方

今将军诚能与豫州协力同心，破曹军必矣。操军破，必北还，则荆、吴之势强，而鼎足之形成矣。成败之机，在于今日。惟将军裁之。

——《三国演义》

面对诸儒的诘难，诸葛亮神态自若，一一作答，是为守，然而他又不甘于只是作答，每于答后发起攻势。而且在成功刺激孙权之后，乘胜追击，当即提出“成败之机，在于今日”，迫使孙权当即做出联盟共同抗击曹军的决定。

所谓谈判，体现谈判者谈判能力的就是其语言水平。然而，真正的谈判，往往不是在和平的语言环境下进行的，甚至可以说，双方为了掌握谈判主动权，多半会唇枪舌剑。因此，出于利益的对立，当你提出自己的看法和观点后，对方多半会采取否决的态度。面对这种情况，聪明的谈判者往往会借力打力，调转势头，并乘胜追击，赢取胜利。

纵观古今中外，几乎所有的战争都是在两条战线上进行的，一条是血与火战场上的拼杀，另一条则是心理战场上的较量。心理战可以说是“战争之外的战争，战争之上的战争”。将错就错、让对方自乱阵脚这一攻心术在中国的战争中表现的尤为明显。任何一位谈判高明者都知道在对方心理弱势时乘胜追击，一举获得胜利。

通常来说，谈判结束的时间被称为“死线”，在一般情况下，谈判者都要保密自己的最后期限和“死线”，因此在谈判中，往往会出现这种情况，双方都希望摸到对方在谈判中的“死线”，以争取主动；与此同时，都对自己“死线”严格进行保密。

在一次集体活动中，当大家风尘仆仆地赶到事先预定的旅馆时，却被告知因当晚工作失误，原来订好的套房（有单独浴室）中竟没有热水。为了此事，领队

约见了旅馆经理。

领队：对不起，这么晚还把您从家里请来。但大家满身是汗，不洗澡怎么行呢？何况我们预定时说好供应热水的呀！这事只有请您来解决了。

经理：这事我也没有办法。锅炉工回家了，他忘了放水，我已叫他们开了集体浴室，你们可以去洗。

领队：是的，我们大家可以到集体浴室去洗澡，不过话要讲清，套房一人50元一晚是有单独浴室的。现在到集体浴室洗澡，那就等于降低到统铺水平，我们只能照统铺标准，一人降到15元付费了。

经理：那不行，那不行的！

领队：那只有供应套房浴室热水。

经理：我没有办法。

领队：您有办法！

经理：你说有什么办法？

领队：您有两个办法：一是把失职的锅炉工召回来；二是您可以给每个房间拎两桶热水。当然我会配合您劝大家耐心等待。这次交涉的结果是经理派人找回了锅炉工，40分钟后每间套房的浴室都有了热水。

这里，这位谈判者的谈判水平是令人佩服的。针对对方始终拒绝的态度，他为旅馆经理提出了反面建议——那就等于降低到统铺水平，我们只能照统铺标准，一人降到15元付费了。而这一建议自然是不可能实现的。然后，他便乘胜追击，提出了另外一条建议。而旅馆经理权衡之下，自然会选择后者。

表面上看来，这位领队是在“威胁”旅馆经理，但是我们发现，在整个说服的过程中，他丝毫没有表现出任何恶意，这也是为什么旅馆经理最后妥协的原因。如果领队对旅馆的服务大加指责或者言辞激烈威胁的话，恐怕就是另外一种结果了。因为没有人愿意被真正地威胁。攻心策略里所谓的“威胁”策略与恶意的恐吓没有任何关系，而是对对方进行的善意提醒。

在针对谈判“死线”的时候，谈判者可以采用欲擒故纵的拖延技巧，但在运

用这种技巧的时候，要注意保留余地，不可拖死对方。例如，在改变与对方的谈判日程时可以说："因为还有别的重要会见。"在神秘中仍给对方一个延后的机会，待当对方等到这个机会时，会增加一种珍惜感；保证自己手头有"筹码"可以再次吸引对方谈判，不能使自己的地位僵化，否则，一"拖"即逝，再无力拉回对方；在采取拖延技巧的时候，一定要注意自己的言论，说话要委婉，避免从情感上伤害对方造成矛盾焦点的转移。

这种说话策略能很好地帮助谈判者弥补我们已经陷入对方陷阱的措施。比如对方诱导你承认了他们的报价，你失口承诺认可了对方的报价，如果发觉得及时，可马上纠正——"当然，这个价格尚未计入关税税额"，如果发觉得较迟，可通过助手补充纠正，"请注意，刚才张先生所允诺的价格，是以去年底的不变价计算的，因此，还需要把今年头八个月的涨价比率加上去。"当对方听到你已经巧妙绕开了陷阱后，会立即乱了方寸，这时，便是你展开进攻的时机了。

心理启示

谈判者若发现自己在谈判中属于实力较弱的一方，那么，你要做的一项重要工作就是尽力消耗对方的优势，变被动为主动。

以情动人，化干戈为玉帛

呜呼公瑾，不幸夭亡！修短数天，人岂不伤？我心实痛，酹酒一觞；君其有灵，享我蒸尝！

——《三国演义》

诸葛亮听闻周瑜气绝身亡，协同一众人前去吊唁，当时周瑜老部下手持长

剑，虎视眈眈站立一旁，欲杀诸葛亮。结果诸葛亮亲自设祭物于灵前，亲自奠酒，跪于地下，读祭文："呜呼公瑾，不幸夭亡！修短数天，人岂不伤？我心实痛，酹酒一觞；君其有灵，享我蒸尝！"寥寥数语，真诚感人，不仅将周瑜老部下愤怒、敌对和责怪的强烈情绪缓和了，而且还使一众人自然地转移到凭吊周瑜、哀悼周瑜的悲痛氛围之中。

一百多年前，林肯引用一句古老的格言，说过一段颇为精彩的话，他说；"一滴蜜比一加仑胆汁能够捕到更多的苍蝇，人心也是如此。假如你要别人同意你的原则，就先使他相信：你是他的忠实朋友即'自己人'。用一滴蜜去赢得他的心，你就能使他走在理智的大道上。"

在与人相处的过程中，情是最能触动人心的，正所谓"欲晓之以理，必先动之以情"。一般情况下，当我们与他人进行谈判的时候，彼此都会产生一种防范心理，双方都不为所动。这时候，你要想说服对方，就需要消除对方的防范心理。从一定程度上说，防范是一种潜意识里的自卫心理，也就是当我们把对方当作假想敌时产生的一种自我保护。而消除对方这种防范心理最有效的方法就是以情动人，通过那些充满真情的话语使对方感到你是朋友而不是敌人，用真情去瓦解对方筑起来的"防范墙"，继而有效地影响其心理。真情，可以是嘘寒问暖，可以是予以关心，可以是予以帮助等。所以，我们在日常谈判中，要善于用情说话，使对方无法抗拒。

林肯出身于一个平民家庭，在参加总统竞选时，有一个非常富裕的竞争对手想对他进行人身攻击，对方认为林肯是出生于贫寒的家庭，所以不会有太多的财产，当即提出了"你有多少财产"的问题。然而，林肯却以巧妙的回击争取了主动，赢得了人心。他在一次演讲中说："有人问我有多少财产。我告诉大家，我有一位妻子和一个儿子，都是无价之宝。此外，还租有一个办公室，室内有一张桌子，三把椅子，墙角还有一个大书架，架上的书值得每个人一读。我本人既穷又瘦，脸蛋很长，不会发福。我实在没有什么可依靠的，唯一可依靠的就是你们。"

1858年，林肯在竞选美国上议院议员的时候，在伊利诺斯州南部进行演说。那时蓄养黑奴的恶霸们平时对废奴主义者就非常仇恨，但在演说之前，林肯说：“南伊里诺州的同乡们，肯特基的同乡们，听说在场的人群中有些人要和我作对，我实在不明白为什么要这样做，因为我也是一个和你们一样爽直的平民，那我为什么不能和你们一样有着发表意见的权利呢？好朋友，我并不是来干涉你们的人，我也是你们中间的一人，我生于肯特基州，长于伊里诺州，正和你们一样是从艰苦的环境中挣扎出来的，我认识南伊里诺州的人和肯特基州的人，也想认识密苏里的人，因为我是他们中的一个……”

在这里，林肯两次运用到了自己人效应，并取得了巨大的成功。当林肯对“有多少财产”进行回复的时候，他最后一句“我实在没有什么可依靠的，唯一可依靠的就是你们”就是利用了自己人效应，告诉人们：你们是我唯一的财富，我离不开你们。这样，选民就更加信任他、爱戴他。当他面对仇视自己的人作演讲，他也依据听众的情况，在演讲的过程中不断地提到“我”与“你们”之间的关系，使听众形成一种“认同感”，让那些敌对怒视变成了喝彩声。

以情动人，这时候情感就会转化为巨大的、永恒的、不可估量的力量，它能化解人与人之间的隔阂，能拉近彼此之间的距离，能感人以肺腑之深。另外，情通则理达，以情“动”人更有助于以理“服”人，让对方更轻易接受你的想法和建议。所以，在实际谈判中，当道理说不通的时候，我们就要换个方法，以情动人，更容易成事。

心理启示

人都是有感情的，说话能做到动之以情，晓之以理，就是最完美的沟通。在实际谈判中，我们说话时要注意对方的反应，学会从对方的反应中修正自己的话语，尽可能把话说到对方心里。只有把话说到对方心里，这样才能真正打动人。

第19章　巧夺南郡——以静制动的智慧

古人常说“穷寇莫追”，毕竟把敌人逼急了，它只得集中全力，拼命反扑。不过，即便是追击，也是有智慧的，不妨暂时放松一步，使敌人丧失警惕，斗志松懈，然后再伺机而动，歼灭敌人。诸葛亮作为三国时期的军事家，非常擅用此计。

伺机而动，打好策略战

> 吾擒此人，如囊中取物耳。直须降伏其心，自然平矣。
>
> ——《三国演义·七擒孟获》

诸葛亮七擒孟获，所使用的策略就是欲擒故纵。假如我们想探知对方的真正内幕和真实想法，就需要学会等待，静观其变，伺机而动。这样做就好像在对方面前张开了一张大网，只要我们准备好了诱饵，调整好了心态，在安静的等待中，便可以探知对方内心的真实世界。知对方如何想，我们就可以如何施行自己的计策，欲擒故纵，就是要懂得要一些心计。

孟尝君被齐国驱逐出境后又返回来。谭拾子到国境上去迎接他，并问他说：“您还怨恨齐国的那些士大夫吗？”孟尝君咬牙切齿地说：“我对他们恨之入骨。”“恨不得把他们杀了才解气，是吗？”孟尝君毫不含糊地说：“是的。”谭拾子转过话题说道：“有些事情是必然要发生的，有些道理是本来就存在着

的，您考察过这个问题吗？”孟尝君说：“没有。”

谭拾子接着说：“必然要发生的事情指的是死亡，本来就存在的道理指的是人们都有追逐富贵而远离贫贱的趋向。这就是我所要说的必然发生的事情和本来如此的道理。请允许我拿集市打个比方好吗。在集市上，一到早晨便热闹非凡人来人往，一到晚上便冷冷清清无人光顾。这并不是说人们早晨喜欢集市晚上讨厌集市，而是因为早晨有生意买卖的缘故才使得人们趋之若鹜，晚上没有生意买卖了人们只好纷纷离去。齐国的士大夫们在朝政上不过是拿利害做交易罢了，您又何必怨恨他们呢。”听了谭拾子这番话，孟尝君马上取出写有仇人姓名五百支木札一刀一刀地把它刮掉了，从此不再提起这事。

在这里，谭拾子成功的运用了鬼谷子所说的“钓语之术”，即欲擒故纵之计。他先给孟尝君提出了两个问题，让对方把自己的情绪、想法和观点充分地表露出来，然后便针对对方的心理状态、情绪态度和思想观念，采取转换视角、改变话题，然后阐述自己的观点。当然，施行这个计策的前提是：了解掌握对方的心境，力图站在对方的立场上设身处地思考问题，精心设计开场白。谭拾子第一句话是“您还怨恨齐国的士大夫吗”，走进了对方的心灵世界，接着问“恨不得杀了他们，是吗？”表示自己站在了对方的立场上，造就了一个双方对话的平台。等孟尝君一旦真情开始流露，谭拾子就灵活地转变了话题，说服了孟尝君。

欲擒故纵，也就是为了要擒住对方，先故意放开它，使其不加戒备，然后再一举歼灭。当然，这个策略与三十六计中的欲擒故纵有异曲同工之妙。当我们想要逼迫对方无路可走，对方就会想要反击，而让对方逃跑则可以减弱其气势。当我们在追击的时候，跟踪对手不要过于逼迫它，以消耗它的体力，瓦解它的斗志，待对方士气沮丧、溃不成军，再想要去捕捉它，就可以避免流血。我们需要等待，等待对方心理上完全失败而信服自己，那就能赢得整个局面。

心理启示

当我们巧妙地运用欲擒故纵的战术，就是先让对方放松警惕，消除其戒备心理，采用迂回的心理战术，使对方接受自己。

攻其不备，出其不意

夫草木丛集，利以游逸；重塞山林，利以不意。

——《将苑·便利》

诸葛亮认为，在草木茂密的地区作战可以采用游击战略；有浓密的山林地带作战可以用突击的办法，出敌不意。《孙子·计篇》："攻其不备，出其不意。"意思是趁对方没有意料到就采取行动，也就是出乎于别人的意料之外。在敌人尚未防备的时候发起进攻，在敌人意料不到的地方采取行动，这是取胜的奥秘，也是不能预先料定的。当然，这个谋略已经作为军事上著名的法则之一了，成为千古传诵的军事名言，许多名人在战争中都会用到，诸如孙子、孙斌、诸葛亮等人。在战场上，经常会使用"出其不意，攻其不备"地策略打败敌人。

面对名将关羽，名不见经传的吕蒙首先装病让陆逊代守陆口，陆逊修书一封并备厚礼遣人送给关公，当关公拆书阅后，见书词极其卑谨，就更不把陆逊放在眼里，于是对东吴放弃了戒备，撤掉了守荆州的主力来攻樊城。

这时，吕蒙见时机一到，便率精兵3万，快船80余只，选会水者扮成商人，皆穿白衣，在船上摇橹，却将精兵伏于船中，关羽派的守江边烽火台的将士误认为是商人，就让吕蒙的船队全部靠岸，结果吕蒙趁机偷袭了沿江各处守军，并用重金收买荆州的士兵，令其喊开城门。守荆州的将士以为是荆州之兵，就开了城

门，于是吕蒙便趁机偷袭了荆州。轻而易举地夺取了孙权梦寐以求的荆州。

在实际战略中，可以利用这一计谋，以出乎于对方意料之外的战术制服对方。“出其不意”也就是不按照正常的逻辑出牌，有可能是借题发挥，有可能是顺势引导，从而做出一些在对方预想之外的行为，令对方无法招架，这样所产生的效果是顺利地摆脱了对方的行为限制。实际上，如果按照正常的逻辑思维，当自己有什么行为，我们可以预想对方有可能会出现什么样的行为。而出其不意完全跳出这个圈子，那些行为完全是对方所想不到的，也因为如此，正好打对方一个措手不及，最终我们将成功地占据上风。

事实上，“出其不意，攻其不备”适用于各个方面，军事策略的应用只是其中一部分而已。在谈判中也会经常用到“出其不意，攻其不备”的策略。在商业谈判中，当我们受到对方的攻击时，可以不直接从正面回答，而是通过借助对方提供的话题进行还击，出其不意，从而改变谈判的局势。这种方式最重要在于“借”，能否借对方的话题为己所用，当然，这也取决于我们的辩论经验和思辨能力。

在谈判中一旦发现对方岔开话题，不需要打断，应让他继续说下去。如果对方是一时不小心而为之，那估计对方说不了多久，就会自己发觉而显露窘态；如果对方是想到了另外一件事，那他一旦察觉会回到原来的话题之上；如果对方是有意岔开话题，那可能会继续这个话题说下去。观察对方是出于哪种情况，如果前两种情况，那你应适时顺应对方，让对方将话题越扯越远，给对方出其不意地一击；如果是后者，那则需要及时地返回原来的话题，出其不意地反驳其有意岔开话题的居心。

有位演讲家在演讲结束时，台下有一名学生突然连珠炮似的向他发问：

学生：先生，您今天是第一次演讲失败吗？

演讲家：那当然是第一次啦。噢，你们当学生的怎么总爱问这个问题？

学生：演讲时，您觉得什么样的字音最容易说错？

演讲家：错。

学生：您演讲开始时，从来不说的是什么？

演讲家：结尾。

回答了学生的问题后，演讲家也来个出其不意，反戈一击：

演讲家：我方才讲的冷缩热胀的道理你懂了吗？

学生：懂了，先生。冬天白天短——冷缩；夏天白天长——热胀。

这时，台下的学生一片哄堂大笑，这位发问的学生才知道说错和失败的是自己，不禁羞红了脸。

有时面对对方攻击性的语言，你可以顺势引导，先回答对方的提问，然后进行反戈一击，出其不意地打击对方的气焰。在案例中，演讲家面对学生的发难并没有生气，而是思路清晰地回答了他的恶意提问。但是当他回答完了，他也来个出其不意，反戈一击，使学生意识到说错和失败的原来是自己。

俗话说，商场如战场，因此，在商场的角逐中，学会“攻其不备，出其不意”之计也是必要的。天津第四铝制品厂因制造了带哨声的铝壶，一时间，使得该产品供不应求。铝壶是每家每户都必须使用的普通商品，其实很早就有人动铝壶的脑筋，可是天津第四铝制品厂却出其不意、别出心裁地想出了一个妙招，即在普通铝壶上加上一个哨子，水一开，蒸汽就吹响了哨子，以提醒人们水开了，仅此小小的出人意料的革新，就使这种“响壶”供不应求。

自古以来，出其不意的原则在各行各业不断发挥着神奇的功效。在商业领域，不论公司的规模、地点或竞争形势如何，能不能有出其不意的表现，对能否成功有很大的影响。事实上，在结合了保密、速度、计谋、原创性和胆识，出其不意的行动能杀得对手措手不及，使力量对比产生有利于己方的决定性后果。

心理启示

攻其不备，出其不意，以奇制胜，打破常规，用对手意想不到的新奇手段战胜对手，以不变应变，也正是宇宙间一切事物运行的普遍规律。

静观局势，坐收渔翁之利

周瑜决策取荆州，诸葛先知第一筹；指望长江香饵隐，不知暗里钓鱼钩。

——《三国演义》

诸葛亮在智取南郡的过程中，以静制动，坐收渔利，等到曹仁和周瑜两败俱伤之后，不用费什么劲儿就取得了南郡。这一“隔岸观火，坐收渔利”确实高明。当敌人遭遇内忧外患之时，并不急着进攻他们，而先是袖手旁观，静待局势发展。等到火势蔓延，敌人的有生力量被消耗得差不多时，再突然发动袭击。这时，即便敌人有心反抗，也已经无力回天了。

一般情况下，对手若是正在遭遇天灾、内乱，或内忧外患的困难之际，通常会趁火打劫，希望能从中捞取一些好处，不过这种做法如果运用不当，往往会惹祸上身，搞不好把自己也搭进去了。毕竟，当一个群体遭遇灾难，而他们的整体力量又没有完全消失，那来自外部的打击就会使这一股力量凝结成强大的意志力，一致对外，抵抗反击打劫者，消灭打劫者。所以，如果想要打击消灭敌人，不能盲目趁火打劫，不如静观其变，看局势发展，等到对方力量逐渐涣散，坐收渔利，这就是隔岸观火的精髓。

东汉末年，袁绍兵败身亡，几个儿子为争夺权力互相争斗，曹操决定击败袁氏兄弟。袁尚、袁熙兄弟投奔乌桓，曹操向乌桓进兵，击败乌桓，袁氏兄弟又去投奔辽东太守公孙康。曹营诸将向曹操进言，要一鼓作气，平服辽东，捉拿二袁。曹操哈哈大笑说，你等勿动，公孙康自会将二袁的头送上门来的。于是下令班师，转回许昌，静观辽东局势。

公孙康听说二袁归降，心有疑虑。袁家父子一向都有夺取辽东的野心，现在二袁兵败，如丧家之犬，无处存身，投奔辽东实为迫不得已。公孙康如收留二

袁，必有后患，再者，收容二袁，肯定得罪势力强大的曹操。但他又考虑，如果曹操进攻辽东，只得收留二袁，共同抵御曹操。当他探听到曹操已经转回许昌，并无进攻辽东之意时，认为收容二袁有害无益。于是预设伏兵，召见二袁，一举擒拿，割下首级，派人送到曹操营中。曹操笑着对众将说："公孙康向来俱怕袁氏吞并他，二袁上门，必定猜疑，如果我们急于用兵，反会促成他们合力抗拒。我们退兵，他们肯定会自相火并。看看结果，果然不出我料！"

静观其变，就是坐山观虎斗。等到对方内部分裂，矛盾激化，互相倾轧，势不两立，这时候千万不要操之过急，免得反而促成他们暂且联手对付己方。明智的方法就是静止不动，让他们互相残杀，力量逐渐削弱，直至自行瓦解。

二战中，美国使用"隔岸观火、坐收渔利"的计策，再度发展自己的实力。这一次，它隔着两个大洋的岸"观火"—— 西边隔着太平洋，观看欧洲的战火；东边隔着大西洋，观看亚洲的战火。等到这两个战场的火势越烧越旺，烧得各个参战国焦头烂额、一片混乱之际，美国又故技重施，果断出手了。它借口日本袭击珍珠港，宣布对日宣战。随着美国加入战争，二战也很快结束了，而美国又成为了战胜国，以最小的付出获得了最大的利益。至此，美国完全成为世界上第一强国。

藤野先生是日本富士现代办公用品公司驻该国的业务代理，有一次他奉命前往与东南亚的泰恒公司签订一个有关进口日本复印机的合同。对于经济刚刚复苏的东南亚国家，这个复印机还是新兴产品，发展前景广阔，占领这一市场对公司的前景无疑有着十分重要的意义。藤野先生此次谈判只许成功，不许失败。

当藤野先生走出机场，却发现泰恒公司并没有派人前来迎接。怎么回事？难道事情有变化。他来不及仔细思考，就赶紧叫了出租车赶往泰恒公司。果然，泰恒公司老板见到他，只说了一句："对不起，藤野先生，我公司已经有新的打算，不准备签订这项合同了，很遗憾。"说完，就离开了。藤野先生呆住了，想起自己此次的目的，决定先搞清楚事情的真相再说。

他仔细分析，泰恒公司绝对不会轻易放弃复印机这笔生意，再说日本的产品

一流，不可能在紧要关头说放弃就放弃。难道有其他公司参与了？藤野先生理清思路，谋划好了行动方案，他首先向国内公司汇报了有关情况，并请公司协助查清事情原委。不久，公司有了回音，证明国内确实有一家公司在从中作祟，暗中与泰恒公司取得联系，要为其提供价格更低、性能更先进的某型复印机，致使泰恒公司改变初衷并拒绝签合同。怎么办呢？藤野先生决定从两方面着手：一是赶在对方前面尽快拿到与泰恒公司的签约；二是立刻与厂家联系，无论如何都要取得某型复印机在该国的经销权。

当藤野先生第二次出现在泰恒公司老板面前时，抛出了相对较低的价格，成功地再次吸引了对方，双方很快签订了合同。而日本生产复印机的厂家，之前打听到富士在与另一家公司争夺复印机客户及东南亚的独营权，他们明知道富士公司急于促成这笔生意，便不慌不忙，甚至告诉富士公司自己无法与其签约。直到藤野先生拿出合同，并愿意把进价再加一成，该生产公司决定趁势取利，于是便爽快地答应与富士公司签约。

俗话说：“两虎相争，必有一伤。”而事情的结局却往往是双方俱遭损失，这就给第三方造成了可趁之机。职场之上，到处充斥着明争与暗斗，争斗的结果常常是两败俱伤。聪明人可以隔岸观火，趁机从中捞取好处，成为最大的赢家；而这也可以为喜好争斗的职场中人敲响警钟，切勿忘记“螳螂捕蝉、黄雀在后”，更不要成为第三方暗中渔利、捞取好处的牺牲品。

心理启示

当对方内部发生内讧时，不但无暇他顾，还会自乱阵脚。此时我们再趁机提出自己的要求，就很可能顺利达到预期的目的，牢牢抓住主动权。

趁虚而入，就势取利

> 不得已，则莫若守边。守边之道，拣良将而任之，训锐士而御之，广营田而实之，设烽堠而待之，候其虚而乘之，因其衰而取之，所谓资不费而寇自除矣，人不疲而虏自宽矣。
>
> ——《将苑·北狄》

诸葛亮认为，所以对付北狄，不能用战争的办法，最好的方式为守卫边疆。派遣将士戍边，要选择贤能的人作将帅，训练精锐的士兵进行防御，大规模地运用种粮使仓库充实，设置烽火台探望敌情，等到北狄内部虚弱时就乘机而入，乘其势力衰竭时一举打败他。这样的话，不必动用太多的人力、物力就能使北狄自取灭亡，也不必兴师动众，因北狄入侵边境出现的紧张局势就会松缓下来。在这里，诸葛亮阐述了一个“趁虚而入”的谋略。

“趁虚而入”关键在于把握时机，当对方处于弱势时，便是你趁虚而入的最好时机。人际交往中也是如此。人心的大门通常是关闭的，但是当情感受到挫折或产生波动时，就特别容易产生倾诉的想法和找个依靠的愿望，这也是人们内心防守最薄弱的时候。假如把握准确，再用上恰当的方法和技巧，就一定能够成功走入平常对你紧闭的心门。

曹操挟天子以令诸侯，势力强大。刘备起兵未久，势力尚若，为防曹操谋害，便闭藏自己，在后院种菜，以为韬晦之计。

有一天，曹操召见刘备，两人在小亭旁煮酒畅饮。酒至半酣，两人遥看天上变幻的风云，好像神话中传说的龙一样奇妙。曹操感叹地说：“龙这种东西，好比世上的英雄。使君啊，你来说说看，当今世上，有谁能够称得上英雄？”

刘备问：“袁术拥有淮南，兵广粮足，算得上英雄吗？”曹操摇了摇头，刘备又问：“荆州的刘表、益州的刘璋、江东的孙策，以及张绣、张鲁、韩遂等人，他们算得上英雄吗？”曹操还是不停地摇头：“这些碌碌无为的人，何足挂

齿！”刘备又问：“袁术的堂兄袁绍，虎踞河北，麾下人才济济，应该算得上一个英雄吧？”曹操说：“袁绍看上去厉害，其实胆子很小。虽然他有很多聪明的谋士，可他自己却欠缺一个领导人应有的决断能力。像他这种人啊，干起大事来总是不愿意付出，见到一点小利益又不顾危险，不算是什么真英雄。”

刘备说：“除此之外，我实在是不知道了呀。”曹操说：“能叫做英雄的人，应该是胸怀大志，腹有良谋，有包藏宇宙之机，吞吐天地之志的人。”刘备问：“那谁能被称为英雄？”曹操用手指指刘备，然后又自指向自己，说：“现今天下的英雄，只有使君和我两人而已！”

刘备听到这样的话，吃了一惊，手里拿的筷子和勺子都掉到了地上。这时正好大雨倾盆而下，雷声大作，刘备才从容地低头拿起筷子和勺子说：“因为打雷被吓到了，才会这样。”曹操笑着说：“大丈夫也怕打雷吗？”刘备说：“圣人听到刮风打雷也会变脸色，何况我怎么能不怕呢？”将听到刚才的话才掉了筷子和勺子的缘故轻轻地掩饰了过去。

曹操煮酒论英雄，这一番与刘备的捭阖之说，无疑是精彩绝伦。席间，曹操多次以言语试探刘备的反应，意欲得到实情，刘备却十分谨慎小心，始终不以真情流露。后来，曹操反复进行拨动和试探，差一点就要成功，不过刘备的闭藏之术毕竟技高一筹，后来终于得以三分天下，与曹操、孙权成鼎足抗衡之势。

1884年11月，有一个可怕的谣言在华尔街普遍流传：据说美国财政部的黄金大量外流，美国政府不得不放弃以黄金支付货币的做法。这一谣言引起了美国民众的恐慌，大家都开始拼命抛售美国证券来换购黄金。美国国库很快因此而告急，几乎到了无力偿还债务的地步。

当摩根得知这一消息，他敏锐地意识到这是一次难得的机会。于是他联合另一家银行，建议由他们两家组成一个辛迪加，来承办黄金公债，这样既可以使美国财政部的危机缓解，又可以为自己赢得高额利润。不过，此举遭到了美国政府的拒绝。摩根并不着急，因为他早就清楚美国政府已经无路可走了，迟早都会同意他的建议。

迫于无奈，摩根再次被总统召入白宫，互相摊牌。当摩根深知国库存金只剩下900万美元时，更是固执己见，并进而胸有成竹地说："除了我和罗斯查尔组成辛迪加，使伦敦的黄金重新流入国内外，似乎没有第二种办法来解救陷于破产状况的国库了。现在，我手头就有一张1200万美元的支票没有兑现，若是今天将这张支票兑现了，一切就都完了，要不要我在这里拍电报，现在立刻汇到伦敦去呢？"在这种威胁下，克利夫兰总统不得不以去洗手间为名，每隔5分钟就去与正在另一室等候的财政部长卡利史尔商量对策。摩根很清楚，若不使出硬的一手来，白宫不会轻易就范。

结果总统在走投无路的情形下，不得不答应摩根提出的条件，白宫在华尔街面前甘拜下风。当夜摩根即取出大量美元交给财政部，帮助财政部渡过了难关。摩根在向政府承包的公债价格与市场差价中就净赚了1200万美元，并且还安排了一项国际协议，在公债发行结束前，不用美元兑换英镑，也不购买美国的黄金，这大大冲击了《夏尔反托拉斯法案》。

很显然，摩根是一个善用谋略的高手，但是他之所以敢这么做，一方面是因为他有底气，另一方面是因为他摸准了政府的底细，知道政府的"弱点"之所在。摩根与美国总统的谈判是一场心理的较量，他在完全了解对方的情况之后，知道政府正处于弱势，不管自己提出如何苛刻的要求，都会迫使对方不得不答应。所以在谈判过程中，他胸有成竹地提出利于己方的条件，迫使对方答应。

因此，在竞争激烈、形势错综复杂的商场之中，若想此计奏效，就必须要求自己真正了解对手的详细情况，进行分析、论证，认定对手有求于自己时，才能逼得他接受自己的苛刻条件，趁势而入，从而大获成功。

心理启示

趁虚而入这个策略，是一种高明的手段，一项高超的智慧。如果能熟练地掌握并巧妙地运用这一计策，就能令自己成功地达到目的。

第20章　空城计——虚实难辨的智慧

故意制造、散布或向敌人传递假情报，以诱敌上当，就是一种虚实难辨的智慧。正所谓“虚则实之，实则虚之”，这种谋略的精妙在于己方处于不利形势时，要故意伪装成实力雄厚的样子，威慑对手，使其不敢贸然进攻，以假隐真、迷惑敌人。

制造假象，令其真假难辨

> 不倍兵以攻弱，不恃众以轻敌，不傲才以骄人，不以宠而作威。
>
> ——《将苑·将诚》

诸葛亮认为，如果敌人势弱，就不必用全力去攻击他，也不能因为自己军队力量强大就忽视了敌人，更不能以自己能力高强就骄傲自大，不能因为自己受宠就到部下那里作威作福。自古以来，兵法讲究虚虚实实、真真假假，以飘忽不定的假象来迷惑敌人，然后抢占先机，给予对方致命的打击。这个谋略的精髓在于将自己的真实的目的掩盖在假象之下，用障眼法来迷惑敌人，再出其不意，一举获胜。诸葛亮擅长使用此计，采用非常灵活的战略计策，似可为而不为，似不可为而为之。在彼此双方之间制造假象，对方无法推断己方的真实意图，从而被假象所迷惑，作出错误判断；而己方就可以趁机进攻，夺取胜利。

三国时期，刘、孙联军在赤壁大败曹操，孔明立即派将遣兵于路截击，唯

独不理关羽，关羽要求出战，诸葛亮说：“今曹兵败，必走华容道，若令足下去时，肯定放他过去，因此不敢教去。”关羽乃立下军令状说：“若曹操不从那条路上来，如何？”孔明说：“我亦与你军令状。”关羽大喜，孔明说：“云长不妨在华容小路高山的之处，堆积柴草，放起一把火烟，引曹操来。”关羽说：“曹操望见烟，知有埋伏，如何肯来？”孔明笑说：“你难道没有听说孙子兵法‘虚虚实实’之论？曹操擅长带兵打仗，只有用这个计谋瞒过他了。如果他看见有烟起，就会说这不过是虚张声势，必然会朝着这条路而来，到时将军休得手下留情。”于是，关公领了将令，引关平、周仓并五百校刀手，投华容道埋伏去了。

等到曹操逃到乌林，看见这里山势险要，树林茂密，忽然仰天大笑：“我不笑别人，只笑周瑜、诸葛亮毕竟不懂计谋，如果事先在这里埋伏，那就非常厉害了。”话音刚落，赵云率军杀出，曹操吓得几乎从马上跌了下来。

曹操让手下徐晃等人慌忙挡住赵云，自己则抽身逃走。逃到葫芦口，兵将饿得肚子发慌，马也走不动了。曹操命令人就地休息，埋锅烧饭，自己大笑起来：“周瑜、诸葛亮到底还是没有计谋，如果在这里也埋伏一队人马，那我们还逃得了？”话音刚落，张飞便率兵杀了出来。

曹操命手下等人迎战，自己乘机逃走，刚摆脱追兵，忽见前面两条路，一条大路平坦，却远五十余里；小路地窄路险，却近五十余里。有人上山观望华容道，小路山便有几处浓烟，大路却无动静，于是曹操让前军走华容小路，并说：“诸葛亮足智多谋，先让人在小路烧柴制造浓烟，使我军不敢走这条山路，他却埋伏在大路边上，我已经预料到了，偏不上他的当。”于是，一行人遂从小路前进。

行了数里，过了险峻的地段，路况平坦，曹操以为摆脱了敌军追击，正在自夸高明，忽然一声炮响，关云长带领一众人截住了去路，曹军见了，面面相觑，十分害怕。

最后无奈之下，曹操上前请求放自己一马，关云长念在过去的交情，于心不

忍，转过身子把他们放走了。

制造假象，令其真假难辨。要趁对手不防备的时候，实现自己的真实目的。所以，有时要制造一些冠冕堂皇的理由，以此来掩盖自己的真实目的，这样就能将他人的注意力吸引到别处，从而不知不觉地实现自己的目的。

如何制造假象：可以凭空捏造，就是将完全没有、完全不存在的假象说成是真实存在的事实，并配以信誓旦旦的语言，令对手信以为真；也可以夸大其词，把蚂蚁说成大象、把蚊子说成战斗机，小题大做，给对手造成心理上的恐惧；甚至可以以假代真，《红楼梦》中有言："假作真时真亦假，无为有处有还无。"把谎言说得像真的一样，最好连自己都相信的地步，那还有什么人会骗不过呢？

心理启示

这个谋略最高明的境界便是真中有假、假中有真，真真假假、以假乱真。当对方在真假难辨中视线模糊、思维混乱时，就会疲于猜疑和应对，从而失去警觉与判断。

布好陷阱，诱敌深入

迫而容之，利而诱之，乱而取之。

——《将苑·将诚》

诸葛亮在火烧藤甲之战中，料定敌人一定会预防自己在树林处伏兵火攻，于是故意布置军旗，令其相信。然后命令魏延故意输十五次，让对方知道自己军力处于弱势，令其骄傲轻敌，放心一路朝着光秃秃的盘蛇谷追去，诸葛亮最后用火药、黑油等引火物来火攻。正是一出"诱敌深入，关门打狗"的好戏。在诸葛亮

看来，捕猎时要挖好陷阱、多处撒网，如此才能诱敌深入，把这个办法应用到人事上，便是张开钓人之网，等待对方落网、说出实情。假如对方依然没有说出实情，那就需要变换方法，换用另外一张网，直到对方吐露真言为止。众所周知，姜太公就是用一张看似没有钩和鱼饵，但实际上有很多看不见的钩和鱼饵的钓人之网才钓到了周文王这条“大鱼”，最后借此成就了自己的一番事业。

有一次，周文王外出打猎，在溪边遇见了一位钓鱼的老人。老人须发斑白，看上去有七八十岁了。奇怪的是他一边钓鱼，一边嘴里不断地唠叨：“快上钩呀上钩！愿意上钩的快来上钩啊！”再一看，老人钓鱼的鱼钩离水面有三尺高，并且是直的，不是弯的，上面也没有钓饵。

周文王很是纳闷，就走过去跟老人攀谈起来。原来这老人姓姜名尚，又名子牙，是远古时代炎帝的后代。在与姜尚的谈话中，周文王发现他是一个眼光远大、学问渊博的人，上通天文，下知地理，对政治、军事各方面都很有研究，特别是对于当时的政治形势，分析起来头头是道。

姜尚的话句句都说到了文王的心里，他本来就是为了想要推翻商朝，到处寻找大贤人，眼前这位不就是自己要寻访的大贤人吗？周文王恳切地对姜尚说：“我们盼望您很久了，请您到我们那里去，帮助我们治理国家吧！”

这就是“姜太公钓鱼”的典故，姜太公看似没有诱饵、没有张网，实际上网却在暗处，就等着周文王上钩，这确实也是姜太公的智慧之处。人生何处不是这样呢？看似无网，实则天罗地网，就等着鱼儿上钩。

在“合纵”政策失败之后，掌握“六国封相”的苏秦逃到了齐国。谁料，齐国一位嫉妒苏秦的贵族雇用了一名刺客，命他刺杀苏秦。就在苏秦上朝的时候，刺客趁其不备用尖刀刺进了他的小腹，随后转身逃得无影无踪。

苏秦遇刺之后，用手按住小腹去上朝，将这件事告诉了齐湣王。齐湣王十分生气，欲下令全国通缉，擒拿刺客。苏秦却劝阻说：“大王，您千万不要昭告天下擒拿刺客。相反，您只需等待微臣死后，把我的头割下，号令示众，说苏秦是燕国派来的奸细，来齐国是施行反间计的，今日幸而被诛死，因此您要对杀死苏

秦的人赏以千金。这样，刺客就会出现了，然后将其杀之，为我复仇！”说完，苏秦忍痛把插在小腹上的刀拔出来，血流满地而死。

齐湣王按照苏秦所说，把他的头割下来示众，并发布告示要奖赏杀死苏秦的人。结果不到一天，刺客见了赏格，逢人自夸道：“杀死苏秦者，是我某人也。”守兵闻了，立刻将他擒获。齐湣王下令对刺客进行严刑拷打，逼他供出了幕后人，最后将行凶者们一网打尽，为苏秦报了仇。

苏秦以尸体为诱饵，布下了天罗地网，就等着刺客往里钻，没想到那位愚蠢的刺客真的中计了，这才是真正的钓人之网。你见过蜘蛛张网而待吗？你见过蜘蛛捕食吗？闲来无事的蜘蛛总是先把网张好，等待猎物的出现，假如有出现在网之外的猎物，蜘蛛则是与其斡旋，将其逼入死角，最后不巧“落在网中”。一旦猎物被网住了，蜘蛛就开始了捕食行动，只见它不慌不忙地慢慢靠近猎物，这态势无异于取囊中之物。

心理启示

在对方进攻之前，策略有计划地放弃一些地方，引诱对方进至预订场景予以打击对方的方式。这样可以使敌人增加消耗，疲劳沮丧，分散精力，发生过失，陷于不利态势；便于自己利用有利条件，集中优势力量，逐一击垮对方。

明修栈道，暗度陈仓

> 夜战之道：利在机密，或潜师以冲之以出其不意，或多火鼓以乱其耳目，驰而攻之，可以胜矣。
>
> ——《将苑·战道》

诸葛亮认为，在夜战作战，以安静、隐秘为主，可以秘密地派部队偷袭敌人，也可以用火把、战鼓扰乱视听，用最快的速度攻击敌人，以取得胜利，正所谓“明修栈道，暗度陈仓”。从正面迷惑敌人，用来掩盖自己的真实意图，而从侧面进行突然袭击，这就是声东击西、出奇制胜的谋略。很多时候，我们可以用明显的行动来迷惑对方，使敌人不备，将真实的意图隐藏在表面的行动背后，给对方一个错觉，使其忽略自己的真实意图，从而达到自己的目的。袒露之心就好像一封在众人面前摊开的信，而潜藏隐秘的城府，不管巨大的还是微小的沟壑都可以在其中沉淀深藏。很多时候，含蓄来自于自我控制，能够保持缄默才能赢得最后的胜利。

在生活中，很多人只要一有机会就把自己暴露在别人面前，把自己的计划与真实想法全盘托出。在他们看来，谈论个人感受与未来计划是自然而轻松的事情，因此控制不了自己。同时，他们渴望得到别人的认同，展现自己的内心。尽管，这并没有错，不过我们需要考虑不同的环境和不同的对象。在某些特殊情况下，你的诚实是一把钝器，只会让自己受尽折磨，你的诚实对于别人而言是一种冒犯。

汉元年正月，项羽恃强凌弱，自立为西楚霸王，定都彭城，统辖梁、楚九郡，他“计功割地”，分封了18位诸侯王。并违背楚怀王“谁先攻入关中，谁就做关中王”的约定，把刘邦分封到偏僻荒凉的巴蜀，称为汉王。而把实际的关中之地一分为三，封给了秦的三个降将，用以遏制刘邦北上。刘邦心中十分怨恨，想率兵攻击项羽，后经萧何、张良一再劝阻，这才决定暂且隐忍不发。

同年七月，张良送刘邦到褒中。此处群山环抱，沿途都是悬崖峭壁，只有栈道凌空高架，以度行人，别无他途。张良观察地势，建议刘邦待汉军过后，全部烧毁入蜀的栈道，表示无东顾之意，以消除项羽的猜忌，同时也可防备他人的袭击。这样，就可以乘机养精蓄锐，等待时机，再展宏图了。刘邦依计而行，烧掉了沿途的栈道。张良此计，可谓用心良苦，它为刘邦的巩固发展和日后东进，取得了重要的保证。刘邦入汉中后，励精图治，积极休整。同年八月，刘邦用大

将韩信之谋，避开雍王章邯的正面防御，乘机从故道“暗渡陈仓”，从侧面出其不意地打败了雍王章邯、塞王司马欣和翟王董翳，一举平定三秦，夺取了关中宝地。略定三秦，刘邦倚据富饶、形胜的关中地区，便可以与项羽逐鹿天下了。一个“明修”，一个“暗度”，张、韩携手，珠联璧合，成为历史上的一段脍炙人口的佳话。

项羽闻知刘邦平定三秦，怒不可遏，决定率兵反击。张良早已料到这一点，于是寄书蒙蔽项羽，声称：“汉王名不符实，欲得关中；如约既止，不敢再东进。”同时，张良还把齐王田荣谋叛之事转告项羽，说是“齐国欲与赵联兵灭楚，大敌当前，灭顶之灾，不可不防啊。”意在将楚军注意力引向东部。项羽果然中计，竟然无意西顾，转而北击三齐诸地的毫无生气的腐朽力量。张良的信从侧面加强了“明修栈道”的效果，把项羽的注意力引向东方，从而放松了对关中的防范，为刘邦赢得了宝贵的休养生息的时间。

“明修栈道，暗度陈仓”的故事告诉我们：害人之心不可有，防人之心不可无。在现实生活中，为了防止别人了解到我们的内心，就必须用点“心计”，处处小心一些，不要暴露自己的目标和理想。在一些特殊的情境下，伪装自己，将自己的真实意图隐藏起来，假象迷惑对方，让对手对自己放心，对自己不设防，这样才能保全和发展自身的势力，以免以后受制于人或被人算计。

三国后期，魏国的魏明帝去世了，当时，继位的曹芳年仅8岁，朝政由太尉司马懿和大将军曹爽共同执掌。曹爽飞扬跋扈，根本不把司马懿放在眼中，他想把司马懿除掉，于是，他用计策剥夺了司马懿的兵权。司马懿曾经随着曹操打天下，立下了无数功劳，如今却失去了大权，心中十分嫉恨，但是，司马懿却是一个做事低调的人，他觉得自己还不是曹爽的对手，一时恐怕斗不过他。

于是，司马懿称病不能上朝，曹爽听到这个消息后，心中十分高兴。但是，为了查探事实，他派了亲信李胜去司马家探听虚实。聪明的司马懿当然明白曹爽所想，早早做好了准备。李胜来到了司马懿的卧室，只见他病容满面，头发散乱，躺在床上。李胜大惊：“好久没来拜望，不知您病得这么严重，现在我大将

军命为荆州刺史，特地向您辞行。”可是，司马懿却假装听错了，说道：“并州是近境要地，一定要抓好防务。”李胜忙说：“是荆州，不是并州。”

司马懿还是装作没听明白，他有气无力地说：“我已经命在旦夕，我死之后，请你转告大将军，一定要多多照顾我的孩子们。”看了这样的情景，李胜回去向曹爽作了如实的汇报，曹爽大喜：“只要这糟老头一死，我就没有什么好担心的了。”

司马懿装病躲过了大将军的迫害，过了没多久，曹爽带着三个兄弟和亲信护驾出行，司马懿得知这个消息后，欣喜若狂，当即调集家将，迅速占据了曹氏兵营，进宫威逼太后，要求废黜这个奸贼。对此，曹氏打下的天下尽数被司马一家成功夺得。

三国争霸，大势已去，却是司马懿成为了最大的赢家，正所谓“明修栈道，暗渡陈仓”，司马懿无疑算得上是一个办大事的人。先以虚弱的病体迷惑曹爽，即便被曹爽夺得了大权，他也忍中求生，巧施暗渡陈仓之计，最终，成功地抢夺了曹氏的霸业。司马懿的低调办事，巧妙了掌控了事情的走势，达到了自己的预期目的。

心理启示

诸葛亮将“明修栈道，暗度陈仓”的计谋称之为“神明”，意思就是很高明的计谋。有时候隐藏自己的真实意图，其实就是迷惑别人的一种烟雾弹。在生活中，我们要善于使用这种计策来掩饰自己，当自己没有十足的把握或者明确判断的时候，不妨先把自己的真实意图隐藏起来，制造假象，再暗度陈仓，达到自己的目的。

瓮中捉鳖，使其无处遁逃

谷战之道：巧于设伏，利以勇斗，轻足之士凌其高，必死之士殿其后，列强弩而冲之，持短兵而继之，彼不得前，我不得往。

——《将苑·战道》

诸葛亮认为，在两山之间的谷地作战，可采用的方法是：利用埋伏，勇猛出击，让身手矫捷的士兵站在高处，让不怕牺牲的士兵切断敌人后路，用弓弩向敌人射 击，接着使用短兵继续进攻，使敌人瞻前顾后，没有反击的机会。这一谋略与瓮中捉鳖有不谋而合之处，简单地说就是将敌人围困住，然后想办法捉拿或消灭。这里的“鳖”，按照兵书的讲解，就是那些善于偷袭的小股部队，因为他们行动诡秘、行踪难以捉摸，因此就要对之采取四面包围、聚而歼之的策略，坚决不可放其逃跑，以留后患。然而，这一计策绝不仅仅只用于捉拿小股部队，假如指挥官能通观全局、高瞻远瞩、精心布置，说不定也可以将敌人的主力部队来个“瓮中捉鳖”，令其无处遁逃，从而一举歼灭。

“瓮中捉鳖”的前提是要将对方引入包围圈，但是狡猾的敌人并不一定如你所愿乖乖地钻进“门”后束手就擒。因此，我们也可以主动地制造口袋、挖好陷阱，有计划地诱使敌人进入，然后再聚而歼之。所以，在使用此计时，一定要因势而用之，因情而变通。

在诸葛亮六擒孟获之后，依然像之前一样放了对方。结果孟获回去之后向乌戈国王求援，当即率了三万藤甲兵前往桃花渡口对阵。听闻消息的诸葛亮随即派遣魏延迎战，谁料藤甲兵十分厉害，刀箭不入，蜀军很快难以抵挡，只能败走。藤甲兵返回桃花渡口，不过因藤甲浸透了油，在水面上到处都漂浮着。魏延将战况报告给诸葛亮，劝其班师回朝，诸葛亮却说：“我好不容易到这里，怎么可能轻易就退兵呢。”

诸葛亮只身前去视察地形，忽然见有一山，如盘蛇的山谷，两边都是悬崖峭壁，没有林木杂草，中间则是一条大道，便问身边士兵："这是什么地方？"士兵说："这是盘蛇谷。"诸葛亮喜出望外，这简直是一个伏击的好地方。于是，命令马岱准备黑油柜车、竹竿等物置放盘蛇谷两头，命赵云准备应用之物在路口守卫，命魏延与藤甲兵交战，且在半月内输15仗，弃营寨，引诱藤甲兵进入盘蛇谷。

尽管孟获与乌戈国王兀突骨曾一致表示不会进入山谷中有树木杂草之处，以防诸葛亮防火进攻。等到藤甲兵大胜魏延15次，且收获其军7个营寨，连续追杀，但见前面林木茂盛，隐隐有军旗飘扬，兀突骨对孟获说："看来诸葛亮果然想在树林处埋伏火攻，但我不上当，他必败无疑。"

第十六天，魏延又来挑战，兀突骨打败魏延，追至盘蛇谷，见谷中并无树木，只有黑油柜车，这可是粮车，蛮军大喜，放心进谷。结果谷口粮车忽然燃起熊熊大火，又被大批干柴拦断，蛮军心慌，正要逃跑，只见山两边丢下无数火把，地上火药爆炸声不断，三万藤甲兵无路可逃，全部被烧死。兀突骨被诸葛亮活捉，他只能心服口服，归顺蜀国。

诸葛亮真是知己知彼，神机妙算，鬼神莫测。从这个案例可以看出，巧与拙是彼此对立统一的关系，互相依存，相互转化，拙速与巧迟是相对而言的，运用之妙，存乎一心。凡是能给对方以退路或者可趁之机的，都可以被称之为"瓮"，而"瓮中捉鳖"最关键的便是要把守好"瓮"，不让对方趁机溜掉。因此将对手包围起来，断其后路是此计得以奏效的关键。当然，被捉的不一定非得是"鳖"，也可以是我们非常希望得到的人才、价值。

日本大药商蛹口俊夫的第一家"蛹口药店"开业后，生意十分冷清，只能勉强维持生计。忽然有一天，当他翻看数学书的时候，看到这样一行字："三角形是最稳固的几何图形。"于是他脑中灵光一现：为何不将这三角形原理运用到经营中去呢？

于是，他很快凑钱购买了邻近两家小店，和之前的药店形成了一个三角形的

结构。这三个小药店以连锁店的形式统一经营管理，相互间保持着密切的联系。任何一个店缺少某种药品的话，一个电话，附近的两家药店就可以很快将药品送到。这样，每家小店尽管规模并不大，但是却让顾客感到药品永远充足、无所不备。由于这三家店统一形象，统一广告，在不知不觉间扩大了影响，很快吸引了一大批忠实顾客。

而且，三角经营模式大大减少了成本，由于三家店联合进货，一次性进货的量增加了，进货的成本也就随之大大降低，因而药店的价格竞争能力大大增强。这样，药品齐全、调货及时，加上服务热情，“蛹口药店”的生意日渐兴旺起来。

后来蛹口俊夫进一步发挥了自己的“三角经营法”：即以任何两家老店为基础，发展一个新店，形成新的“三角形”结构。就这样，每建立一个新店，就可以拓展一个新的覆盖面，并且在这个连锁经营的范围内将顾客牢牢地抓在“手心”，使竞争对手无法进入。

就这样，“蛹口药店”以“三角经营”的模式在全国开了无数家连锁店，到1981年，连锁店的数量竟达到了512家，并且还在持续增加。到1987年，“蛹口药店”的销售额已经占据了日本全国药品销售额的11%。

蛹口俊夫的“三角经营法”其实正是“瓮中捉鳖”一计在商场中的灵活运用，也正是凭借这一方法，“蛹口药店”将竞争对手排除在自己的包围圈之外，而将顾客却牢牢地“捉住”，为企业的持续发展奠定了基础。

心理启示

瓮中捉鳖一计在商场中大有用武之地，通常可以用欲取先予、欲擒故纵等手段联合起来使用，其目的只有一个，那就是：将对方吸引或诱惑到“瓮”中，然后获取全利。

避其锋芒，攻其软肋

以少击众，利以日莫；以众击寡，利以清晨。

——《将苑·便利》

诸葛亮认为，在敌众我寡的情况下，我方应在黄昏时候攻击敌人；在我众敌寡的时候，则应在清晨向敌人进攻。我们需要随时考察对方意志的涣散，等待最有利的时机再行动。其实，一旦我们触碰到了某人的软肋，那这时就是对方意志涣散之时。软肋原指胸腔的肋骨，这一部位容易被他人攻击，后来用作形容事物的缺陷、弱点等容易发生问题或遭受破坏的地方，同时，也指一个人的痛处、小辫子、脆弱点，等等。

事实上，每个人都有致命的弱点，有可能是贪图金钱，有可能是刚愎自用，有可能是曾经的痛处。假如我们能够在沟通时用言语适当地触碰对方的这些“软肋”，他就会因为心理防线被瓦解而降服于你。“软肋”是一个很好的利用工具，任何人都不想自己的软肋被击中，一旦最薄弱的地方被击垮了，那他还有什么不能答应的呢？当然，“软肋”这样的地方并不能随便触碰，需要拿捏好一个“度”，适当地触碰会令其心理发生变化，相反，稍微过分，对方就有可能会被逼急了而“跳墙”。

某广告公司策划了一次宣传活动，为了给宣传活动造势，他们打算请一位明星来代言。但是，明明已经签订了合约的经纪人却以档期已满为由拒绝出席此次宣传活动，眼看宣传活动马上就开始了，广告公司不得不放出狠话：“如果现在咱们不能达成协议，新闻界就会坚持把整件事情的内幕刊登出来，到了那个地步，我也不知道怎么样才能合法地把新闻压制下去，对此，你有什么高见呢？”

利用对方的“软肋”给予适当的压力，这会令对方更容易作出决定，他会在压力之下不得不答应你的请求。如果我们想影响他人的心理，必须首先了解对方

这个人。最关键在于了解其软肋所在，在他们心中有何种欲念，有怎么样的性格特征。然后，我们再根据对方的性格，寻找其弱点，用他们的喜好去引诱他们，这样我们就可以支配其意志，达到说服的目的。

20世纪80年代，我国曾与突尼斯SIAP公司的商务代表、技术代表关于在我国兴办化肥厂的有关事项进行谈判。中突双方都非常重视这个建设项目。双方完成了可行性研究报告，经有关人员的反复论证，选择了具有优越港口条件的秦皇岛市作为建厂地点。可行性研究报告刚刚结束，科威特石油化学公司得此消息，便立即表态，愿参与此项目，与中方合资办厂，并派出了谈判代表。

可是，出乎意料之外，在谈判中一开始，科威特方面听了中突双方介绍完该项目的前期工作，就断然表示："厂址选在秦皇岛不合适，你们所做的一切工作都是毫无用处的，要从头开始！"这话无异于晴空霹雳，一时难以提出反驳意见，谈判陷入僵局气氛。中方一代表却猛地起身发言："我们为了建设这个化肥厂，安置了……看来这事项要无限地拖延下去了，那我们也只好把这块地让出去！对不起，我还有别的事情需要料理，我宣布退出谈判，今天下午我等候你们最后的决定！"三十分钟后，形势急转直下，对方表态："快请代表先生回来，我们强烈要求迅速征用秦皇岛的厂地！"

谈判最终取得成功的秘诀在于，我方代表抓住了对方的"软肋"，他不敢真正地舍弃秦皇岛这个占据优势的地理位置，当我方代表说"那我们只好把这块地让出去了"的时候，一下子击中了对方的要害，令其不得不降服于自己。

在人际交往中，我们要善于抓住对方的"弱点"，即软肋。在某些时候，只要抓住了对方的这些弱点，就会使他们不得不听命于你的安排。当然，我们想办法抓住对方软肋的时候，还应该避免对方抓住自己的软肋。

即使你清楚对方的软肋在哪里，也不要直接说出来，而是通过语言巧妙暗示，否则有可能会激怒对方。

既然已经抓住了对方的软肋，就要向对方施加一定的压力，这样才会有效地影响对方的心理。换句话说，你应该说清楚如若不答应将产生什么样的后果，比

如“如果你不及时采取行动，到时候我可控制不了势态的蔓延”，施加一定的压力，达到操控其心理的目的。

有时候，对方希望通过威胁来达到自己的目的，但事实上，他并不能真正地割舍那部分利益。面对对方这样的心理，我们应该将计就计，孤注一掷，发出最后警告“那我们实在没有办法，看来只好与下面一家公司签约了，今天我有事先告辞了，希望你尽快给我答复”。如此将计就计，他难道还不降服吗?

心理启示

一个人精神涣散的时候，就是他最薄弱的时候。因此，我们要善于攻其软肋，找准对方弱点下手。

参考文献

[1] 马黎丽，诸伟奇.诸葛亮全集[M].合肥：安徽文艺出版社，2012.

[2] 赵玉平.向诸葛亮借智慧[M].北京：电子工业出版社，2012.

[3] 欧阳彦之.诸葛亮："第一聪明人"的16堂人生智慧课[M].北京：中华工商联合出版社，2015.